# 臺灣歷史與文化 研究輯刊

二六編

第 **4** 冊

重層的中國意識：
《臺灣文化》與光復初期臺灣的文化解殖

史子禕 著

花木蘭文化事業有限公司

國家圖書館出版品預行編目資料

重層的中國意識：《臺灣文化》與光復初期臺灣的文化解殖
／史子禕 著 -- 初版 -- 新北市：花木蘭文化事業有限公司，
2024〔民113〕
目 2+200 面；19×26 公分
（臺灣歷史與文化研究輯刊　二六編；第 4 冊）
ISBN 978-626-344-896-4（精裝）
1.CST：殖民地 2.CST：日據時期 3.CST：民族意識
4.CST：臺灣文化
733.08                                                    113009627

ISBN-978-626-344-896-4

9 786263 448964

臺灣歷史與文化研究輯刊
二六編　第四冊                              ISBN：978-626-344-896-4

# 重層的中國意識：
## 《臺灣文化》與光復初期臺灣的文化解殖

作　　者　史子禕
總 編 輯　杜潔祥
副總編輯　楊嘉樂
編輯主任　許郁翎
編　　輯　潘玟靜、蔡正宣　美術編輯　陳逸婷
出　　版　花木蘭文化事業有限公司
發 行 人　高小娟
聯絡地址　235　新北市中和區中安街七二號十三樓
　　　　　電話：02-2923-1455／傳真：02-2923-1452
網　　址　http://www.huamulan.tw 信箱 service@huamulans.com
印　　刷　普羅文化出版廣告事業
初　　版　2024 年 9 月
定　　價　二六編 6 冊（精裝）新台幣 18,000 元

# 重層的中國意識：
# 《臺灣文化》與光復初期臺灣的文化解殖

史子禕　著

## 作者簡介

史子禕，1994 年生。黑龍江佳木斯人。文學博士，畢業於四川大學文學與新聞學院中國現當代文學專業，研究方向為海外華文文學，臺灣文學。

## 提　　要

　　去殖民化／解殖（Decolonization）是討論 1945 ～ 1949 年之間的臺灣時不可迴避的議題，也是這一時段臺灣社會的重要思潮與文化實踐。通常，去殖民化被視為國民黨的官方路徑，並總是與去日本化、文化重建聯繫在一起。看起來，這似乎是一條顯明而直接的邏輯鏈條，但實際上卻很難將之視為一次平順的歷史轉身。

　　在這一歷史時段內，最基本問題是社會轉型。這也意味著兩條時間軸線的轉軌，即在地域性臺灣的基礎上，從殖民地的區域性進入到中國之一省的區域性。這種轉變在政治上只需要一個瞬間，但在文化層面卻需要通過艱難的探索，並必然會對社會文化的走向以及公共領域的形態產生影響。

　　《臺灣文化》作為這一時段內存續時間最長的綜合性文化雜誌，為上述問題的觀察與討論提供了一個更為多元的角度。圍繞著《臺灣文化》所形成的文化實踐場域，其活動與影響並不僅止於「半官半民」的經典標籤。因此，通過對《臺灣文化》的再次打撈，不僅可以觀察到有別於「文化重建」主流的，時人以知識分子立場介入文化解殖的獨特方式，同時，通過觀察這一過程中所顯影的「重層的中國意識」也可以對於殖民與去殖民、左翼與右翼、官方與民間等二元闡釋框架進行解壓，並嘗試為理解 1945 ～ 1949 年間的臺灣乃至於今日的兩岸敞開一些更為豐富的可能。

問題的提出：光復初期臺灣的文化解殖軌跡與
《臺灣文化》的介入方式 ……………………………… 1

第一章　光復後的解殖浪潮與《臺灣文化》創刊 ‥ 17
　第一節　臺灣光復與文化重建的多重變奏 ………… 17
　　一、日本殖民路徑與國民黨的文化重建 ……… 17
　　二、臺灣文化界的反應與文化重建的剖面 …… 23
　第二節　左右突圍：臺灣文化協進會與《臺灣
　　　　　文化》 …………………………………… 27
　　一、臺灣文化協進會的成立 ………………… 27
　　二、蘇新與楊雲萍主編時間的再考與修正 …… 30
　　三、探索、交流與沉潛：《臺灣文化》的三個
　　　　時期及特徵 ……………………………… 32
　第三節　作為文化解殖民間實驗場的《臺灣文化》
　　　　　………………………………………… 36
　小結 ………………………………………………… 39

第二章　追尋現代中國與文化解殖 ………………… 41
　第一節　曲折的現代性：新文學之於臺灣的意義
　　　　　…………………………………………… 41
　　一、「五四」與臺灣新文學運動 ……………… 41
　　二、光復後的臺灣新文學想像 ……………… 43
　第二節　向「五四」朝聖：作為省內外文化交流
　　　　　平臺的《臺灣文化》 ………………… 49
　　一、大陸渡海來臺知識分子在《臺灣文化》
　　　　的活動情況 …………………………… 49
　　二、《臺灣文化》與內地報刊雜誌的交流與
　　　　互動 …………………………………… 56
　第三節　作為媒介的魯迅：現代國民的塑造與
　　　　　許壽裳的進德觀 …………………… 60
　　一、魯迅與日據時期的臺灣新文學 ………… 60
　　二、光復後的「魯迅風潮」與《臺灣文化》
　　　　魯迅逝世十週年特輯 …………………… 65
　　三、「誠與愛」的青年導師：許壽裳在臺的
　　　　魯迅形象建構與傳播 ………………… 70
　　四、餘緒：魯迅舊體詩輯錄 ……………… 85
　小結 ……………………………………………… 88

目

次

第三章　鄉土中國的再發現與地方意識的覺醒 ····· 91
　第一節　民族性、地方性的交匯與大眾化追求 ····· 91
　第二節　整理與改造民間文學 ···················· 98
　　一、民謠搜集及其國語化 ······················· 98
　　二、民間戲劇的改良 ·························· 102
　第三節　臺灣研究與解殖困境 ················· 106
　　一、臺灣戰後體制的起源與《臺灣文化》的
　　　　轉型 ································· 106
　　二、留用日人與「知識的接收」 ············· 107
　　三、日據時期學術遺產的延續：《民俗臺灣》
　　　　與《臺灣風土》 ···················· 109
　　四、《臺灣文化》季刊中的帝國印痕 ··········113
　　小結 ···································118
第四章　古典中國的回望與歷史記憶的強化 ······ 121
　第一節　臺灣的歷史記憶與華夏認同 ············· 121
　第二節　《臺灣文化》中傳統文化版面的激增 ····· 128
　第三節　作為資源的傳統文化 ··················· 132
　　一、集體記憶的追溯與民族性的黏合 ········· 132
　　二、以古映今的現實之鏡 ···················· 137
　　小結 ····································· 146
第五章　中國意識的匯流與文學想像 ··············· 149
　第一節　《臺灣文化》在文學層面的多樣化追求 ·· 149
　第二節　現實主義的虛構世界：小說與戲劇創作
　　　　　··································· 155
　　一、「臺灣的文藝家在哪裏？」 ·············· 155
　　二、同構異質：受辱的女性與失貞話語 ······· 157
　　三、疾病敘事：傳染病與肺病的隱喻 ········· 162
　第三節　構築詩意的世界：美刺觀念與鄉土況味
　　　　　··································· 166
　　小結 ································· 172
結　語 ······································· 173
參考文獻 ······························· 177
附錄　《臺灣文化》目錄 ················· 187

# 問題的提出：光復初期臺灣的文化解殖軌跡與《臺灣文化》的介入方式

一

　　1945～1949 這一時間段在兩岸的學術表達中，通常分別被表述為「光復初期」（the early stage of Taiwan's Restoration）與「戰後初期」（Post-War Taiwan）。除了對同一個對象的指涉意義之外，「光復」與「戰後」這一對截然不同的能指攜帶著各自的鮮明意味。這一對學術用語的差異背後，指向了臺灣知識界對 1945 年 10 月 25 日這一歷史時刻的情感認知轉變。從「光復」到「戰後」，一種現實冷感撲面而來，與若干年前「昂揚的光復激情」形成了對照。事實上，這種冷熱交替早在這被指涉的歷史時段之內就已顯現端倪。因此，在當下的語境中，似乎更有必要再次對那一段熱望與失望交織的年代加以審視，並重新觸摸臺灣與祖國重逢時刻的脈動。

　　冷熱兩極之間，去殖民化／解殖（Decolonization）是不可迴避的議題，也是這一時段臺灣社會的重要思潮與文化實踐。通常，去殖民化被視為國民黨官方路徑，並總是與去日本化、文化重建聯繫在一起。看起來，這似乎是一條顯明而直接的邏輯鏈條。自 1895 年甲午戰敗以來，日本作為殖民者進入臺灣，直到 1945 年二戰結束，日本投降，臺灣也隨之光復。至此，擺脫殖民地身份在政治和法律層面宣告完成，臺灣重新成為中國之一省，因而在文化層面，需要進一步去殖民化。對此，在近年來的學術研究中，一個較為成熟的理論框架已經形成，即「去日本化」與「再中國化」。經由這一理論框架，幾乎可以形

成一個歷史算式：去日本化＋再中國化＝文化重建。在這道歷史算式之中，作為祖國的中國被與曾經的宗主國日本並列，臺灣身處其間卻彷彿任人妝點。在此，文化重建呈現出一種「辭舊迎新」之意味。此外，這一框架也隱含著另一重傾向，「新」與「舊」的本質性差異並未被徹底揭示出來，相反卻處於極端的曖昧性之中，它有意無意地提示著，自身與向前追溯如「狗去豬來」，以及晚近的「再殖民論」處於同構性邏輯之中。

　　這實際上是在想像一種完全的線性時間，同時將臺灣社會置於其中，在任意一個時間節點上，都可以向前不斷追溯，或向後推演，歷史的理解隨之不斷簡單化、扁平化。「文化重建」這一表達所面臨的困境與之相似。重建天然地帶有一種「推翻重來」的清算意味，但是對於光復初期的臺灣而言，這種「清算」的起止點應該在哪裏呢？1895年《馬關條約》的簽訂是臺灣被迫成為殖民地的開始，如果以此為起點，日據時期（1895～1945）的文化生態是否都要作為清算與推翻的對象？實際上，這一時期的臺灣文化不是一個等待被推翻或替換的某種固定形態的意識，它既包括臺灣人反抗殖民的抗爭，也包含了被殖民文化裹挾的創傷以及對殖民現代性的困惑與迷惘等多重複雜的體驗。因而，文化重建是一個過於籠統的概念，它在很大程度上遮蔽了臺灣社會與臺灣人在被殖民歷史中的種種心理感受與活動方式。此外，文化重建也隱含著某種心理與道德層面上的優劣之別，曾引起巨大爭議的「奴化論」之癥結也在於此。在這樣的語境中，同樣作為日本帝國主義擴張與殖民活動受害者的臺灣人與祖國人之間的關係並不平等，被殖民經歷成為一種隱形的原罪。

　　實際上，在外部政治的強作用力下，很難說1895～1945與1945～1949的臺灣處於同一個時間鏈條之中。其中隱含的本質性差異正在於地域性與區域性之別〔註1〕。地域性是文化自然化形成的結果，經由特定的土地、特定的人群及特定的物質基礎形成了某種穩定的生活方式及文化特徵，而區域則是地域自然意味基礎之上的政治文化性作用的結果，通過政治作用力的規劃，原有的地域秩序可能會被打破或重組，區域概念具有更為強力的統合性及突破性。換言之，從臺灣府及其前身（～1895）到殖民地臺灣（1895～1945）

〔註1〕　關於文中涉及的地域性與區域性理論，參見：賈瑋《作為研究方法的區域文學》，《第六屆「區域文化與文學」學術研討會論文集》，重慶師範大學，2021年，第34～42頁。

再到臺灣省（1945～1949），1895 前的臺灣具有自然意味更強烈的地域性，
而後兩者作為政治文化乃至戰爭角力的產物，其間經過的政治、文化觀念的
塑造及再塑造，已經各自開啟了一段新的歷史，並且足以摧毀線性時間及其
塑造的假象。這意味著，殖民地臺灣與作為中國之一省的臺灣有著各自的時
間線索，進而規劃出自身的時間軸線，在這兩條時間線之中，臺灣人的感性
經驗經歷了兩重再分配，並且這兩次再分配的目標幾乎是完全相反的，因而
它們之間並非一種直線型的直接繼承關係。即使不是完全平行，也無法進行
點對點的連接。

　　問題雖然看似又回到了起點，卻洞開了新的可能。對於線性時間觀的摧
毀，實際上也就摧毀了關於殖民地臺灣、中國之一省臺灣的單一化想像，由此
可以嘗試破除奴化─重建、去日本化─再中國化、殖民─再殖民等二元邏輯假
象，從而重返 1945～1949 之間由臺灣文化界主導、兩岸知識分子共同參與文
化解殖的歷史現場。這既是對此一時期內臺灣去殖民化研究的一個補充，也是
重新出發去理解臺灣人的光復體驗，並嘗試探索他們這一過程中的情感體驗
及思考範式。因此，只有拋開線性時間及其帶來的簡易歷史因果論，才能揭示
出臺灣從日據時期到光復初期的空間時間化歷程，從而使臺灣歷史再次時間
化。

## 二

　　「文化重建」曾被國民黨接收政府作為光復初期臺灣社會的主要任務之
一。其指向在於日本過去五十年中所執行的殖民統治及文化改造，文化重建
實際上是「光復」在文化層面的投影。在臺灣光復前的臺灣調查委員會時期，
時任主任委員陳儀就已經注意到了光復後臺灣的文化重建問題，其在 1944
年的公函中認為日本所實行的「奴化教育」具有「十二分的危險」，而教育
則是「根絕奴化心理，建設革命心理的重要方式」〔註2〕。次年 3 月出臺的
《臺灣接管計劃綱要》通則中的第四條也明確指出：「接管之後之文化設施，
應增強民族意識，廓清奴化思想，普及教育機會，提高文化水準」〔註3〕，
細則中的第八條教育文化亦據此展開。此外，陳儀在光復後的除夕廣播中再

〔註2〕　《陳儀致陳立夫函》，陳鳴鐘，陳興唐主編《臺灣光復及光復後五年省情（上）》
　　　　南京：南京出版社，1989 年，第 58 頁。
〔註3〕　《臺灣接管計劃綱要》，陳鳴鐘，陳興唐主編《臺灣光復及光復後五年省情
　　　　（上）》南京：南京出版社，1989 年，第 49 頁。

次強調未來的工作綱領之一是「心理建設」，即發揚民族精神〔註4〕。由此可見，國民黨政府在接收前後均高度重視光復後的文教問題，此後的國語運動、語言政策以及三民主義教育等也都是由這一主張衍生而來的。

臺灣省行政公署所提倡的「心理建設」這一方面來自於去殖民的現實焦慮，另一方面在其根本邏輯上則延續了孫中山在《建國方略》中提出的作為三大國家建設之首的「心理建設」〔註5〕主張。換言之，國民黨在光復初期臺灣的文化轉軌中，首要目標在於清理日本影響，同時代之以三民主義的社會意識形態，在去殖民化的過程中進行黨化教育，尤其對三民主義中的民族主義加以強力的宣傳，並試圖將民族主義凝聚而來的祖國認同時轉化為政黨認同，完成「黨與國」的認同合一，並由此實現對中華民國現代國民的召喚。由此引起的問題之一在於，當現實矛盾導致對國民黨的認同瓦解時，就可能同時威脅到祖國認同的維繫。另外，更為重要的是，在這一過程中，所謂的「日本影響」並沒有被明確地加以清理。換言之，國民黨接收政府既沒有對日本在不同階段對臺施行的殖民政策進行系統的研究，因此對症下藥也就無從談起，同時也沒有為去殖民工作設立具體的目標，在官方的「臺人奴化」論述中，似乎與日本相關的事物無論語言、服飾乃至性格等都應作為被摒棄的對象，而在個別領域中，又有保留日本學術遺產、愛乾淨的生活方式等模糊的表達。這在某種程度上提示出了國民黨官方在文化重建問題上所具有的曖昧性，即在情感上必須倡導對日本的拒斥以實現對臺灣民眾的民族主義召喚，而這種拒斥的極端性在實際上可能對轉型期的臺灣人造成一定的誤讀或傷害。與此同時，在執行層面上又缺乏具體的審視與清理，進而導致殖民主義的深層沉澱。

總體而言，臺灣省行政公署關於臺灣文化重建的構思與實踐在一定程度上正是以一種狹隘的地方性眼光及線性時間觀念審視並把握臺灣，既脫離了臺灣的現實情況，也沒有對日據時期日本在臺所建構的文化邏輯加以研究清理，更多的是以執政者的姿態追求一種和諧但卻模糊的政治效果。由此，「去殖民化」作為光復初期臺灣文化重建的主題，在國民黨的立場與表達中更多地被簡化為帶有一定強制性並流於表面的「去日本化」，而挾「三民主義」對臺灣人進行現代國民的召喚則逐漸令國民黨以及隨之遷臺而來的外省人成為臺

---

〔註4〕　臺灣省行政長官公署宣傳委員會編《陳長官治臺言論集》，臺灣省行政長官公署宣傳委員會，1946年，第44頁。

〔註5〕　孫中山《建國方略》，上海：民治書局，1922年，第2頁。

灣人眼中祖國的化身，並為「二二八」事件的爆發及後續反應埋下了隱患。

## 三

由殖民地臺灣到中國之一省，臺灣社會的轉型不言而喻，兩條關於臺灣歷史的時間軸線也由此產生。在區域性的徹底轉變中，不僅意味著臺灣在政治地理學意義上復歸中國版圖，更意味著臺灣人的群體身份將由此發生轉變，在過程中，民族主義情感與國族認同成為一個有待於整合的問題，同時這也是去殖民化所面臨的核心問題之一。

殖民地臺灣的區域性是重層的。在被切斷與華夏祖國聯繫的同時，處於日本的資源宰制與文化統合的矛盾狀態之中。其中所涉及到的問題既勾連著過去五十年中日本所試圖建構的殖民文化邏輯，同時也包含了臺灣人在反抗與妥協之間的種種嘗試與探索，因此既不能將日本的殖民影響視為鐵板一塊，也不能如「臺人奴化」論述一樣將臺灣人的精神狀態一概而論。日本殖民主義不同於歐洲殖民主義的重要特點之一是東亞內部殖民，同時，日本對臺灣的殖民實際上也伴隨著華夷秩序的打破與日本的近代化擴張，因此日本一方面試圖擺脫中華影響，並以「天皇」這一兼具世俗權力與宗教權威的形象為核心實現日本的國民統合，另一方面，曾經共享的漢字漢文傳統則成為日本對臺灣人進行文化統合的工具。在文學領域來看，漢文與漢詩既被總督府作為籠絡臺灣文化人士的方式，但同時也是一部分人保存文脈的依憑，臺灣肇始於 1920 年代的新文學運動也因此較之大陸的「五四運動」更為複雜，在此，新舊文學的糾纏衝突不僅限於文學革命與政治革命的範疇，還包含了反殖民的維度。

另外，日本對臺殖民的政策在不同時期曾有所調整，但在據臺初期即在整體上形成了語言民族主義─血統民族主義〔註6〕這一既拒斥又包攝的二重結構，這意味著在血統層面上及法律地位上臺灣人和內地日本人有著嚴密的內外之別，而出於統治的需要則在文化層面需要形成認同並完成統合。同時在文化統合層面，漢人是被改造的主體，原住民則在相當長的時間裏都是被壓抑的邊緣化群體。不僅如此，日本總督府試圖借助漢人鄉紳階層的協力機制以實現國家統合層面所要求的有限平等，但同時也導致了文化統合層次的

---

〔註6〕 （日）駒込武《殖民地帝國日本的文化統合》，吳密察等譯，臺北：臺灣大學出版中心，2021 年，第 74 頁。

差異化，即在所謂的日語學習與同化層面仍然存在著強烈的階級性〔註7〕，鄉紳、市民與農民的處境截然不同。前述拒斥─包攝二重性在皇民化時期因戰爭目的曾被短暫地壓縮，總督府廢除報刊雜誌的「漢文欄」及漢文書房，並通過宗教滲透、日語教育、改日本姓名等一系列方式試圖以強力的手段將臺灣人改造為「真正日本人」，在文學層面上來看，成長中的一代作家不得不使用日語寫作，及至皇民化運動後期，臺灣作家的文學活動開始被迫配合日本的戰爭國策〔註8〕。

　　1941年後，「皇民化運動」的束縛開始減輕，但日本進一步採取文化層面的統合措施，在日本國內大政翼贊會的影響下，臺灣社會的鄉土關注逐漸增加，但這與 1920～1930 年臺灣文學領域的具有左翼及反殖民傾向的鄉土關注有著本質性的差異，此時的「鄉土」仍然是作為日本帝國之地方的意義上被強調的，換言之，即日本希望通過塑造並引導「鄉土愛」的具體形狀以實現統合的目的。由此，日本在臺所進行的文化統合實際上經歷了一個波浪式的起伏過程，在政策上，初期國家統合層面的拒斥與文化統合層面的包攝相互制約，在這一動態結構中，鄉紳階級與殖民政權曾經形成協力機制，並在教育層面謀求了一定的平等權利，但同時臺灣社會的階級、群體分化也隨之更加明顯。在皇民化運動及其後期，文化統合的現實需求逐漸超越了血統民族主義帶來的「內外之別」，因而在 1937 以來，特別是 1941～1945 年之間日本對臺進行文化統合的措施與力度是特別值得注意的。從文化重建以及去殖民的角度來看，日本對臺統合的重層結構應該被視為一個切口，即從血緣民族主義入手對日本所建構的語言民族主義及其幻象加以解構，並重新激活傳統漢文化的文化基因以喚醒和鞏固兼具血緣與語言認同的中國民族主義，同時，臺灣新文學因其曾具有的多重反抗性也應該被作為資源加以整合。

## 四

　　就 1945～1949 年的臺灣社會而言，其所面臨的最基本問題是社會轉型。這也意味著兩條時間軸線的轉軌，即在地域性臺灣的基礎上，從殖民地的區域性進入到中國之一省的區域性。這種轉變在政治上只需要一個瞬間，但在文化

---

〔註7〕　（日）駒込武《殖民地帝國日本的文化統合》，吳密察等譯，臺北：臺灣大學出版中心，2021 年，第 159 頁。

〔註8〕　陳芳明《臺灣新文學史》，臺北：聯經出版事業股份有限公司，2011 年，第 158 頁。

層面卻需要通過艱難的探索，並必然會對社會文化的走向以及公共領域的形態產生影響。同時，在這一過程中，文化也將在特定的目標下產生某種導向性的力量。不僅如此，此時的「文化」也具有轉喻的意義，即關於「文化」議題的思考實際上可能通向更為廣闊的社會發展問題。

因此，「臺灣文化」首先並不是自明的存在，因而不能將之簡單地理解為地域意義上的「臺灣」和「文化」一詞的簡單附加，而是指在地域性因素的基礎上，基於外部政治條件的改變及由此帶動的體制變化在文化層面上施加的自覺或不自覺的影響，其指涉的範圍包括文學，同時也包括語言、日常生活方式、審美取向、風俗習慣等等，除此之外，也應該包括轉型時期所涉及到的公共事務議題，例如當時知識分子普遍談論的以及曾引起爭議的「奴化」等話題。因此，此一時期的臺灣文化實際上不是有待於發掘或闡釋的既定存在物，而是一個動態建構的過程，因而其特徵是區域性的而非狹隘的地域性的。區域性意味著在審視這一問題時不能局限於「臺灣」這一地理空間本身，必須同時攜帶其變動的政治架構，並對當時的建構目標以及發展追求加以探索。

光復這一歷史時刻正是民族主義情感勃發的階段。但基於歷史的繁雜，儘管「華夏子孫」的自我認知一以貫之地存在於日據至光復的臺灣歷史中，但國族認同問題在此期間產生了歷時性的層疊。換言之，在 1895 之前、1895～1945 這兩個時間段內，臺灣的地域性逐漸被區域性覆蓋，殖民地成為臺灣社會的顯性身份標識。在這一過程中，基於不同的政治強作用力，臺灣人的身份意識與國族概念在不同的代際中存在著差異。而到了光復初期，伴隨著擺脫殖民地身份的欣快，這些層疊在短時間內被壓縮為一個共時性的平面，在總體上呈現為一種「昂揚的光復意識」〔註9〕。

光復意識乃至於光復激情的內核正是一種樸素而強烈的民族主義情感，但這種民族主義情感也並不是一種先天的自明的存在，其生根與延續無一不嵌入臺灣的歷史脈絡，並數次隨之發生應對於現實的調適與變動。因而這種壓縮固然使當時爆發的認同情感格外強烈，但層疊中的縫隙也由此在某種程度上被遮蔽。另外，國族認同問題的複雜性還在於，它並非在「光復」之一瞬產生，同時它也連通了臺灣社會過去的經驗與當下的體驗，更重要的是它也將通向未來。這與 Reinhart Koselleck 所談到的「經驗的空間」（space of

---

〔註9〕 曾健民《1945 破曉時刻的臺灣》，北京：臺海出版社，2007 年，第 45 頁。

experience)與「期望的地平線」(horizon of expectation)〔註 10〕大致相符,亦即經驗與期待分別體現了過去與未來的方式。但需要說明的是,二者並不是在一條直線上的因果式的存在,這也是以區域性破除線性時間迷障的意義所在。

「期望的地平線」正意味著當新的現實升起,舊的期望即隨之消失。換言之,臺灣的被殖民經驗使群體性的國族認同問題發生了模糊甚或分化,「中國」在此期間成為一個遙遠的原鄉。而「光復」使這一原鄉迅速實體化,基於過去的經驗與當下的光復體驗,一種新的關於未來的期待視野由此產生。某種意義上來說,當時臺灣對祖國的認知方式裏實際上已經包含了預設的期待,即在被殖民生涯結束時,臺灣人的感性與經驗已經被再次分配。這既是構成歷史的一個必要部分,同時也是被殖民的創傷體驗中最直接的情感反應。但是,現實的中國與期待視野中的由理念具象化而來的中國究竟有多少距離是一個必須被正視的問題,同時,這一期待視野也或隱或顯地提示出臺灣對祖國及自身發展方向的期待。

在民族主義—國族認同這一框架中,除了自身所存在的複雜性之外,認同的對象同樣不是一個穩定不變的存在。毫無疑問,這一對象始終顯像為「中國」,這也是地方性臺灣的存在論依據。但問題在於,從古至今,「中國」的意涵〔註 11〕並不是穩定不變的,而是處於一種變動的建構過程。自 1840 年這一被歷史敘述定義為近代中國的起點以來,在長達近百年的時間裏,中國在民主革命與社會革命的雙重變奏中,逐漸探索並建構了自身的主體性,這一主體性最終體現為「新中國」這一新意識形態概念,並成功組織了當代中國人的日常生活以及歷史想像〔註 12〕。因此,在作為光復起點的 1945 年,在世界反法西斯主義的以及民族獨立的國際浪潮中,中國在抗戰勝利後,仍然處於建構自身國家想像的過程之中。事實上,這種建構在此前即已開始,大致體現為共產黨的「新民主主義革命」以及國民黨的「抗戰建國」。同時也正是這兩種路徑的存在,使得這種建構在 1945 年及此後的幾年間仍在繼續,

〔註 10〕 參見:(德)Reinhart Koselleck: Futures Past On The Semantics Of Historical Time. Translated by Keith Tribe, New York, Columbia University Press, 2004:255-275.

〔註 11〕 此處的意涵指在一歷史發展進程中,中國經歷革命與戰爭所產生的國體轉變以及與之相關的近代化及現代化歷程。最簡化的區別在於古代中國、近代中國、現代中國乃至於當代中國。

〔註 12〕 姜飛《國民黨文藝思想研究》,廣州:花城出版社,2014 年,第 4 頁。

直至 1949 年社會主義中國的建成。不僅如此，這種建構在二戰後的以冷戰為主題的世界格局下顯示為在社會主義與民族主義的矛盾與纏繞，並由此延續繼而被賦形為「中國道路」〔註13〕。在此過程中，臺灣由於其獨特的歷史軌跡，尚未被徹底納入到這一體系之中。

此處想要強調的是，在光復初期，儘管「中國意識」是確定無疑的存在，但一方面其時「中國性」的動態性決定了作為認同對象的「中國」不是穩定的本質化的，另一方面，臺灣民眾的民族情感與認同歷史也有待於整理。這意味著二者不是簡單的榫卯裝置，而是需要通過清理與整合，才有真正銜接之可能，作為中國之地方的臺灣的區域性才能再次建立。換言之，光復初期臺灣的國族認同並不是一個整體性的本質化問題，存在於其中一以貫之的是作為支撐的「中國意識」，但長時段內「中國性」的建構性及動態性等特徵決定了作為對象的「中國意識」也並非鐵板一塊的前提性存在，可能呈現為現代中國、古典中國、鄉土中國乃至於現實中國等彼此間既有重合又有衝突的重層狀態，並在文學乃至文化領域得以反映，這正是區域性視野所帶來的新的理解可能。

這使得在討論光復初期的認同問題時必須先對前述「光復激情」進行解壓縮，將之還原為一個歷時性的發展過程，「中國意識」的譜系層疊亦將隨之浮出地表。通過這一操作，可以從群體情感的內在肌理去把握光復初期的民族主義情感及其現實體驗，進而對其間繁雜的「中國意識」加以清理爬梳，從而切入到對此一時期臺灣文化解殖相關話題的觀照之中。

## 五

《臺灣文化》作為光復初期存續時間最長的綜合性文化雜誌顯然為上述問題的觀察提供了一個絕佳的角度。就本書而言，從《臺灣文化》切入對光復初期文化解殖的考察，首先意味著對一個具體切實的對象進行把握並嘗試加深討論，由此可以避免落入到龐雜空泛的論述而無法聚焦的境地。其次，就光復初期的臺灣文化界而言，圍繞著《臺灣文化》形成了一個足夠豐富的實踐場域。《臺灣文化》的直屬機關臺灣文化協進會是一個有著官方背景的民間文化團體，後者是以臺北為活動中心的一個有著官方背景的民間文化團

---

〔註13〕賀桂梅《書寫「中國氣派」：當代文學與民族形式建構》，北京：北京大學出版社，2020 年，第 16～17 頁。

體，於光復後成立，成員身份較為駁雜，其中既有國民黨官員，亦有省內的左翼成員、立場居間的文化人士以及傳統士紳，可以說在政治的光譜上各有分布，而他們正是在「建設臺灣新文化」〔註14〕這一頗具民族主義意味的旗幟下集結而來的。除了當時臺灣島內有影響力的文化人活躍其間之外，還有渡海來臺的大陸知識分子陸續登場，並在前期形成了以許壽裳為核心人物，以魯迅為旗幟的文化方向。因此可以說通過臺灣文化協進會及《臺灣文化》彙集了光復初期有影響力的各方人士。除此之外，《臺灣文化》的存續時間大致與光復初期重合〔註15〕，在此期間，《臺灣文化》始終與動盪的臺灣社會保持著同頻共振，並且在介入文化解殖的過程中呈現出了中國意識的重層顯影。

《臺灣文化》創刊號上刊載了時任臺北市長兼臺灣文化協進會理事長游彌堅的《文協的使命》，這篇類似於發刊詞的文章大致勾勒出《臺灣文化》的基本定位與追求，即在光復這一歷史性的時刻，臺灣文化由於外部條件的變化而短暫地陷入了沉默與苦悶，因此需要為之提供一個發展的園地，來發酵新臺灣之新文化，這種新文化應是三民主義的文化，同時也是新中國所需要的文化〔註16〕。此處的「新臺灣」與「新文化」都是針對既往臺灣的被殖民歷史而言的，所謂的「新」之落點正在於一種擺脫了殖民地處境之後民族解放意味，因此《臺灣文化》介入活動的目的依然是解殖（Decolonization）性質的，相較於官方提倡「文化重建」的外部眼光，《臺灣文化》作為島內文化人集結的陣地所提供的則是一種內部視線與情感體驗，即這一部分具有被殖民經驗的臺灣文化人在親歷光復時刻之後，對於文化解殖所進行的獨特思考與實踐，這之中既可能包含了被殖民歷史中的創傷體驗，同時也攜帶著對現實變動的種種即時反應。

更為重要的是，儘管「半官半民」通常被視為《臺灣文化》的一個經典標籤，但實際上《臺灣文化》月刊及轉型後的季刊實際上已經越出了「官方與民間」「左翼與右翼」「殖民與反殖民」等二元框架。《臺灣文化》立足於社會轉型期獨特的社會現實，通過文化領域的思考與實踐實現對現代中國的追

---

〔註14〕《臺灣文化協進會成立大會宣言》，載《臺灣文化》第 1 卷第 1 期，1946 年 9 月。

〔註15〕《臺灣文化》的存續時間較之光復初期（1945～1949）稍有溢出，在 1950 年 1 月及 5 月曾發行最後二期。

〔註16〕游彌堅《文協的使命》，載《臺灣文化》第 1 卷第 1 期，1946 年 9 月。

尋以及與古典中國的榫接，進而以此為基礎想像並建構自身，這些反應方式
也與前述文化重建背後涉及到的民族主義與國族認同等問題有關。《臺灣文
化》的命名實際上也揭示出，在文化解殖的過程中，重構自身的區域性是一
個關鍵問題，這意味著臺灣需要重新建構自身——這種重構始終在與祖國的
動態關係中才能實現——臺灣是祖國之一地的臺灣。在此，地方性與民族性
是連結在一起的，從日據時期到光復初期，地方性始終被臺灣人作為反殖民
／解殖民的一種方式，同時也曾是日本試圖利用的統合工具。《臺灣文化》同
仁所強調的建設新臺灣，正是指重新發現並建構地方性。這種地方性有別於
1947年《橋》副刊上臺灣文學論爭中的「邊疆性」，它不是邊緣性而是區域性
的，所謂的「邊疆文學」是基於地緣層面的邊緣性，因而是一種簡單地經由
地域＋文學而導出的地方性。地緣上的邊緣並不等同於文化上的邊緣，重構區
域性是一個動態的過程，同時，重構的依據正是中國意識，儘管它顯示為一
種重層結構。

此外，雖然宣稱以「建設三民主義文化」為目標，並在雜誌刊行中不時
出現相關表述，但實際上由於當時臺灣整體上與國民黨之間的歷史性陌生感，
包含《臺灣文化》同仁在內的許多臺灣人對於「三民主義」的具體內涵並不
十分瞭解，因而此種表述也缺乏具體的實踐配合，雜誌對於「三民主義」的
提倡更多地意味著在立場上對祖國以及當時代表祖國接收臺灣的國民黨之認
同。也就是說，儘管在臺灣文化協進會的指導思想是三民主義，但如同創刊
號的後記所載的「我們想用編輯綜合文化雜誌的態度來編輯」〔註17〕，國民
黨的思想並沒有真正構成《臺灣文化》的實踐綱領。

總體來看，《臺灣文化》同仁試圖在官方政策之外，從臺灣的具體現實出
發，從而實現文化層面解殖民的探索。這一路徑是以「中國意識」為核心的，
同時與前述國族認同問題的複雜性纏繞在一起，或者說，《臺灣文化》在關於
文化方向的探索中始終內蘊著這一問題，並試圖對之進行整理與調和。《臺灣
文化》的實踐路徑既不屬於國民黨倡導的文化復古主義，同時也不是左翼的，
而是基於過渡階段的現實種種所生發出的文化訴求，呈現出轉型時期的駁雜
特點以及稚嫩傾向。因而這種探索不是一種自上而下的意識形態高壓下的統
合，也不是在某一特定理論的指導下進行的，這意味著這一路徑不僅處於動態
的過程中，在建構自身的同時還必須時時調適其自身，包括現實問題的演變，

〔註17〕《編後記》，載《臺灣文化》第1卷第1期，1946年9月。

以及與官方意識形態的距離等等。質言之，《臺灣文化》是基於臺灣現實，並以祖國為對話對象來展開探索的，也是臺灣知識界嘗試重構自身區域性的表現。更為可貴的是，在這一過程中，兩岸知識分子克服種種障礙，經由《臺灣文化》這一平臺，在最大程度上達成同情之理解，精誠合作，在實際上完成了局部的區域性轉化，在與祖國的動態聯繫中重新尋找並標識了自身。

在具體的實踐中，現代中國是《臺灣文化》為實現文化解殖的追求目標。新文學樣式貫穿整個《臺灣文化》月刊時期，自創刊號開始即刊登了介紹中國新文學運動以及回顧臺灣新文學運動的一系列文章。同時，《臺灣文化》的同仁因各自的工作關係與相當數量的渡海來臺的大陸知識分子結識並積極地向其邀稿，並對這些稿件尤為重視，由此《臺灣文化》也成為當時省內外文化工作者的一個重要交流平臺。不僅如此，由於當時彙集在雜誌周圍的人大多與魯迅有過交往，加之許壽裳與雜誌的密切關係，《臺灣文化》一度成為光復後魯迅傳播的一個重要平臺，並因其解殖的現實需求，形成了一個不同於以往臺灣魯迅接受主流之「左翼魯迅」的另一「誠愛魯迅」方向。另一方面，《臺灣文化》同樣也很重視島內作家的作品刊載，王白淵、吳新榮的新詩、張我軍的隨筆以及呂赫若、張冬芳等人的白話小說也都不時出現。從這一方面來看，《臺灣文化》以「五四」新文學為方向，同時其追求並不止步於文學的領域之內，而是試圖通過回顧中國新文學及受其影響的臺灣新文學的發生與發展以實現現代性的接續與匯流。1920 年代臺灣的新文學運動曾受到國內「五四」新文學的影響，並因其特殊的殖民地處境而發展出了自己的路徑。但不可否認的是，臺灣新文學在其生發之際就具有反殖民的文化基因，在初期呈現為「左翼」與「鄉土」的樣態，但最終因文協左右分裂、缺乏現實支撐力量而逐漸沒落，並在後期受到皇民化運動的限制。因此，《臺灣文化》在光復後重新梳理新文學的發展史實際上顯示出一種追求文化光復的強烈衝動，通過對新文學的追求，《臺灣文化》試圖再次呼喚臺灣新文學的反殖民力量，並在新的語境中將之轉換為解殖動力，既以此沖刷被殖民記憶，同時也以其革命性重新匯入中國新文學的脈絡，進而實現現代性的接續以及對現代中國的追尋。由此而來的關聯問題是，《臺灣文化》借由臺灣新文學所召喚出的反殖民力量天然地具有左翼批判傾向與鄉土色彩，前者在一定程度上與文化光復形成了齟齬，這也是民族與階級議題矛盾的一個縮影，如何對之進行統合性的轉化是一個必須面對的問題。但伴隨著光復初期的社會矛盾逐漸加劇，

這一問題並沒有得到解決。《臺灣文化》在堅持民族主義立場為先的前提下以溫和的批判立場干預現實，並最終在逐漸高壓的社會環境中轉型成為學術季刊。

在追尋現代中國的過程中，鄉土文學及其關涉的地方性與大眾化是其間的一個重要議題，這同時也伴隨著對鄉土中國的再發現以及地方意識的覺醒。1930 年代的鄉土文學因其處境的特殊性，在很大程度上是以日本及日文作為抵抗對象的，並且在此意義上具有鄉村與都市的對立性，其鄉土性是在殖民—反殖民這一話語層次中存在的。而光復後的「鄉土」則被賦予了新的內涵，一個較為明顯的差異在於，這一鄉土首先是內在於鄉土中國之中的，同時地方性體現為一種整體化追求，鄉村—都市的對立性相對弱化，也因此，鄉土文學天然所攜帶的左翼色彩也隨之淡化。他們所強調的更多的在於作為祖國之一地的地方性特點，在光復的語境中強調臺灣的地方性色彩實際上也意味著在擺脫殖民地這一被塑造的身份之後的一種重新發現自我的過程。此外，重構的鄉土中國中還雜糅了民族性以及大眾化的多重追求，例如整理與改造民間文學等舉措都體現出這一特點。這與大陸差不多同時期的「民族形式」論爭具有一定的同構性，即通過對民間文學的重塑激發出其中的民族性召喚力量，進而實現現代性的轉換，最終通過民族性與地方性的整合實現對於現代國民的召喚。

另外，在追尋現代中國的過程中，《臺灣文化》需要面對的另一個問題是如何處理殖民現代性，同時這也是去殖民化進程中的重要議題。日本為臺灣帶來的殖民現代性是一個較為複雜的問題，在醫療技術、高等教育、基礎建設等多個方面都曾留有痕跡，這些是服務於資源榨取與社會宰制的殖民目的是毋庸置疑的，但如何妥善地對之進行認知和處理則需要更為具體的辨析。國民黨在此問題上的曖昧含混前文已有提及，即其情感表達為徹底的拒斥，而在具體的實踐中又有模糊的保留，這種態度也一定程度上影響了《臺灣文化》。

《臺灣文化》所面對的殖民現代性主要體現在學術遺產方面，尤其是在其轉型成為學術季刊之後，這是國民黨「知識的接收」政策的產物，同時也關涉到地方意識的覺醒問題。在文化建設方面，陳儀設立了臺灣省編譯館並邀請許壽裳來臺主持工作，在這部分工作中，二人形成了一定的共識，即重視日本的學術遺產及留用日籍研究人員。另外，留用的部分日籍研究人員曾在日據末期以臺北帝國大學（即光復後的臺大）為園地專注於臺灣民俗及原住民研究，曾

創辦光復後充滿爭議的《民俗臺灣》雜誌〔註18〕，並與後來《臺灣文化》的主編楊雲萍結識。不僅如此，編譯館撤廢後相關人員也都大多轉入臺大。

編譯館本身即與《臺灣文化》關係匪淺，加之作為紐帶的楊雲萍以及以臺大為圓心的整合，《臺灣文化》季刊的主要撰稿人基本上由日據時期《民俗臺灣》的班底及其學生組成，曾經臺北帝大的土俗人種研究室也成為原住民研究乃至於臺灣研究的一個學術起點。事實上，無論是臺北帝大的成立還是土俗人種研究室的設立，乃至於《民俗臺灣》的創刊都與日本當時的殖民進程密切相關，日本對臺灣所進行的民俗學調查以及原住民研究隱含著一種比較視野，一方面是受日本國內大政翼贊會影響所產生的鄉土傾向，即通過比較的方式發現臺灣作為帝國之一部的地方性，並由此更好地實現文化統合。另一方面則來自於日本將臺灣作為南進基地的幻想，通過對殖民地臺灣的徹底瞭解以便於將來能夠更容易瞭解中國內地乃至東南亞其他相鄰地區的群體。

遺憾的是，無論是「知識的接收」還是《臺灣文化》季刊基本上都沒有對於日本的學術遺產作出清理，而是以一種超然的學術態度對之加以接收和消化，《民俗臺灣》和《臺灣文化》季刊的重要撰稿人之一金關丈夫更曾被王詩琅稱為「日本人的良心」〔註19〕。《臺灣文化》對於日本學術遺產的全面繼承在某種程度上可以作為臺灣社會不同層面可能面臨殖民現代性迷惑的一個縮影。為了配合殖民進程的推進，殖民者對於被殖民地區的改造通常會帶來類似的困惑，這一點在光復激情失落後「狗去豬來」的普遍心態中體現得尤為明顯，更為嚴重的是可能造成認知混亂以及邏輯篡改。實際上，除了著眼於其中的「現代性」之外，更應該注意的是它所產生的土壤，殖民現代性不僅是有限的，有時甚至是以撕裂社會的扭曲形態呈現的，如果不對之加以清理，則可能造成殖民主義裂痕在社會結構中的深層沉澱。

另一方面，較之現代中國而言，古典中國是強化歷史記憶、鞏固認同的

〔註18〕《民俗臺灣》曾被臺灣知識分子王詩琅譽為「日本人的良心」，但近年來學界開始注意到其中的殖民主義色彩，並對之加以批判，其中的重要觀點參見：（日）川村湊《「大東亜民俗学」の虛實》，講談社，1996年。

〔註19〕王詩琅《臺灣民俗學的開拓者池田敏雄兄》，載《臺灣風物》第31卷第2期，1981年6月。轉引自吳密察，《〈民俗臺灣〉發刊的時代背景及其性質》，吳密察策劃、柳書琴等編《帝國裏的「地方文化」》，臺北：播種者出版有限公司，2008年。

一個重要部分。由於臺灣的殖民地處境以及日本對臺東亞內部殖民的特殊
性，傳統漢文化始終處於較為複雜曖昧的位置，它既是新文學運動的革命
對象，也是日本試圖拉攏士紳階層並進行文化統合的懷柔手段，就這一點
而言，臺灣新文學的任務是重層的。但同時不容忽視的是，傳統漢文化也是
被殖民時期維繫華夏認同與保留文化根底的手段，這不可避免地在一定程
度上淡化了臺灣新文學萌芽之初的「新舊文學之爭」，同時也削弱了新文學
的衝擊力。

　　同樣，這也成為《臺灣文化》在光復之後需要處理的問題。在民族主義情
緒高漲並需要藉此實現解殖民的光復初期，傳統維繫認同與召喚集體記憶的
功能被凸顯出來，藉以恢復被殖民歷史所干擾或中斷的認同或文化，並因此通
向了被殖民時期移民與遺民後代心目中的原鄉——古典中國的觸摸與想像。
《臺灣文化》月刊以相當的篇幅刊載了傳統文化的相關內容，其中不難發現一
種召喚集體記憶的激情。古典中國作為認同的根基為被殖民時期的臺灣人提
供了精神動力與祖國想像，而1945之後伴隨著光復激情昂揚與失落，現實中
國撲面而來，不可避免地與浪漫化的古典中國產生了錯位，同時也令追尋中的
現代中國遭遇困頓，光復後社會問題的頻發以及國民黨的應對方式使得左翼
的批判立場逐漸銷聲匿跡，民族主義的統合力也因此陷入省籍矛盾之中。

　　在這樣的情形之下，《臺灣文化》對傳統文化的整理與刊載因而具有了
另一重迴避衝突但同時介入現實的功能，尤其是在二二八事件之後，曹氏父
子、陶淵明、文字獄等構成了《臺灣文化》以古映今的載體，對魏晉時期的
關注也提示出在臺知識分子對於自身所處時代的困惑與焦慮。在此，古典中
國以一種曲折的方式介入了現代中國的追尋進程，並試圖與不甚理想的現實
中國進行對話與干預，背後所反映的正是當時島內外知識分子的共同願景，
解殖的追求在某種程度上意味著規定了民族主義是此一時期的主題。其具體
的展開方式是通過對兩次文學革命的回溯召喚出反殖民力量以實現民族情
感的整合，但以此為基礎的建構方向卻未及具體展開便開始不斷遭遇現實的
挑戰，此時傳統文化則出場作為緩解危機〔註20〕並對話現實的方式，《臺灣
文化》開始更多地以一種反應而非建構的姿態出現。

　　在上述重層中國意識的延展過程中，《臺灣文化》的文學探索體現出一種
匯流性特徵，即作為目標的現代中國、地方性意味強烈的鄉土中國、強化認

---

〔註20〕此處的危機指知識分子的精神焦慮、社會現實中的矛盾等。

同的古典中國以及遜於期待的現實中國在此交匯。白話文是《臺灣文化》所選擇的一個重要甚至唯一的文學形式，這在文學實踐層面形成了重構區域性的重要舉措。《臺灣文化》同仁沒有囿於 1930 年代的「臺灣話文」的論爭窠臼，在此，白話文與臺灣鄉土及地方性並不衝突，相反，它提供了一種通向現代中國的文學可能。就其文學觀念及其所體現出的審美傾向而言，主要體現為寫實主義與鄉土特徵。在此，寫實主義觀念實際上也關涉到解殖追求。一方面臺灣新文學自誕生之時就具有強烈的寫實主義傾向及鄉土意味，另一方面，日據時期的唯美主義乃至現代主義式的文學創作在光復後已經被視為一種空洞甚至具有殖民者情調的樣式。寫實主義創作特別是小說的批判性顯得更為直接和尖銳，而且成為了這一時期重要的社會普遍心理的考察樣本。小說中的「失貞」敘事模式在美學上的價值可能是有限的，但通過臺籍作家的反覆言說則不難發現，一種「被侮辱的與被損害」的情感體驗始終沉澱在臺灣民眾的內心深處，並因此直接指向了創傷體驗的本質，這實際上也是光復乃至文化解殖都不可迴避的一個重要問題。

　　總體而言，《臺灣文化》作為光復初期的重要雜誌之一，試圖以臺灣人的內部體驗與視野介入文化實踐。解殖民構成了一個重要目標，追尋現代中國則是其中的一個根本動力，主要體現為對於兩次新文學運動的回溯與整合，並伴隨著鄉土中國的再發現與地方意識的覺醒，在此基礎上期待實現對現代國民的召喚。同時，基於被殖民歷史，傳統文化再次被作為召喚集體記憶與強化認同的重要方式，並以此實現對現實危機的應對和有限干預。現代中國、鄉土中國、古典中國與現實中國在此過程中相互遭遇、重疊乃至相互影響，「光復激情」正是在這一過程中得以解壓並還原。另外，在學術遺產的處理方面，《臺灣文化》在一定程度上遭遇了殖民現代性的陷阱，這同時也是整個臺灣社會面對此類問題的縮影。

# 第一章　光復後的解殖浪潮與
# 《臺灣文化》創刊

## 第一節　臺灣光復與文化重建的多重變奏

### 一、日本殖民路徑與國民黨的文化重建

　　文化重建之所以會在光復初期被提出並成為一個重要的話題，其原因就在於日本自 1895 年至 1945 年長達五十年的對臺殖民歷史，因此文化重建議題本身就具有強烈的民族主義意味，並直接指向去殖民化的目標。日本對臺的殖民統治曾在各個階段採取不同的統合方式以因應自身的殖民擴張，因此也為光復後的去殖民化造成了一些困難，即這一工作首先需要對日本進行的文化改造與統合作出清理與瞭解，才能夠有效地進行。

　　日本的殖民活動不同於歐洲的地方在於其所進行的是同一文化圈內的殖民，日本擴張過程也伴隨著其自身的近代化進程，這意味著日本既要擺脫傳統的中華影響以尋求自身的國族統合，同時也要以中華文化作為統治、拉攏殖民地社會。在此，日本依靠天皇建立了一種兼具宗教與世俗權威的認同機制，日本的國民統合也由此實現。在此意義上，殖民地人民在血統與法律的層面上來說，都是被隔絕在外的，受到日本憲法保障權利的臣民僅限於有歷史關係的人民，即憲法不及新領土〔註1〕。同時，臺灣人在血統意義層面

---

〔註1〕　（日）駒込武《殖民地帝國日本的文化統合》，吳密察等譯，臺北：臺灣大學

之「外」反過來也鞏固了日本本土之「內」。另一方面,基於殖民統治的目的,文化層面的統合又是必不可少的,因此二者曾共同享有的中華文化等共同的文化內容則成為一種製造認同的懷柔手段,這也是東亞內部殖民的特點之一。由此,就形成了兩重實際上充滿衝突的殖民地民族主義——血統民族主義與語言民族主義,前者是脫離中華影響的日本要實現自身的國民統合所導致的在國家統合的層次上拒斥臺灣人,而後者則是出於殖民統治的目的要求實現文化層面的統合〔註2〕。此外,在戰爭催化下,語言民族主義一度超越血統民族主義,強調「同化主義」的皇民化運動於 1937 年開始。1937 年4 月臺灣總督府廢止報紙漢文欄作為標誌性事件之一,皇民化運動包括宗教與社會風俗改革、國語運動〔註3〕、改姓名及志願兵制度。其中三項與精神文化直接相關,宗教方面試圖通過興建神社及神社參拜實現以日本國家神道取代臺灣本土通行的宗教,語言改造則以同樣發生在 1937 年 4 月的取消漢文課作為典型事件,並由此大範圍推行日語教育。改姓名雖然是採取「許可制」,但陳炘、林獻堂等人亦遭受到改名的壓力〔註4〕,不僅如此,「許可制」本身也體現出日本所炮製出的等級優越感及其背後所暗示出的獎懲制度。此外,1930 年代中後期,日本推行「大東亞共榮圈」政策,試圖營造以日本為核心,包括偽滿洲國及中國的「東亞共同體」,並試圖建立大東亞文化體制。不僅如此,日本在整個東亞殖民主義擴張的進程中同樣十分注重文化與意識形態層面的滲透,包括偽滿洲國時期所宣傳的「日滿親善」「王道樂土」,以及 1937 年「七七事變」後在臺灣地區所倡導鼓吹的皇民文學等等,而開始於 1942 年的大東亞文學者大會則是日本「大東亞共榮圈」口號延伸至文化領域的政策另一表現。不僅如此,在日本的殖民進程中,臺灣的處境較之朝鮮、偽「滿洲國」等日本統治區更為特殊,就政治體制而言,臺灣的專制程

<hr />

出版中心,2021 年,第 37 頁。

〔註2〕 參見:(日)駒込武《殖民地帝國日本的文化統合》,吳密察等譯,臺北:臺灣大學出版中心,2021 年,第 74 頁。

〔註3〕 此處「國語運動」指日本對臺執行的語言殖民主張。據《臺灣教育沿革志》,1895年日本開始對臺殖民時,日語仍被稱為「日本語」,但最遲至次年五月,官方即將之改稱為「國語」,由此亦可見出日本對於語言的改造在殖民之初即已有所計劃,只是在始於 1937 年的「皇民化運動」中貫徹得更為徹底。參見:臺灣教育會編《臺灣教育沿革志》,臺北:臺灣教育會,1939 年,第 1 頁~第 3 頁。

〔註4〕 周婉窈《從比較的觀點看臺灣與韓國的皇民化運動》,《海行兮的年代——日本殖民統治末期臺灣史論集》,臺北:允晨文化出版,2003 年,第 59 頁。

度遠大於後者，由此衍生的經濟、文化方面的同化程度也高於其他日本殖民地，是日本本土之外日本化程度最高的地區〔註5〕。總體而言，從宗教滲透到日語教育再到改日本姓名，「皇民化運動」致力於以一種強力手段外向內地將臺灣人改造成為「真正日本人」。但這種強力手段也並沒有持續太久，1941年日本近衛文麿內閣二次成立，激進的皇民化政策受到調整〔註6〕，伴隨著大政翼贊會的成立，文化統合再次受到重視，地方性成為關注的重心，即希望通過對「鄉土愛」的召喚與形塑以實現國民統合。這一「新體制」的影響也輻射到臺灣，對於臺灣的地方性關注增強，實際上所謂「地方」強調的仍然是作為帝國日本之一地，係其文化統合的步驟之一，但其殖民主義意味卻因對臺灣的調查與研究而變得更為隱秘，從而製造了一種關切臺灣的「愛」之幻象，臺灣正是在這一階段中迎來了光復。

　　總體而言，日本的殖民邏輯是基於一種二重矛盾結構展開的，並且伴隨著戰爭的發展，語言民族主義及其所強調的文化統合逐漸佔據上風，同時以語言政策為基礎展開文化層面的統合。雖然語言民族主義可能為殖民地臺灣的人民造成了身份認同的困惑，但這種二重矛盾結構實際上也是打破幻象的一個切口。此外，東亞內部殖民的特點導致中華傳統文化與文學處於一種曖昧位置，尤其是伴隨著1920年代臺灣受「五四」影響所展開的新文學運動將這一局面變得更為複雜，舊文學既是臺灣新文學的革命對象，也是日本施行同化的工具，臺灣新文學在此意義上也承擔了反殖民的任務。事實上，臺灣新文學運動面臨著階級革命與民族革命的雙重任務，後者因其現實緊迫性而佔據更為重要的位置。另一方面，舊文學乃至傳統文化也被視為殖民地臺灣維繫中華認同以及保存文脈的手段。臺灣新文學運動在文協左右分裂之後逐漸式微，因此沒有得到處理的新舊文學關係也被擱置，這對於光復之後的文化解殖而言是一個不可迴避的問題，其重要性在於解殖必須伴隨著對於民族主義的召喚，傳統文化作為認同的根底不能拋開，但同時也必須對其中的殖民主義混雜作出清理。同樣，日據後期對於臺灣的地方性與鄉土愛的強調也在同樣的意義上需要被關注。

〔註5〕計璧瑞《被殖民者的精神印記——殖民時期臺灣新文學論》，廈門：廈門大學出版社，2010年，第17頁。

〔註6〕吳密察，《〈民俗臺灣〉發刊的時代背景及其性質》，吳密察，《〈民俗臺灣〉發刊的時代背景及其性質》，吳密察策劃、柳書琴等編《帝國裏的「地方文化」》，臺北：播種者出版有限公司，2008年，第63頁。

　　基於上述歷史，國民黨政府在光復前即已經開始思考相關問題。《開羅宣言》發表後，接收臺灣的工作準備就已經開始。1944 年 3 月，蔣介石授命設立臺灣調查委員會（以下簡稱為臺調會），並派陳儀為主任委員。次月 17 日，亦即割讓臺灣四十九週年紀念日，臺調會正式在重慶成立並召開第一次委員會議〔註7〕。1945 年 3 月，《臺灣接管計劃綱要》出臺，其中通則第四條即指向文化問題：「接管之後之文化設施，應增強民族意識，廓清奴化思想，普及教育機會，提高文化水準」〔註8〕，細則中的第八條教育文化亦據此展開。不僅如此，1944 年 5 月 10 日，陳儀致函時任教育部長陳立夫，與之討論臺灣收復後的教育工作，陳儀認為由於日本所實行的「奴化教育」具有「十二分的危險」，而教育則是「根絕奴化心理，建設革命心理的重要方式」〔註9〕。陳立夫也回函稱「今後推進臺灣教育工作至為艱巨」〔註10〕，由此可見國民黨政府在接收之前即已高度重視光復後的教育問題，同時也認為這一工作具有相當的難度。不僅如此，陳儀認為「受日語教育者幾占臺人之半數」〔註11〕，需要對日本所遺留下來的殖民文化進行徹底的清洗，以上大部分是針對臺灣的被殖民歷史而言的。而就國民黨的統治綱領來看，自孫中山《建國方略》起，「心理建設」即作為三大國家建設之首。孫中山曾有感於黨內人士對於革命宗旨方略信仰不篤、奉行不力，究其原因在於多以思想錯誤而懈志，認為夫國者人之積也，人者心之器也，而國事者一人群心理之現象也〔註12〕，進而改「知易行難」為「行易知難」，將心理建設置於重要地位。陳儀 1945 年在臺除夕廣播中也依循三大建設的脈絡展開對未來一年工作的計劃，在心理建設部分中著意強調「心理建設，在發揚民族精神，而語言文字與歷史，是民族精神的要素」〔註13〕，由此，臺灣省行政公署對

〔註7〕　《臺灣調查委員會工作大事記（1944 年 4 月～1945 年 4 月）》，陳鳴鐘，陳興唐主編《臺灣光復及光復後五年省情（上）》南京：南京出版社，1989 年，第 4 頁。

〔註8〕　《臺灣接管計劃綱要》，陳鳴鐘，陳興唐主編《臺灣光復及光復後五年省情（上）》南京：南京出版社，1989 年，第 49 頁。

〔註9〕　《陳儀致陳立夫函》，陳鳴鐘，陳興唐主編《臺灣光復及光復後五年省情（上）》南京：南京出版社，1989 年，第 58 頁。

〔註10〕　《陳立夫復陳儀函》，陳鳴鐘，陳興唐主編《臺灣光復及光復後五年省情（上）》南京：南京出版社，1989 年，第 60 頁。

〔註11〕　《陳儀致陳立夫函》，陳鳴鐘，陳興唐主編《臺灣光復及光復後五年省情（上）》南京：南京出版社，1989 年，第 58 頁。

〔註12〕　孫中山《建國方略》，上海：民治書局，1922 年，第 2 頁。

〔註13〕　臺灣省行政長官公署宣傳委員會編《陳長官治臺言論集》，臺灣省行政長官公

於文教工作的重視在根本上延續了孫中山所開創的建設邏輯。另外,對於統治者來說,文化與教育本身也具有重要地位,阿爾都塞所提出的意識形態國家機器概念(ISA:Ideological State Apparatus)強調了包含教育及文化在內的八種制度,與鎮壓性國家機器並立,通過扮演「武嚇」替國家政權向人民「文攻」的作用,同時認為「任何一個階級如果不在掌握政權的同時對意識形態國家機器並在這套機器運行中行使其領導權的話,那麼它的政權就不會持久」〔註14〕。因此,對於國民黨而言,文化重建作為去殖民化的手段,自然而然成為光復初期的重要議題。

值得注意的是,以臺灣省行政公署為代表的國民黨政府雖然很重視文化重建(心理建設),但卻並沒有根據臺灣的現實情況作出具體的計劃,也沒有建構出新的文化體制,其成效大部分體現在語言政策方面。光復後魏建功受邀赴臺,並設立臺灣省國語推行委員會,教育處還在全省各地設立了國語推行所。儘管魏建功的任期只有一年半,但其國語推行計劃主張盡快恢復臺灣話,並倡導從方言學習國語,這一點對於臺灣的國語學習與恢復是十分重要的。另外,國語運動對於去殖民化而言是一項非常重要的奠基性工作,它不僅意味著語言的轉換,也指向了一種經由語言喚起的集體記憶,以及通過言文一致的追求實現現代中國的民族主義統合。這也是光復初期國民黨在臺灣文化重建工作中卓有成效的部分,儘管這之中也存在著語言轉換的陣痛,特別是對於日據時期的一代日文寫作的作家而言。除了國語運動之外,陳儀赴臺之初對於重建工作就有設立編譯館的構想,其主要工作是編譯適用於臺灣社會的教材及參考書、宣達三民主義政令的小冊子以及促進學術的外國名著〔註15〕等等,許壽裳也的確按照陳儀的託付進行了相應的工作,編譯館下設學校教材、社會讀物、名著編譯、臺灣研究四組,並策劃各組的對應出版物〔註16〕。但編譯館存續的時間很短,二二八時間後陳儀被撤職,編譯館也隨之撤廢,相關人員大多轉入臺灣大學工作,這部分工作也被暫時擱置,與其關係密切的《臺灣文化》則在後續中承載了一部分傳播工作。另外,在文化層面國民黨還延續了一貫的

署宣傳委員會,1946 年,第 44 頁。

〔註14〕 (法)路易・皮埃爾・阿爾都塞《意識形態與國家機器(研究筆記)》,陳越編《哲學與政治:阿爾都塞讀本》,長春:吉林人民出版社,2003 年,第 338 頁。

〔註15〕 《陳儀致許壽裳信》,黃英哲等主編《臺灣省編譯館檔案》,福州:福建教育出版社,2010 年,第 5 頁。

〔註16〕 參見:黃英哲等主編《臺灣省編譯館檔案》,福州:福建教育出版社,2010 年,第 13~26 頁。

審查機制，儘管在光復之初有言論自由的號召，但實際上接收之後，臺灣省行政公署對於民間活動團體及刊物都設立了相應的審查，報紙雜誌不時被關停，相關責任人也會被追責，這種情況在二二八事件後尤甚。

　　整體而言，國民黨對於臺灣文化重建最重視也最有成效的工作是國語的推行，「國語運動」伴隨著光復激情在較短的時間內實現了對於現代中國國民的召喚，這也是臺灣社會民族主義情感最昂揚，祖國認同最牢固時期。不僅如此，國語運動中通常伴隨著三民主義的宣傳，國民黨在此過程中通過「去殖民」以實現對臺灣社會「中國人」身份認同的召喚，並試圖以「三民主義」這一意識形態填入臺灣民眾的頭腦。這一過程實際上意味著將當時臺灣社會的祖國認同同時轉換為對國民黨的政黨認同，從而實現「黨與國」的認同合一。但由於國民黨與臺灣社會的陌生距離，臺灣民眾難以真正地理解「三民主義」的內涵，但卻逐漸將渡海而來的國民黨人視為祖國的化身。不僅如此，作為綱領的三民主義並沒有在臺灣貫徹落實，光復後大量的失業、物價飆升等問題頻發。總之，隨著社會矛盾的凸顯與光復激情的破滅，臺灣民眾對於國民黨、臺灣省行政公署的不滿逐漸擴大化為對外省人的不滿，不僅為省籍矛盾，同時也為此後臺灣歷史中的問題及其反應埋下隱患。除此之外，由於缺乏對日本殖民文化邏輯的認知與辨析，國民黨在去殖民問題上體現出一種居高臨下同時又曖昧不清的姿態。當時流行並引起社會風波的臺人奴化論述體現出一種極端的拒斥性，這種拒斥性在後來的學術表述中被整理為「去日本化」，但國民黨卻並沒有為「去日本化」設立一個清晰的目標。不難理解，「去日本化」是一種民族主義式的抵抗性表達，拒斥的同時也意味著認同的建立，但這種情感召喚中存在著的是粗暴的替換邏輯，既可能對臺灣人造成誤讀或傷害，同時也沒有在這種召喚之外配合相應的實踐。在具體的表述中，日本人愛乾淨、守時等優點被呼籲加以保留，日本的學術遺產也在「知識的接收」氛圍中被全盤繼承，這顯然與情緒化的「去日本化」構成了矛盾。不僅如此，後者實際上牽涉到的是殖民現代性問題，對之進行清醒的認知與清理是知識接收的重要前提。在這個階段，國民黨沉浸於集體情感的形塑，但卻忽略社會的現實問題，同時也沒有處理殖民現代性問題，以致於當社會矛盾爆發後，情感的召喚力無法長久維繫，「黨國合一」的認同塑造使得臺灣民眾對國民黨的失望不可避免地擴張開來，而尚未來得及清理的殖民主義則再次沉潛於文化的深處。此外，不斷變化的世界形勢與國內形勢也牽動著臺灣社會，在國民黨漸處頹勢後，「防共」成

為社會暗流，其帶動的審查機制的緊縮也進一步限制了文化的發展。

## 二、臺灣文化界的反應與文化重建的剖面

　　另一方面，基於同一歷史現實，臺灣知識分子對於光復亦曾充滿期待，並且同樣十分關注文學復興乃至文化解殖問題。1945 年 8 月 14 日，日本政府照會美英蘇中四國政府，宣布接受《波茨坦公告》。次日，日本天皇裕仁以廣播《停戰詔書》的形式，正式宣布日本無條件投降。8 月 29 日，陳儀被任命為臺灣省行政長官兼臺灣省警備司令，9 月 1 日臺灣省行政公署及警備總司令臨時辦事處於重慶成立。10 月 25 日，臺灣受降典禮在臺北市公會堂（光復後改為中山堂）舉行，陳儀作為長官首先廣播[註17]。11 月 1 日起，長官公署開始各項接收工作[註18]。由此，自 8 月中日本宣布戰敗至臺灣正式舉行受降儀式及行政公署對各項工作的接收，其間存在大概兩個月左右的政治真空期[註19]，但在光復精神的感召下，有多種文藝性濃厚的雜誌自主性地出現，包括《一陽週報》《文學小刊》《新青年》《大同》《新風》《新新》等等[註20]，這些自發性刊物的語言載體、編輯精神及文學傾向皆有所區別，但恰恰由此出現體現出臺灣知識分子群體在各自的文學立場上對於「光復」所作出的反應，並由此形成了「光復元年」[註21]這一具有文學與政治雙重象徵意義的時間節點。不僅如此，在具體的文學表達中，臺灣文化界同樣呈現出對於光復及文學重建關話題的熱切期待。王白淵在《光復》一詩中寫到「夜來風雨而已散，一陽來復到光明。啊！光復，我的父母之邦」[註22]，民報社長林茂生在中國戰區臺灣省受降典禮舉行當日，發表祝詞稱「茲者自由回覆，一民族，一歷史，一中國魂，同心同德，共策治平，無乘離，無對立，民意之自由伸張言論之威力發揮，白可拭目以俟」[註23]，廖文毅在其主辦的《前鋒》光復紀念號上的

〔註17〕李震明《臺灣史》，各埠中華書局，1948 年，第 158 頁。

〔註18〕張海鵬，陶文釗《臺灣史稿（上）》，南京：鳳凰出版社，2012 年，第 342 頁。

〔註19〕葉石濤《臺灣文學史綱》，高雄：春暉出版社，2010 年，第 117 頁。

〔註20〕曾健民《1945 破曉時刻的臺灣》，北京：臺海出版社，2007 年，第 126～132 頁。

〔註21〕此一階段論視角由黃美娥提出，參見：黃美娥《戰後初期臺灣文學新秩序的生成與重構：「光復元年」——以本省省人士在臺出版的數種雜誌為觀察對象》，楊彥傑編《光復初期臺灣的社會與文化》，福州：福建教育出版社，2011 年，第 274 頁。

〔註22〕王白淵《光復》，原載於《臺灣新報》，1945 年 10 月 11 日，曾健民編《1945 光復新聲：臺灣光復詩文集》，臺北：印刻出版有限公司，2005 年，第 49 頁。

〔註23〕林茂生《祝詞》，原載於《臺灣新生報》，1945 年 10 月 25 日，曾健民編《1945 光復新聲：臺灣光復詩文集》，臺北：印刻出版有限公司，2005 年，第 122 頁。

《光復的意義》一文中則認為光復的意義有三，分別是民族精神的振奮、國土重圓以及家人再集〔註24〕。另一方面，臺灣亦有知識分子對光復後的文學乃至教育問題給予重要關注。廖文奎承續臺灣行政公署首倡之「心理建設」，認為思想光復是光復後的一大要旨，須由亡國心理轉向強國心理〔註25〕，林萍心則認為臺灣知識分子應作為媒婆與橋樑，去喚醒並感化臺灣同胞中受奴役教育而產生的「機械的愚民」以及小部分極危險的「準日本人」〔註26〕。賴明弘在論及臺灣文學今後的前進目標時，認為臺灣文學應與政治、經濟一樣復歸於祖國大陸，並加緊指向大眾文學的路線，希望臺灣文學通過與祖國文學的交流成為「中國文學一個有力的旗手」〔註27〕，楊雲萍則祖國文學界及學術界仍有值得批評和改進的方面，作為臺灣知識分子，希望在光復之後將「批評」和「方法」作為等路〔註28〕獻給祖國的文學與學術〔註29〕。

　　由此，在光復初期的臺灣，文學乃至文化的重建所指向的具體問題，實際上成為官方與民間這兩個維度不謀而合的主旋律。「重建」是官方立場下的表達，臺灣文化界也同樣思考著光復之後臺灣文學發展的各種問題，同時這種思考也通常是以「祖國大陸」作為參照的對象。前者的主張主要基於去殖民化的現實政治需求，希望通過心理建設的各方面舉措喚起臺灣民眾的民族認同感，進而普及三民主義精神。而當臺灣民眾都充滿光復的激情時，臺灣文化界也不例外，同時在這種欣快之外，他們也在積極思考著此一時期的文化教育問題以及臺灣文學的發展。在關於文學的討論中，既包括1920年代即已討論過的語言問題（白話、臺灣話），同時也包括文學傾向的討論，認為浪漫的耽美的文學已成遺產，如今應傾向於寫實的文學等等。此外，在這些討論中語言的轉換作為不可迴避的現實問題，同樣也得到了臺灣知識分子的關注。

---

〔註24〕 毅生（廖文毅）《光復的意義》，載《前鋒》光復紀念號，1945年10月。

〔註25〕 參見：廖文奎《臺灣光復詞》，原載於《臺灣月刊》創刊號，1945年11月，曾健民編《1945光復新聲：臺灣光復詩文集》，臺北：印刻出版有限公司，2005年，第109頁。

〔註26〕 林萍心《我們的新任務開始了》，載《前鋒》光復紀念號，1945年10月。

〔註27〕 賴明弘《重見祖國之日——臺灣文學今後的前進目標》，原載於《新文學》第2期，1946年2月，曾健民編《1945光復新聲：臺灣光復詩文集》，臺北：印刻出版有限公司，2005年，第28頁。

〔註28〕 閩南語常用詞，指訪友時帶去送給友人的禮物。

〔註29〕 參見：楊雲萍《我們的「等路」——臺灣的文藝與學術》，原載於《民報》（《學林副刊》），1945年12月2日，曾健民編《1945光復新聲：臺灣光復詩文集》，臺北：印刻出版有限公司，2005年，第32頁～34頁。

　　因此，光復後的文化解殖可以說是那一時期臺灣整體的主旋律。但不可忽視的是在這一主題下，仍然隱含著複雜的多重變奏。首先，基於過去五十年殖民地臺灣的歷史現實，去殖民化的考量符合鞏固國家政權的現實需求，同時也是徹底擺脫殖民地處境的必經之路。但臺灣的情況在此更為複雜——不同於一戰後歐洲各殖民地內部發起的民族獨立運動，是由內而外地進行反殖運動，近代中國並未完全淪為殖民地，在半殖民地的處境中，日據時期臺灣的抗日運動此起彼伏，一些臺灣知識分子亦始終心繫祖國，這些祖國情懷與反日情緒都在歷史的文本中得以保留，即使在皇民化時期，面對語言轉換的壓力，仍有作家在公開或私人的場合堅持中文寫作或在各自的文本中留下隱秘的書寫，與祖國的聯繫從未斷裂。但需要注意的是，日據時期臺灣知識分子所懷想的祖國與現實的祖國可能是存在著一定的差距的，其中充盈著受殖民統治壓抑之下的對祖國的想像，甚或可以說是一個「理念的中國」〔註30〕。而臺灣的光復是在世界反法西斯戰爭的語境下，尤其作為中國抗戰勝利的一環回歸祖國，既是中國反法西斯戰爭的重要成果，同時也合於臺灣島內人民的熱切期待。在光復時刻，島內人民正在擁抱自己理念中的祖國，這也是光復激情如此昂揚的原因。

　　但問題在於，在來臺接收之前，國民黨與島內社會及民眾之間的關係相對是較為陌生的，國民黨政權並未曾到臺灣組織、策動臺灣民眾從事反日殖民統治運動。基於這種陌生，即使臺調會時期即啟用臺籍人士參與其中，為日後臺灣光復做準備，但從後設的眼光來看，以陳儀為代表的行政公署班底在接收之前就預設了臺灣人民已經被奴化的前提，令其以去殖民化為底色的文化重建工作在一開始就隱含著對臺灣人民的整體判定，後來的省籍矛盾在某種程度上而言亦與此一定關聯。

　　由此可以發現，官方提倡的文化重建所指向的目標群體是臺灣全島人民，而非特指文化界，臺灣文化界只是作為全島人民的一部分而被囊括在內，但這樣就被無差別地整體納入到了「奴化」的範圍。實際上，「奴化」與否或「奴化」的範圍及程度應當是一個基於現實才可能作出的多層次區分判斷，同時，所謂的「奴化」與被殖民的精神創傷常常是纏繞在一起的，難以一概而論。而島內知識分子論及此一話題的時候，強調臺灣人並未完全被奴化，雙方的論述

〔註30〕計璧瑞《被殖民者的精神印記——殖民時期臺灣新文學論》，廈門：廈門大學出版社，2010年，第36頁。

層次在重疊之餘,焦點略有差異。但二者並非截然對立,分歧的實質仍然在於「臺人全部奴化」與否。這一問題直至 1946 年教育處長范壽康在公開演講中發表「臺人奴化論」,終於引起軒然大波,臺灣知識分子奮起反駁,范壽康迫於壓力道歉,後被稱為「范處長失言風波」〔註31〕。奴化的認知與論述對當時及此後的臺灣社會產生了廣泛的影響,也在後續的文化活動中引起若干爭議,無形之中加劇了省籍矛盾問題。

因而,光復後的文化重建雖然作為那一時期臺灣整體的主旋律,由此卻衍生了變奏。需要說明的是,此處並不試圖以官方／民間、本省／外省的二元對立式的眼光對問題進行簡單的陣營劃分,例如在官方架構中存在著以許壽裳為核心的臺灣省編譯館,曾對兩岸文化交流和臺灣文化建設起到重要作用,而臺灣本島人士亦不乏認同「奴化」論述的觀點者,但其認同程度又不同於行政公署,臺籍人士中還有部分擁有旅居祖國大陸或海外留學的經歷,其思考又不同於其他本島人士。不僅如此,陳儀在臺雖然集軍權政權於一身,但由於國民黨內部派系間的鬥爭傾軋,加之臺灣島內社會自有的派系團體〔註32〕,光復初期的臺灣存在著繁雜的派系政治,臺灣省行政公署內部因而也呈現出複雜的權力關係。例如「CC派」領導人陳果夫在看到陳儀的人事布局後,發現長官公署的 12 名一級主管中其派系成員無一上榜,遂說服蔣介石派遣該派成員李翼中擔任臺灣省黨部委員主任,主持全省黨務,實則就近監視陳儀及其派系班底〔註33〕。因此,就光復初期的臺灣而言,「官方」並非一個嚴整密實的存在,而需要在具體的問題中具體分析看待。諸如此類的複雜差異遠非某一身份或幾個固定的框架可以涵蓋。

總體而言,在作為光復原點的 1945 年,光復激情昂揚,文化重建的主旋律之下雖然暗含著種種變奏,「奴化」問題尚未發酵,種種社會問題尚未浮出水面,文化解殖作為光復初期的重要議題之一,既有官方的主導力量,也有知識界的積極響應,臺灣文化協進會正是在這樣的語境中應運而生。

---

〔註31〕 參見:曾健民《臺灣一九四六·動盪的曙光》,臺北:人間出版社,2007 年,第 155 頁。

〔註32〕 臺灣島內的政治派系被劃分為半山派、臺中派、阿海派。參見:陳明通《派系政治與臺灣政治變遷》,臺北:月旦出版社股份有限公司,1995 年,第 49～51 頁。

〔註33〕 陳明通《派系政治與臺灣政治變遷》,臺北:月旦出版社股份有限公司,1995 年,第 70 頁。

## 第二節　左右突圍：臺灣文化協進會與《臺灣文化》

### 一、臺灣文化協進會的成立

　　臺灣文化協進會是戰後臺灣重要的文藝團體，《臺灣文化》正是其機關刊物。因此要論及《臺灣文化》，則不得不涉及到臺灣文化協進會的討論。臺灣文化協進會與 1920 年代成立的臺灣文化協會僅一字之差，後者是資產階級與知識分子為主組成的民族主義文化啟蒙團體，同時也是一個「以助長臺灣文化為目的」聯合戰線團體。文化協進會對其名稱的沿襲實際上也提示出聯合陣線這一特質，且成員亦有相當部分的重疊，同時也有觀點認為臺灣文化協會正是臺灣文化協進會的前身〔註34〕。臺灣文化協進會的創立宗旨是「聯合熱心文化教育之同志及團體，協助政府宣揚三民主義，傳播民主思想，改造臺灣文化，推行國語國文」〔註35〕，並且透過《臺灣文化》的發行，不定期舉辦文化講座、座談會、音樂會、展覽會和推行國語，達成本省、外省作家交流，漸漸突破大陸與臺灣之間的語言、文化隔閡，建設民主的臺灣新文化和科學的新臺灣。

　　在學界既往的觀點中，臺灣文化協進會被視為當時臺灣社會層次最高組織也最為龐大的一個文化社團〔註36〕，在成員上網羅了官方／民間、本省／外省、左派／右派、文藝／學術各領域不同立場、身份、背景的文化精英〔註37〕。由此，「半官半民」通常被視為其主要特徵之一，亦有看法將之視為臺灣長官公署進行文化解殖工作的重要外圍機構〔註38〕。雖然文化協進會在成員組織上來看與當時以行政公署為代表的官方權力機構有著密切的聯繫〔註39〕，但從具體的執行人員選舉委任來看，其官方色彩並不濃厚，主要是當時臺灣較有影響力的報刊編輯、記者以及臺大教授，其中一部分曾於日據時期與左翼運動

〔註34〕陳奇祿口述，陳怡真撰《澄懷觀道：陳奇祿先生訪談錄》，臺北：國史館，2004年，第 84 頁。
〔註35〕游彌堅《文協的使命》，載《臺灣文化》第 1 卷第 1 期，1946 年 9 月。
〔註36〕秦賢次《臺灣文化復刻說明》，《臺灣文化復刻版》，臺北：傳文文化事業有限公司，1994 年，第 1 頁。
〔註37〕曾健民《臺灣一九四六・動盪的曙光》，臺北：人間出版社，2007 年，第 220～221 頁。
〔註38〕張羽《光復初期臺灣與東北地區的文藝重建研究——以〈臺灣文化〉與〈東北文藝〉為中心》，載《臺灣研究集刊》2015 年第 6 期。
〔註39〕臺灣文化協進會的理事長是時任市長游彌堅，除此之外還有擔任常務理事長的公署參議吳克剛、臺北市教育局長黃啟瑞，以及擔任理事的公署教育處長范壽康、國民黨臺灣省執委兼宣傳處長林紫貴等。

有著密切關係〔註40〕。臺灣文化協進會雖於光復後的1945年10月29日即召開過籌備會，計劃於當年12月中旬舉辦成立大會，但最終於次年3月〔註41〕才獲得行政公署批准，並於稍後的6月16日正式成立。這一遲滯推測與國民黨接收臺灣後頒布的《臺灣省人民團體組織暫行辦法》〔註42〕（1945年11月17日）有關，該法規定原有人民團體暫時停止活動，俟調查登記後依法令及實際情形加以調整、解散或重組〔註43〕。此外，儘管臺灣文化協進會成立時，組織成員數量大且身份各異，但正因為立場的差異，而產生了一些內部分歧，導致一些成員逐漸成為掛名形式，實際上並未參與過多的活動，這些也體現在後來的《臺灣文化》雜誌的方向上有所體現。

　　《臺灣文化》於1946年9月15日在臺北創刊，1950年12月1日停刊，累計出版六卷27期。自創刊之初，《臺灣文化》即將自身定位為綜合性的文化雜誌。在整個光復初期這一歷史階段中，不同於1945年熱烈的光復氛圍，它所面對的現實境況開始變得複雜而特殊。

　　光復後的臺灣面臨著一種社會、政治、經濟、文化的結構性轉型，而1945～1949恰恰構成了這一轉型的重要轉折期。由此，《臺灣文化》的整個發行過程實際上也構成了一種試圖從文化層面解殖的獨特經驗。「光復」一方面宣告了日本對臺殖民統治的終結，但政治與文化並不完全是同頻共振的。自日本宣布無條件投降至《臺灣文化》創刊的一年之間，「光復激情」已經歷了由盛轉衰的過程。「光復」這一破曉時刻匯聚了臺灣民眾高昂的民族情感與民族意識。這種激情同樣滲入文化領域，「八一五」以來的100天內，就出現了3份報紙，14份雜誌和3家通訊社，同時全島掀起了學習國語的熱潮〔註44〕。從後設的眼光來看，當理念的中國遭遇現實的中國，二者之間無疑存在著落差，而國民黨的在臺政策又使得這種落差被強化。另外，光復激情不可避免地帶來了文化上的樂觀主義，這意味著在解殖的積極影響之外，實際上也在

〔註40〕包括總幹事許乃昌、教育兼服務組長王白淵、宣傳組主任蘇新、研究組主任陳紹馨及編輯組主任楊雲萍。前三者在日據時期均曾有左翼背景。

〔註41〕此前有材料顯示為1946年5月終得到公署民政處的批准，但從館藏檔案來看，應為3月。參見：《臺灣文化協進會成立核准案》，《臺灣省行政長官公署》，國史館臺灣文獻館，典藏號：00312310002001。

〔註42〕此前有材料顯示為《臺灣省人民團體暫行組織法》，相關引用亦如是，根據《臺灣省行政公署公報》應為《臺灣省人民團體組織暫行辦法》。

〔註43〕《臺灣省行政公署公報》第1卷第1期，1945年12月1日。

〔註44〕曾健民《1945破曉時刻的臺灣》，北京：臺海出版社，2007年，第113頁。

一定程度上遮蔽抑或忽視了文化解殖所面臨的潛在壓力。不僅僅意味著在語言轉換的現實下清除殖民文化進而承續祖國文化，同時也包括如何在這一前提下，融匯臺灣已有的新文學脈絡，消除日據五十年來臺灣與祖國文化之間的隔閡，乃至於整理殖民地經驗中的可能發生扭曲變形的現代性。這意味著解殖不是簡單的接續，更非當下一些論述中的「移植」，因為祖國意識與祖國文化從未真正斷裂，臺灣新文學的發生與發展無一不與祖國的新文學發生著關聯，但日本的殖民統治尤其是皇民化運動以來的語言問題不可避免地令臺灣文化及文學的發展受到影響與壓抑。不僅如此，文化對不同階層發生影響的方式也有所區別，對於知識分子群體而言，其自身對於文化活動的參與度更高，因此其與文化之間的影響更為直接。而對於知識分子以外的普通民眾而言，其直接參與文化活動的可能性相對較低，接受社會文化影響的程度高於影響文化的程度。以語言問題為例，禁用中文對於知識分子或公務員群體的影響實際上遠遠大於對普通民眾的影響，普通民眾接受影響的方式更多是日常生活方式、審美情趣以及社會整體的文化氛圍。因此，如何在祖國文化的脈絡之下，發掘日據時期臺灣的新舊文學各自的淵源傳統並加以整合，消除日本殖民文化產生的影響，從而醞釀出光復後臺灣文化及文學自身的發展方向，進而在去殖民化的目標之下，營造出整體的文化氛圍，這些可能在實質上構成了文化解殖的多重面相。除此之外，還包括島內不同階層的意識整合等問題。

在此階段，臺灣民眾的社會期待與社會現實形成了某種錯位，光復後的臺灣社會面臨著轉型問題，即從殖民地臺灣轉為中國的一省，其中在政體、經濟及民生方面潛在著許多尚待解決或正在醞釀中的社會危機。不僅如此，鑒於前述國民黨與臺灣島內社會之間彼此的陌生，國民黨新政權與臺灣本土社會間一開始便存有巨大的鴻溝〔註45〕。當這些潛流遭遇現實的困境，例如物價問題、人事任用、省籍摩擦等問題時，光復激情驟然降溫，開始迅速轉變為一種失望情緒，楊逵《為此一年哭》被視為個中代表，亦有論述講之稱為典型的「危機」論述〔註46〕。《臺灣文化》月刊正誕生於此一語境之中。

---

〔註45〕陳明通《派系政治與臺灣政治變遷》，臺北：月旦出版社，1995年，第43頁。
〔註46〕陳偉智《時代轉換期的危機論述：戰後臺灣「文化」論述的結構考察》，楊彥傑編《光復初期臺灣的社會與文化》，福州：福建教育出版社，2011年，第256頁。

## 二、蘇新與楊雲萍主編時間的再考與修正

綜觀《臺灣文化》的整個存續階段，先後共有蘇新、楊雲萍、陳奇祿三位主編，伴隨著社會局勢的變動，在主編的更迭之間，雜誌的調性也隨之有所變化。關於主編的更迭問題，現存有不同的分期觀點。目前，在《臺灣文化》的相關論述中，秦賢次的觀點相對而言影響力較大，引用較多。秦賢次是臺灣的新文學文獻收集者，其中即包括多期《臺灣文化》，還參與了《臺灣文化》復刻版的相關出版工作。在《〈臺灣文化〉復刻說明》一文中，秦賢次推測蘇新主編的部分應為第一卷第一期至第一卷第三期（1946 年 9 月～1946年 12 月），而自第二卷第一期起即為楊雲萍開始主編直至第五卷第一期改刊為止。（1947 年 1 月～1949 年 7 月）〔註47〕，並由此區分了不同身份的作者群體。而葉芸芸曾關注戰後臺灣的報刊雜誌並撰寫相關論文，同時她還曾訪問蘇新並記錄整理其口述回憶。葉芸芸認為蘇新主編的《臺灣文化》應為第一卷第二期至第二卷第五期（1946 年 11 月～1947 年 2 月）〔註48〕。林春蘭則在研究楊雲萍的文化活動及精神歷程時曾談及此問題，對兩種觀點略作分析之後，認為葉芸芸的說法較可採信〔註49〕。

實際上，秦、葉兩種觀點共享著同一種依據，即蘇新自傳，但由於其中蘇新只談及自己在臺灣文化協進會時期曾負責編輯兩種雜誌，其中之一即為《臺灣文化》〔註50〕，並未交代時間，由此留下了分歧的原點。另外，秦賢次認為楊雲萍自接編起，每期常寫有《編輯後記》並先後連載《近事雜記》十九篇。但值得注意的是，在秦氏認為蘇新所編的第一卷一至三期中，第一期即有《後記》，記錄與編纂雜誌相關的情形，之中提及編者的《臺灣新文學運動的回顧》一文係六年前所寫的舊文〔註51〕，而此文作者是楊雲萍。此外，《近事雜記》系列自第一卷第二期《紀念魯迅逝世十週年專刊》即已開始寫作，因此《編輯後記》與《近事雜記》並不能作為判定楊雲萍接編《臺灣文化》的依據。葉芸

〔註47〕秦賢次《臺灣文化復刻說明》，《臺灣文化復刻版》，臺北：傳文文化事業有限公司，1994 年，第 3 頁。

〔註48〕葉芸芸《二二八前後的蘇新》，藍博洲主編《未歸的臺共鬥魂：蘇新自傳與文集》，臺北：時報文化出版有限公司，1993 年，第 246 頁。

〔註49〕林春蘭《楊雲萍的文化活動及其精神歷程》，臺南：臺南市立圖書館，2002 年，第 166 頁。

〔註50〕蘇新《蘇新自傳》，藍博洲主編《未歸的臺共鬥魂：蘇新自傳與文集》，臺北：時報文化出版有限公司，1993 年，第 67 頁。

〔註51〕《後記》，載《臺灣文化》第 1 卷第 1 期，1946 年 9 月。

芸的觀點僅在論及蘇新「二二八」前後的經歷時一筆帶過，並未展開。但由於蘇新自承擔任《臺灣文化》之主編，又特別提及第一卷第二期《紀念魯迅逝世十週年專刊》是自己一生中為臺灣文化界作了一件相當有意義的工作〔註52〕，因此葉芸芸的判斷依據應當是以此為起點，並以 1947 年 2 月的「二二八」事件作為終點，事後蘇新舉家逃往上海，蘇新本人終生再未返臺。

　　葉芸芸以第一卷第二期作為蘇新主編《臺灣文化》的起點應是準確的，因為在第五卷第一期改版為季刊之前，《臺灣文化》每期封底均有編輯人條目，第一期的編輯人正是楊雲萍，這也符合前述《後記》中的表述。因此，目前可以確定的是第一卷第一期係由楊雲萍主編，第一卷第二期為蘇新主編，那麼蘇新主編的終止期目又應當如何確定呢？如前所述，封底頁中有編輯人的署名，其中大部分具名為楊雲萍，只有少數幾期署名為臺灣文化協進會，據此可以先確定楊雲萍作為主編的起止期數，亦即除第一卷第一期之外，自第二卷第四期起至第四卷第一期（1947 年 7 月～1949 年 3 月）均為楊雲萍主編。其餘署名「臺灣文化協進會」的為第一卷第二期至第二卷第三期（1946 年 10 月至 1947 年 3 月）。

　　在此期間，署名為「臺灣文化協進會」的編輯是連續而規律的，大致可以認定這一署名的真正編輯人是蘇新。首先，蘇新曾是日本共產黨臺灣民族支部東京特別支部的成員，同時參與了稍後的臺共籌建工作並組織工人運動，後被日本當局逮捕並判十二年徒刑。由於這層舊臺共的關係，加之蘇新固有的左翼批判意識，光復後不久即展開對國民黨及陳儀政權的批評，因此國民黨方面的注意力常在蘇新身上〔註53〕，致使其先是被迫退出《人民導報》，來到《臺灣文化》後亦常以筆名寫作〔註54〕，但仍招致省黨部的不滿〔註55〕。由此，蘇新在編輯人一欄不具名是符合現實環境的。其次，蘇新自述籌劃紀念魯迅專刊前曾與許壽裳交流〔註56〕，當期亦有許之紀念文章，這一點在許壽裳日記中可以

〔註52〕蘇新《蘇新自傳》，藍博洲主編《未歸的臺共鬥魂：蘇新自傳與文集》，臺北：時報文化出版有限公司，1993 年，第 68 頁。

〔註53〕參見：《蘇新自傳》，藍博洲主編《未歸的臺共鬥魂：蘇新自傳與文集》，臺北：時報文化出版有限公司，1993 年，第 63 頁。

〔註54〕《臺灣文化》時期的筆名即包括：S.S、丘平田、甦甡等。

〔註55〕蘇新《蘇新自傳》，藍博洲主編《未歸的臺共鬥魂：蘇新自傳與文集》，臺北：時報文化出版有限公司，1993 年，第 68 頁。

〔註56〕蘇新《蘇新自傳》，藍博洲主編《未歸的臺共鬥魂：蘇新自傳與文集》，臺北：時報文化出版有限公司，1993 年，第 68 頁。

得到印證：1946 年 9 月 21 日星期六，（前略）得臺灣文化協會信徵文〔註 57〕，此處仍未具名，而稱「臺灣文化協（進）會」。檢索《許壽裳日記》（1940～1948）可以發現，與雜誌相關的事務僅此次約稿署名為「臺灣文化協（進）會」，其餘稿費來往均署名為《臺灣文化》〔註 58〕。

此外，葉芸芸以「二二八」為分水嶺，判定蘇新編輯的最後一期是第二卷第二期（1947 年 2 月），但第二卷第三期的發行時間是在 1947 年 3 月 1 日，此為「二二八」事件的次日，事件尚未全面發酵，蘇新自述起初一兩天很慎重，不敢亂動，就在家裏看書〔註 59〕，後參與「二二八處理委員會」相關活動，並引起當局注意，於當年 5 月 23 日舉家離開臺灣。鑒於雜誌編輯出版的程序，第二卷第三期的發行實際上合於蘇新此一時期的活動軌跡，亦即蘇新並非即時捲入「二二八」事件。總體來看，署名為「臺灣文化協進會」的編輯人在時間上符合蘇新在《臺灣文化》工作的時間，起止點也符合蘇新自述策劃紀念魯迅專刊，以及秦葉二人認為楊雲萍大致是在蘇新逃離臺灣之後正式接手主編工作這一情況。因此大致可以判定蘇新主編《臺灣文化》的期數為第一卷第二期至第二卷第三期（1946 年 10 月至 1947 年 3 月）。

## 三、探索、交流與沉潛：《臺灣文化》的三個時期及特徵

由此，可以對《臺灣文化》的主編做一個粗略的分期，亦即除第一卷第一期外，第一階段的主編是蘇新，第二階段是楊雲萍，而第三階段則是改版為季刊後接手的陳奇祿。秦賢次認為三個主編各自網羅並形成了不同的撰稿人群體，並形成了雜誌不同時期的風格。其中蘇新主編期間主要是文協骨幹，楊雲萍則由於其先後任職於臺灣省編譯館與臺灣大學，其主編期間撰稿人因而兼有文協系統、編譯館系統以及臺大系統的成員，而時任臺大歷史系助教的陳奇祿接手時刊物已轉變為純學術性質，因此此一期間的撰稿人主要為臺大師生〔註 60〕。但由於主編更迭的時間發生了變化，因而上述結論也需要進

---

〔註 57〕黃英哲等編校整理《許壽裳日記：1940～1948》，福州：福建教育出版社，2008 年，第 788 頁。此處「臺灣文化協會」疑為筆誤。

〔註 58〕例如「10 月 9 日星期六收《臺灣文化》稿費四百二十元。」，參見：黃英哲等編校整理《許壽裳日記：1940～1948》，福州：福建教育出版社，2008 年，第 793 頁。

〔註 59〕蘇新《蘇新自傳》，藍博洲主編《未歸的臺共鬥魂：蘇新自傳與文集》，臺北：時報文化出版有限公司，1993 年，第 69 頁。

〔註 60〕秦賢次《臺灣文化復刻說明》，《臺灣文化復刻版》，臺北：傳文文化事業有限

行相應的位移，亦即以新的分期視點對之加以觀照。

　　首先，《臺灣文化》的創刊號具有一種提綱挈領的特質，其中有臺灣文化協進會的官方成員對臺灣文化發展的寄語，時任臺北市長游彌堅以《文協的使命》一文勉勵大家以轉折時期的苦悶為新文化的酵母，同時將臺灣作為三民主義文化的苗圃，用新文化培養新觀念，進而以新觀念來改造客觀世界〔註61〕。此處的「新文化」與「新觀念」當然是相較於此前的殖民處境而言的，這也提示出臺灣文化協進會及《臺灣文化》介入文化解殖的衝動。同時，這一期也關注了教育問題，教育處長范壽康分析了臺灣教育界的現狀，並對今後教育事業的發展趨向進行了規劃〔註62〕。這些固然是官方對於光復後臺灣文化的設計與期待，但除此之外，《臺灣文化》的第一期即體現出一種多重化的風格，既有對於祖國文學的介紹，也有對於外國人之中國觀的評論。不僅如此，更為重要的是還收錄了臺灣本土的民歌、小說及詩歌作品，這正是光復初期臺灣作家竭力跨越語言障礙的明證。同時，《臺灣文化》創刊之初即設「文化動態」欄目，此欄目以簡訊的形式呈現，大多報導國內，尤其是上海的文化消息，類型多重，範圍亦廣，兼及海內外。綜觀第一期內容，已經可以管窺《臺灣文化》力圖介入到光復後臺灣文學重建的目標與方式，即在祖國文化的脈絡之內，關注臺灣文化自身的特質，克服殖民時期所產生的語言障礙，接續新文學傳統，建設祖國的先進文化，對國外視野的引入也說明了《臺灣文化》的世界化追求。

　　在第一期雜誌定下基調以後，在蘇新、楊雲萍及陳奇祿分別擔任主編期間，仍然在形成了各自的特點。如前所述，蘇新早期的臺共背景及其固有的批判意識，使得他的現實關懷尤為強烈。同時，蘇新也可以算是光復後臺灣的資深報人。在介入《臺灣文化》的工作之前，他曾參與創辦《政經報》並任主編，《政經報》早期表現出無條件擁護國民黨、國民政府和陳儀的傾向，但不久這種無條件的擁護就開始轉向批評，蘇新在其間供職的兩個多月內寫了六、七萬字的稿子〔註63〕。離開《政經報》後，蘇新進入《人民導報》做總編輯，《人民導報》是當時的民間進步報紙。進入《人民導報》後，蘇新自述其思想發生

　　　　公司，1994年，第4頁。
〔註61〕游彌堅《文協的使命》，載《臺灣文化》第1卷第1期，1946年9月。
〔註62〕范壽康《本省教育事業的現狀及今後的趨向》，載《臺灣文化》第1卷第1期，1946年9月。
〔註63〕蘇新《蘇新自傳》，藍博洲主編《未歸的臺共鬥魂：蘇新自傳與文集》，臺北：時報文化出版有限公司，1993年，第61～62頁。

了轉變，在進步同仁之間瞭解了不少大陸的情況，同時國民黨的真面目逐漸暴露，因而對國民黨也加深了認識。在編輯《人民導報》期間，蘇新儘量採用直接、間接能夠反對國民黨的稿件〔註64〕，並最終迫於省黨部的壓力退出了《人民導報》。除此之外，蘇新還為《臺灣評論》供稿，並策劃了小型報紙《自由報》。但在《自由報》時期，蘇新已經變得較為慎重，並不出面擔任主編，而只在背後撰稿。由此，蘇新主編《臺灣文化》時期，雖然其激進的鋒芒已有所收斂，但正值臺灣社會矛盾漸次浮現的時刻，儘管使用其自述中比較婉轉的寫法和編法〔註65〕，他主編的五期雜誌總體上仍然呈現出較強的批判性。

蘇新所策劃的《魯迅紀念專刊》在當時的臺灣掀起了與1920年代遙相呼應的魯迅熱潮，當期雜誌多印了兩千本，但出版不到十天就賣光了〔註66〕，蘇新本人亦因此受到國民黨當局的注目。同時，蘇新本人時常有稿件以各種筆名發表於《臺灣文化》，討論的話題包括教育平等、臺灣文化界存在的問題以及紙荒等現實問題，同時還寫作了一篇白話現實主義小說《農村自衛隊》，批評臺灣光復後行政公署的執政弊端，以致社會動盪農民人人自危，繼而組建農村自衛隊。這篇小說不僅具有強烈的現實批判意味，同時農村自衛隊這一組織形式也具有群眾運動的色彩，因此蘇新再次受到了省黨部的警告〔註67〕。除此之外，蘇新主編期間創辦了「新論理」欄目，該欄目筆觸風趣而犀利，在亦諷亦諧之間尖銳地暴露出當時已經隱有苗頭的省籍矛盾問題，同樣具有強烈的現實關懷。

如果說蘇新的政治身份及其思想傾向在五期編輯中留下了鮮明的左翼痕跡，那麼楊雲萍主編的時期則更多地呈現出對於文化議題本身的關注，這一點除了楊雲萍的個人因素之外，不可避免地也有著時局的影響。自1947年3月1日發行的第二卷第三期，亦即「二二八」事件之後，《臺灣文化》停刊四個月，直至1947年7月1日才復刊。當時，《民報》《人民導報》《大明報》《中外日報》等刊物在事件後不久就被關停，臺灣文化協進會的五個常委之中的王

---

〔註64〕蘇新《蘇新自傳》，藍博洲主編《未歸的臺共鬥魂：蘇新自傳與文集》，臺北：時報文化出版有限公司，1993年，第63頁。
〔註65〕蘇新《蘇新自傳》，藍博洲主編《未歸的臺共鬥魂：蘇新自傳與文集》，臺北：時報文化出版有限公司，1993年，第67頁。
〔註66〕蘇新《蘇新自傳》，藍博洲主編《未歸的臺共鬥魂：蘇新自傳與文集》，臺北：時報文化出版有限公司，1993年，第68頁。
〔註67〕蘇新《蘇新自傳》，藍博洲主編《未歸的臺共鬥魂：蘇新自傳與文集》，臺北：時報文化出版有限公司，1993年，第68頁。

白淵被捕，蘇新也面臨調查與追蹤。此後，陳儀被撤換，臺灣省行政公署改組為臺灣省政府，由魏道明擔任首任省政府主席。因此，《臺灣文化》能夠復刊並不容易，這或許與其背後的臺灣文化協進會的官方色彩有一定關聯，王白淵在 1947 年底入獄後，正是由游彌堅保釋出獄〔註68〕，並在後期擔任《臺灣文化》的發行人。總之，復刊後的《臺灣文化》月刊由楊雲萍接手主編，內容上較之從前並未有太大變化，但整體上少去了蘇新時期比較明顯的批判色彩。《臺灣文化》的讀者也注意到這一問題，曾寫信要求增強批判性或討論「貪污」等問題〔註69〕，但囿於形勢，《臺灣文化》在總體上並未應批評而調整，其中的曲折艱辛在《編後記》中亦時有體現。但楊雲萍在其每期連續的專欄「近事雜記」中，仍然始終保持著與社會的共振，並時時表達出自己對於臺灣文化發展方向的期待。此外，在 1948 年 2 月許壽裳遇害後，楊雲萍於當年 5 月 1 日發行了第三卷第四期《悼念許壽裳先生專號》。另外值得注意的是，由於楊雲萍在編纂雜誌的同時也隸屬於臺灣省編譯館臺灣研究組，因此與許壽裳建立了友誼關係，基於這層關係，大量渡海來臺的知識分子的作品出現在《臺灣文化》上，形成了省內外文化交流的一個重要平臺。這些渡臺而來的文化人大多受「五四」影響並或多或少地都與魯迅有關，因此受到臺灣文化界的歡迎與尊重，他們也在相當長的一段時間裏擔任著祖國文化介紹者與傳播者的角色，同時也是少數沒有捲入後來省籍矛盾的外省人。

而到了 1949 年，臺灣大學的陳紹馨教授名義上接手了《臺灣文化》，但實際上他邀請了時任歷史系助教陳奇祿參加編輯工作〔註70〕，因此陳奇祿是這一時期的實際主編。同時《臺灣文化》於第五卷第一期（1949 年 7 月 1 日）正式改為季刊，其定位也變成了臺灣研究的學術刊物。如前秦賢次所述，此一時期的主要撰稿群體是臺大尤其是歷史系師生，其內容主要傾向於臺灣本土的人類學研究。這與陳奇祿返臺以後的經歷有著很大關係，其曾參與《公論報》副刊《臺灣風上》的編輯工作，當時該刊主要的約稿對象大體與轉型後的《臺灣文化》撰稿群體重合，並且這一研究撰稿群體的學術淵源可以追溯至日據時期的《民俗臺灣》雜誌，這一部分也將在後文繼續展開討論。陳奇祿主編《臺

---

〔註68〕張子文等撰《臺灣歷史人物小傳：日據時期》，臺北：國家圖書館，2002 年，第 25 頁。

〔註69〕《編後記》，載《臺灣文化》第 2 卷第 8 期，1947 年 11 月。

〔註70〕陳奇祿口述，陳怡真撰《澄懷觀道：陳奇祿先生訪談錄》，臺北：國史館，2004 年，第 82 頁。

灣文化》至 1950 年 12 月,《臺灣文化》亦隨之停刊。此前有觀點認為《臺灣文化》的停刊是由於時局原因,但據陳奇祿自述,停止編輯的原因是其 1951年獲得了赴美進修的機會。而關於停刊的原因,陳奇祿猜測是囿於經費,臺灣文化協進會並未找人接編〔註71〕。自此,《臺灣文化》這一光復初期存續時間最長、影響最大的文化刊物宣告結束,退出了歷史的舞臺。

## 第三節　作為文化解殖民間實驗場的《臺灣文化》

在前述《臺灣文化》創刊號的論述中,已經對《臺灣文化》的方向有所勾勒。在《臺灣文化》所建構的文化方向中,中國新文學與中國傳統文化都是重要的參照對象,其中國意識貫穿始終。但此處必須要說明的是,這種中國意識的譜系可能是雜呈的。對於當時的臺灣社會而言,中國作為祖國,首先在民族與血脈的意義上保持著鏈接,在此基礎上,由於文化的同源,古代中國又是許多臺灣人心中的「原鄉」,漢民族文化在東亞歷史上的優越地位也使這種原鄉情結更為牢固。在此,「血脈祖國」與「文化原鄉」二者實際上是互相驅動的,前者提供了認同的基礎,後者則通過文化基因的力量反過來使認同感不斷被強化,同時「文化原鄉」也具有想像性的或者說理想主義的特徵。除此之外,伴隨著光復而來的是一個現實中國,而在現實中國的內部,由於光復初期這一特殊的歷史階段,又分化出了「政治中國」以及相偕而來的不同維度。由此,光復初期所呈現出的中國意識實際上是以民族認同為基礎,同時揉合了文化中國、現實中國與政治中國等不同層級的複合觀念,其中文化中國又將分化為古典中國與現代中國。在這種複合觀念中,偏於理想主義的文化中國實際上佔據了更重要的位置,因此,「追尋原鄉」也自然而然成為這一時期文化解殖的內在動力。《臺灣文化》自 1947 年起時常選用一些關於中國傳統文化中的內容,例如繆天華關於陶淵明、杜甫、白居易的系列隨筆,許世瑛關於東晉的系列文章,以及袁聖時的《西遊記》系列及《山海經》系列文章等等。這些文章都偏重於對歷史人物或文學作品的介紹與評價,帶有一定的科普性質。另外,1947 年這一年份或許提示出上述中國意識的內部開始出現衝突,亦即「理想中國」遭遇現實中國之後,在冷感的現實中趨於對傳統的追尋,這其中既有現實因素的直

---

〔註71〕陳奇祿口述,陳怡真撰《澄懷觀道:陳奇祿先生訪談錄》,臺北:國史館,2004年,第 84 頁。

接影響，同時也合於中國古代傳統中歷代文人在亂世所作出的種種選擇。

如果說傳統文化作為文化解殖的內在動力之外還遭遇了一些現實因素的擠壓，那麼就新文學的刊載而言，則更多是出於一種更為鮮明的文化追求。臺灣新文學曾受到國內「五四運動」的影響，臺灣白話文的推廣過程中，胡適、陳獨秀等相關主張也曾被作為重要的師法對象。但經歷了 1930 年代皇民化尤其是「國語運動」之後，臺灣新文學的發展進程不可避免地受到壓抑。因此，光復後的文化解殖在新文學這一議題上，實際上呈現出兩種面相，一是再度回顧祖國的新文學傳統，二是以此為基礎，發展臺灣島內的新文學，並將之納入到祖國新文學的序列之中。從《臺灣文化》的立場來看，後者主要面臨的問題實際上是階段性的語言障礙，而非文學能力的遲滯。因此《臺灣文化》除了刊載一系列介紹中國新文化運動的文章之外，亦包括對於新文學作家的評點與研究文章，同時也先後轉載過一些祖國大陸的新文學作品。除此之外，還儘量刊載了島內作家的小說與詩歌創作，包括吳濁流、呂赫若、王白淵等人的作品。同時，編輯也表現出對於島內作家作品的焦慮與期待，在《編輯後記》中疾呼「臺灣作家在哪裏？」〔註72〕但這種呼籲並非出自省籍的區分，而是期待以臺灣的優秀文化與文學構成祖國文化的一部分，亦即多刊載與內地交流的文章，並將本省過去的文學成果重新得以介紹於祖國的文學界〔註73〕。《臺灣文化》的編輯也一再強調，雜誌的編輯沒有省界觀念，只想在本省文化界開一條新路〔註74〕。

整體來看，《臺灣文化》的選文與刊載是有意識地想要促進臺灣與祖國內地之間的文化交流，這也可以說是光復之後臺灣文化解殖的必經之路，即努力實現「文化中國」與現實中國的合一，並以此作為起點，接續臺灣的新文學脈絡，實現臺灣文化的新發展。僅就整個光復初期而言，《臺灣文化》致力於文化的接續，並且可以說是成功的，這種成功既源自於雜誌本身有意識的追求，同時也與當時渡海來臺的知識分子乃至與國民黨的一些文化政策有一定關聯。如前所述，雜誌創刊之初即設「文化動態」欄目，不僅有文壇動態，同時也有文人軼聞，以及文教相關內容，例如大陸高校的教授聘任及招生信息等等，從中不僅可以發現《臺灣文化》試圖以此為媒介，為島內人民打開一扇盡

〔註72〕《編後記》，載《臺灣文化》第 2 卷第 5 期，1947 年 8 月。
〔註73〕《編後記》，載《臺灣文化》第 1 卷第 1 期，1946 年 9 月。
〔註74〕《編後記》，載《臺灣文化》第 2 卷第 2 期，1947 年 2 月。

可能寬闊的祖國之窗，還體現出《臺灣文化》自身的立意取向。除了文化動態欄目之外，《臺灣文化》也不時對內地的報刊雜誌文章進行轉載，並與范泉及其主編的《文藝春秋》保持著良好的交流。這些都體現出此一時期臺灣對祖國文壇的關注以及二者之間的積極互動。除轉載之外，這種交流也體現在刊物大量選用外省籍作家的稿件，在轉型之前，每期刊載外省作者作品的比例皆在半數以上。不僅如此，許壽裳及其主持的臺灣省編譯館也在這段兩岸文化高頻交流的時期貢獻了獨特的力量。早在 1920 年代魯迅就曾經在臺灣文學界產生過具有啟蒙意義的重要影響，許壽裳作為魯迅的摯友，來臺後熱心於魯迅的宣傳以及臺灣文化的再建設，而他本人也由此被《臺灣文化》的同仁視為「文化屆的領袖」〔註75〕。1946 年 10 月魯迅紀念專刊發行後，臺灣再度出現了「魯迅熱潮」，《臺灣文化》數次刊載許壽裳談魯迅的相關文章，其子許世瑛也長期為之供稿。臺灣文化協進會還出版發行了許壽裳的《魯迅的思想與生活》。許壽裳遇害後，《臺灣文化》亦專門策劃了許壽裳悼念專號。此外，由於楊雲萍同時也在編譯館任職，雜誌與編譯館聯繫得更為密切，在《臺灣文化》上發表文章的外省籍作家大多曾供職於編譯館。

從區域性的視野來看，此時《臺灣文化》同仁對於建設臺灣文化的這種追求實際上呈現出一種重構自身區域性的傾向，在他們的期待中，不僅希望發掘臺灣文化或文學中的地方性色彩，同時更希望臺灣文化成為祖國文化中一個先進而又具有特色的支脈。因此，在上述的內容之外，《臺灣文化》始終致力於對於臺灣民間文化（文學）的探索與挖掘，包括民歌、童謠的刊載，徵求臺灣歌詞謠曲的啟事，對於傀儡戲的介紹以及對臺灣演劇歷史的追溯等等，這些都體現出《臺灣文化》在文化解殖進程中對於臺灣地方性的追求。同時，這種區域性並不限於與祖國的動態關係中，同時有著向世界文學延伸的衝動，《臺灣文化》自創刊以來一直有意識地刊載外國文學的譯作，希望注重歐西文化的介紹與研究〔註76〕。

由此，《臺灣文化》作為光復初期臺灣文化解殖的民間實驗場，實際上建構了一種超越地方性，並具有區域文化特質的多重路徑，這一路徑以中國意識為底色，不僅有著國內外優秀文學的維度，同時也包含了對於臺灣作為地方特色文化的建設追求，其最終的指向在於通過地方性與民族性重構自身，使臺灣

〔註75〕參見：《臺灣文化》封底廣告，第 2 卷第 4 期，1947 年 7 月。
〔註76〕《編後記》，載《臺灣文化》第 3 卷第 2 期，1948 年 2 月。

文學進入中國文學脈絡的同時，葆有地方特色，並最終成為祖國先進文化的方向之一。

## 小 結

　　臺灣文化協進會與《臺灣文化》都是在臺灣光復這一浪潮之下應運而生的，是這一轉折時期的特定產物，其最直接的目的和訴求即在於擺脫殖民文化，尋求新的文化路徑並實現與祖國文化的匯流。此外，這一時期不僅需要實現文化邏輯的轉軌，同時也以文化解殖為目標輻射向社會生活的各個方面。因此，對日本殖民路徑、光復浪潮、國民黨文化解殖政策等問題的清理是審視《臺灣文化》的一個必要景深。日本殖民時期的血緣拒斥與文化統合政策不僅造成了被殖民者的身份認同混亂，同時也為日後的文化解殖遺留下相當的隱患——「憲法不及新領土」的排斥被「鄉土愛」與殖民現代性幻象所掩蓋，現代／落後這一價值系統始終或隱或現地凌駕於國族認同之上。相較而言，臺灣省行政公署在光復初期所施行的政策則略顯粗糙，除了推行國語之外這一較有成效的舉措之外，國民黨實際上缺乏對於日本曾經植入的殖民文化基因的思考和清理，一方面呈現出居高臨下的民族主義立場，另一方面，在對於文化問題的處理上又秉持曖昧姿態，缺乏一種一以貫之的民族主義話語系統及與之對應的價值觀念，加之社會矛盾及國內局勢等問題，最終難以形成有效的解殖路徑。

　　《臺灣文化》則在官方政策之外探索出了一條關於文化解殖的民間路徑。臺灣文化協進會雖然與「半山」游彌堅關係匪淺，但畢竟集結了當時臺灣文化界不同立場的作家及知識分子，《臺灣文化》創刊之初即致力於成為綜合文化雜誌，而非協進會的傳聲筒，在整個發行期間也基本實現了這一宗旨。因此就《臺灣文化》而言，「官」的色彩遠遠遜色於「民」。另外，因成員身份的駁雜，《臺灣文化》也在較大的程度上超越了「左」「右」立場，在二任主編各自主持雜誌期間也形成了不同的調性，這既是個人風格使然，同時也映像出整個光復初期（1945～1949）臺灣社會的變化。具體而言，《臺灣文化》始終致力於省內外文化的交流與臺灣文化的恢復，這也是一種互為表裏的追求。在短短的四年多時間裏，《臺灣文化》堅持與大陸渡海來臺的作家及知識分子保持深度的交流與互動，這種互動背後提示出的正是一種「文化光復」的衝動，而這種衝動又在後續的實踐中延展出了不同的層次。

# 第二章　追尋現代中國與文化解殖

## 第一節　曲折的現代性：新文學之於臺灣的意義

### 一、「五四」與臺灣新文學運動

在光復之前，臺灣在 1920 年代曾展開關於白話文的討論，臺灣的新文學運動相繼而起，其中張我軍的系列文章〔註1〕不僅開啟了後續的一系列新舊文學之爭，同時也對當時的臺灣具有啟蒙意義上的貢獻，其影響亦深遠。整體而言，臺灣新文學運動曾受到國內「五四」新文學的諸多影響，甚至於直接啟發，上述張我軍的文章中也著力引介國內的新文學運動，引用胡適、陳獨秀等人的新文學主張及魯迅等人的新文學作品等。楊雲萍在《臺灣文化》創刊號中的《臺灣新文學運動的回顧》〔註2〕一文中亦認為「臺灣的新文學運動是受了中國的新文學運動的運動與成就所影響，所促進的」〔註3〕，但基於臺灣的獨特經驗，「五四」〔註4〕在此也經過了一番必然的調整，因而在繼承的基礎上亦其特殊性存在，即其所謂「當然要保持了多少的臺灣的特色。」〔註5〕此處楊雲萍並

〔註1〕 參見：張我軍《糟糕的臺灣文學界》，載《臺灣民報》第 2 卷第 24 號，1924 年 11 月 21 日。以及張我軍：《為臺灣的文學界一哭》，《臺灣民報》第 2 卷第 26 號，1924 年 12 月 11 日。

〔註2〕 此文雖刊於《臺灣文化》創刊號，但實際寫於 1940 年。

〔註3〕 楊雲萍《臺灣新文學運動的回顧》，載《臺灣文化》第 1 卷第 1 期，1946 年 9 月。

〔註4〕 「五四」在此實際上是一個廣義的指涉，在時間及事件上包含了「五四事件」之前的新文化運動。

〔註5〕 楊雲萍《臺灣新文學運動的回顧》，載《臺灣文化》第 1 卷第 1 期，1946 年 9 月。

未展開分析「臺灣的特色」究竟體現於何處,但簡要地對照「五四」文學革命與臺灣的新文學運動可以發現,作為一種通向現代的革命性力量,兩次文學革命都表徵為「新／舊文學之爭」,但中國大陸與當時的殖民地臺灣所面臨的具體問題不同,因而革命的具體對象與力度也自然有所差異。首先,五四運動本身是一個愛國運動,因而其中包含著強烈的民族情感,文學革命所倡導的新文學也正是經由言文一致的追求指向建構現代中國的國家想像。而由於臺灣的殖民地處境,臺灣的新文學運動所具有文學運動之外的民族運動意味更為強烈,對五四新文學的引進與借鏡實際上正是與祖國進行精神交流的重要方式,由此延續的文化認同更具有一種抵抗日本殖民的意味。這是當時殖民地臺灣與祖國諸多面向之一的現代中國的正面接觸。其次,臺灣的新文學運動並不是亦步亦趨地追隨「五四」,「五四」自有其激進的一面,將古文及舊文學視為革命的對象,其任務之一即為重估傳統價值。而在當時的臺灣,「革命者」與其「革命的對象」之間的關係顯然更為複雜。雖然表面上仍然呈現為「新／舊」之爭,但由於日本與中國曾共享漢文傳統,因而在日本殖民時期的臺灣,漢文除了保留民族文化的功能之外,同時也成為殖民者同化利用的工具,日本殖民臺灣後,即試圖通過漢詩文的寫作塑造一種「同文同種」的文化觀念,並逐步將「同文同種」說整編為殖民統治的意識形態〔註6〕。1898年臺灣總督府時任總督兒玉源太郎即試圖通過舉辦「鄉老典」「揚文會」等活動拉攏傳統文人。由此,傳統文化在日據臺灣實際上處於介於民族傳統與殖民統治之間的曖昧位置,它一方面承擔了維繫臺灣人認同祖國的情感功能,但同時也被日本的殖民意圖所收編。因此臺灣新文學運動在此不僅是在「五四」重估傳統價值的意義上反對舊文學,更為重要的是,張我軍及《臺灣民報》的白話文之「新」,實是處於邊緣的位置上,對抗被「東洋文明」收編的傳統文化及其維新幻象背後的「殖民現代性」〔註7〕。問題的複雜性還在於,傳統文學在此雖然以特殊的環境作為新文學的革命對象,但傳統文學是否已經被盡數收編是一個重要的問題,一個不可迴避的事實是,許多臺灣的新文學作家都葆有舊學功底,並且在皇民化運動開始後,抵抗日語的新文學作家往往回到中國舊文學的創作

---

〔註6〕李竹筠《日據時期臺灣傳統詩文中的「同文同種」認識(1895~1930)》,載《臺灣研究集刊》2018年第2期。

〔註7〕這一問題的詳盡討論參見:歐陽月姣《「東洋文明」之現代性及其抵抗——再談臺灣新舊文學之爭的文學史意義》,載《文學評論》2020年第3期。

中〔註 8〕。此外，漢詩在日據時期的曖昧處境其實一定程度上說明了這一問題，即儘管被作為日本殖民同化的文化懷柔手段之一，其內部仍然存在著具體的分化以及未被同化的抵抗性書寫，以漢詩詩社——當時的櫟社和瀛社從民族主義的視野來看，通常認為櫟社具有鮮明抗日屬性，而瀛社則較具親日色彩〔註 9〕，亦即在被殖民處境中，傳統文學仍然具有部分保存民族文化的功能，因而具有合理性。因此，在跳出「新／舊」框架看待臺灣新文學，並認清其對抗「東洋文明」及其殖民現代性的目標之外，仍然必須認識到傳統文化在民族與殖民者的夾縫之間所承載的功能，從而理解臺灣從啟蒙而過渡到解放的新文化運動所具有的文化調和傾向〔註 10〕。

## 二、光復後的臺灣新文學想像

以 1937 年 6 月日本廢除臺灣報刊雜誌的「漢文欄」為標誌，臺灣新文學運動的發展不得不嚴肅地告了一個大段落〔註 11〕，因而在光復後，文化解殖所面臨的問題之一就是文學方向的選擇，並再一次經由文學想像通向國家想像。《臺灣文化》創刊號上刊登了《抗戰中的我國文學》與《臺灣新文學運動的回顧》兩篇關於新文學的介紹性文章，二者均強調了「五四」對於中國新文學及日據時期臺灣新文學的奠基性意義。在這一階段，對國內「五四」以來新文學的發展以及臺灣新文學運動歷程的回顧實際上具有某種接續色彩，這意味著「五四」及臺灣新文學運動所具有的革命性將繼續主導此一時期臺灣的文學乃至文化建設的方向。「五四」精神以及白話新文學在此無疑成為通達現代中國的方式，「五四」因其革命性與民族性提供了原初的動力及合法性，而「五四」在臺灣落地生根之後的臺灣新文學則又以其現實的啟蒙與抵殖力量而影響深遠。因此《臺灣文化》將新文學作為光復後文化建構的重要部分，與其說是一種主動的選擇，毋寧說是歷史邏輯的必然。由此「五四」作為一種思想資源與重要動力介入了光復初期臺灣文化的重建之中，雖然沒有明確地標舉「五四」這一旗幟，但在轉型前的《臺灣文化》的刊行中，則

〔註 8〕趙稀方《後殖民理論與臺灣文學》，臺北：人間出版社，2009 年，第 203 頁。
〔註 9〕廖振富《百年風騷，誰主浮沉？——二十世紀臺灣兩大傳統詩社：櫟社、瀛社之對照觀察》，載《臺灣文學研究學報》2009 年第 9 期。
〔註 10〕計璧瑞《被殖民者的精神印記——殖民時期臺灣新文學論》，廈門：廈門大學出版社，2010 年，第 56 頁。
〔註 11〕楊雲萍《臺灣新文學運動的回顧》，載《臺灣文化》第 1 卷第 1 期，1946 年 9 月。

處處可見「五四」的影子,同時新文學也成為光復後臺灣文學界的主流追求。經由對「五四」的朝聖,此時的臺灣在文化與文學的層面上正在朝向一個現代中國。論及現代中國,則不得不提及新文學發展至 1920 年代後期基於現實所產生的左翼思潮及左翼革命文學,1930 年在上海成立的中國左翼作家聯盟可以視為一個標誌性事件。大陸的左翼文學在 1930~1940 年代之間經過整合與匯流並最終確立了主流地位,但無論是日據時期還是光復初期的臺灣都不具備這樣的歷史條件和現實土壤,因此,左翼思潮與左翼文學的臺灣演繹是另外一條發展路徑,其起點可以追溯至 1920 年末期至 1930 年代,其中的兩個重要來源是前往中國大陸的留學生和前往日本的留學生〔註 12〕。就光復初期的《臺灣文化》而言,無論是編輯群體抑或作者群體中都存在左翼人士,例如許乃昌、蘇新、呂赫若,以及渡海來臺的雷石榆、黎烈文等,但首先需要注意的是,「左翼」這一概念內部本身也存在著漸變的光譜,臺灣左翼人士和大陸左翼人士各自立場的生發並不相同,這是在不同的歷史現實下所產生的必然,在具體的問題中需要更詳細的辨析。另外,在光復後的現實語境中,在臺左翼人士的表達也為國民黨所約束,例如蘇新從《政經報》《人民導報》《臺灣評論》再到《臺灣文化》的過程中,已經「不敢像從前那樣唐突」〔註 13〕,轉為較為溫和婉轉的寫法和編法。因此,他們在《臺灣文化》的活動中更多的是左翼立場的散點式呈現。換言之,《臺灣文化》曾經呈現出的左翼色彩是值得關注的,但其中無論是臺灣島內的左翼人士或渡臺的左翼人士都是在具體的歷史情境中展開其論述的,並且這些論述隨著「二二八」事件的影響也漸漸趨於沉默。其次,雖然《臺灣文化》的編輯作者群體中存在著左翼立場者,並且與具有進步傾向的上海雜誌《文藝春秋》往來密切,但《臺灣文化》並未呈現出鮮明的左翼傾向,不僅是雜誌本身的內容,將之置於同一時期發行的報刊雜誌中進行橫向對比可以使這一結論更為立體〔註 14〕。從這一點來看,《臺灣文化》不是一份有左翼傾向的雜誌,但是卻在編輯作者群體和刊載內容上存在著一定的左翼色彩,前者與其成員的複雜性尤其是臺灣

---

〔註 12〕 參見:朱雙一,張羽《海峽兩岸新文學思潮的淵源和比較》,廈門:廈門大學出版社,2006 年,第 147~148 頁。

〔註 13〕 蘇新《蘇新自傳》,藍博洲主編:《未歸的臺共鬥魂:蘇新自傳與文集》,臺北:時報文化出版有限公司,1993 年,第 67 頁。

〔註 14〕 參見:路丹妮《臺灣戰後初期文學場域重建——數位人文方法的運用與實例分析》,載《臺灣文學學報》2015 年第 27 期。

文化協進會的發起人游彌堅的官方身份有關，但其更深層的原因在於《臺灣文化》所建構的文化方向並不是以左翼思潮或左翼文學為目標的。大陸左翼文學發展過程中曾經過民族與階級問題的統合與調整，而在光復初期的臺灣以及在《臺灣文化》所建構的文化場域內，民族話語較之階級問題佔有絕對性的優勢地位，同時無論是日據時期還是光復初期的臺灣，左翼立場始終是一種被警惕和防範的對象。但與此同時，《臺灣文化》也並未拒絕左翼人士的參與，其原因可能在於左翼思潮中的批判立場與反帝國主義合於當時臺灣的社會問題以及去殖民的需求。總體而言，《臺灣文化》是在一種民族性話語的主導下，以一種進步的姿態趨向於自身想像中的現代中國，這一現代中國正是以「五四」為正統的顯影。不僅如此，在朝向現代中國的同時還伴隨著去殖民化的主張，或者說「去殖民化」正是內在於對現代中國的追求之中。游彌堅在「二二八事件」後的第一期《臺灣文化》上發表的《臺灣新文化運動的意義》一文中的表述可以視為對此問題的恰切比喻：

> 臺灣本來是中國的一部分，文化的底流是一樣的，文化的根源是同一個的，但不幸的是，五十年之間，受了橫流的阻隔，遇到暴力的蠶蝕，已經起了若干的變異。將五千年的大喬木，被日本改為「箱庭式」的接枝小樹。而一般的人，幾乎忘記了這小樹的根株，仍然是喬木的原種……臺灣新文化運動的工作目標，就在此。只要將這日本移植的盆栽，移植在祖國的大地就成了。〔註15〕

游彌堅此處所談到的臺灣新文化運動並不是肇始於 1920 年代的臺灣新文化運動，而是針對光復初期的文化解殖而言的。將原本同根同株的臺灣文化從日本的盆栽移到祖國的大地，正是表達了一種文化解殖之中去殖民化的內在要求。另外，游彌堅並沒有對日本的一切都抱有敵視的態度，認為應該對日本留下的好處如清潔、整齊、幽雅等保留下來，將狹隘的思想、自大的觀念、歪曲宣傳等毒茵雜草予以掃除〔註16〕，這和光復初期陳儀、許壽裳對待日本在臺灣遺留的學術研究等事物的態度較為相似，即並非在一種狹隘的民族主義立場上進行去殖民化的工作。因此，追尋現代中國不僅意味著文化的接續，同時也內蘊著去殖民化的具體任務，這意味著「五四」及其在臺灣衍生出的臺灣新文學在此一時期被賦予了雙重的任務和期待。除此之外，必

〔註15〕游彌堅《臺灣新文化運動的意義》，載《臺灣文化》第 2 卷第 4 期，1947 年 7 月。
〔註16〕游彌堅《臺灣新文化運動的意義》，載《臺灣文化》第 2 卷第 4 期，1947 年 7 月。

須要說明的是，「五四」與臺灣新文學運動曾在各自的歷史階段裏面對著不同的現實問題，二者既是同源共生，其目標也因具體的歷史情境而產生區別，而到了光復初期，這一目標再次發生了變化。如果說「五四」以其超越文學革命的豐富性帶動了中國進入現代的步伐，意味著知識分子意識到必須徹底改革中國的傳統文明，並在這一過程中對人權和民族獨立觀念迅速覺醒，進而通過一系列革命性的創舉使民眾在思想和行動上達到團結並加速中國依循「民族國家」的制度形態來達到統一〔註17〕，而臺灣新文學運動受此影響試圖以文學革命的方式走入現代並擺脫籠罩在頭頂的名為「東洋文明」的殖民現代性的話，那麼在光復初期，以民族獨立、領土完整為表徵，中國已經初步具有了國家形態，臺灣的殖民勢力業已退場，此時的目標則在於以去殖民化為前提，並對日據時期臺灣的現代性進行整理，同時基於去殖民化的目標，對其中的殖民現代性加以區分，唯其如此，光復後臺灣的文化與文學才可能找到自己的方向，並且經由文學的發展，通向探索現代政治主體的建構與國家想像。當然，從後設的眼光來看，光復初期僅短短四年有餘，在種種現實問題的纏繞中，這一時期的文化與文學活動並未能如上文所說真正意義上實現這種探索，但由於二者之間具有一種動態關係，因而可以相關的文化活動與文學規劃中對當時知識分子關於相關問題的思考進行管中窺豹式的觀察。

創刊號上的《抗戰中的我國文學》一文在回顧的基礎上，也提出了對未來中國文學整體發展方向的想像。該文認為抗戰爆發以來，我國文學由於時代關係更趨於輝煌活躍，並將其源頭追溯至作為中國「文藝復興」的五四運動，認為新文學的出現打倒了早已喪失生命的畸形的古文字，適於大眾化並喚醒群眾，因而具有革命性。這幾乎是一種關於「五四」的通行定見，儘管「五四」前史中「文學復古」與「文學革命」存在雜糅性的關聯〔註18〕，但顯然這篇帶有科普性質的文章更偏重於其革命性意義，因而沒有對之展開更為詳盡的辨析。不僅如此，作者杜容之還對「國防文學」進行詳細的介紹並給予高度的評價，認為國防文學以「國家至上，民族至上」為最高準則統一了個人的立場、意識形態的差別等問題導致的行幫流派現象，其中亦湧現出

---

〔註17〕參見：（美）周策縱《五四運動：現代中國的思想革命》，周子平等譯，南京：江蘇人民出版社，2005年，第13～14頁。

〔註18〕參見：（日）木山英雄著，趙京華編譯《「文學復古」與「文學革命」：木山英雄中國現代文學思想論集》，北京：北京大學出版社，2004年，第209～238頁。

大量優秀作品如《保衛盧溝橋》《八百壯士頌》《輕紗帳裏》等等〔註19〕。此外，作者將民間文學視為與國防文學並行的一種文學路徑，並認為其真正受到文學家重視是在游擊戰爭時期敵後發展的事〔註20〕。由此可以看出，一種民族主義的國家至上立場是為作者所期待的。作者認為，意識形態之間的對立亦可由此彌合，抗日民族統一戰線正是一次較為成功的嘗試。因而，在歷數了武漢撤退後國防文學漸趨消沉的種種原因諸如書報檢查制度、政府貪腐導致文化人生活困苦等等原因之後，作者對抗戰勝利後的文學走向提出了期待，其中自然也包括光復後的臺灣，作者認為基於世界民主化潮流的演進，中國政治必須真正民主化，文學亦將由此走向民主文學。而所謂民主文學，即意味著作家以「民主」為共同的目標進行不受任何限制與壓迫的創作〔註21〕。總體而言，這篇文章以一種歷史化的眼光對「五四」以來的中國新文學發展作出了梳理與展望，尤其對抗戰時期的文學發展予以主要的關注。從現在的眼光來看，這種總結未免失於簡單，並且缺乏對於外部政治環境的把握，具有某種理想主義的稚嫩傾向，其將「民主文學」的階段性目標視為作家完全擁有創作自由的方式也略顯天真。但如果將之放回到光復初期的臺灣，則對臺灣社會具有重要的介紹作用以及交流意義，一如這一期《編後記》所載，該文的內地文化介紹確是很重要的工作，從本省和內地文化的交流上計，想再多刊載此類文字〔註22〕，該文作者杜容之後續亦在《臺灣文化》上連載了《中國新文學運動的發展》〔註23〕，以較大的篇幅以及較為詳盡的方式分六個主要話題對新文化運動進行了梳理與介紹，並且引入了基督教傳教士文化活動對之產生的前期影響。這篇文章可以視為《抗戰中的我國文學》之「前史」。說回到《抗戰中的我國文學》，該文將今後文學的發展方向與中國社會的發展方向並置，由此即關涉到抗戰勝利後中國的國家建設問題，其中傳達出的想像方式是以民族主義為基，建立民主政府。其中，「民族主義」合於現代意義上的民族作為一政治實體及獨立主權的涵義〔註24〕，這意味著階級問題將由民族主義統合，但民族主義中的認同功能在不同階段所產生的能量是有所區

〔註19〕杜容之《抗戰中的我國文學》，載《臺灣文化》第 1 卷第 1 期，1946 年 9 月。
〔註20〕杜容之《抗戰中的我國文學》載《臺灣文化》第 1 卷第 1 期，1946 年 9 月。
〔註21〕杜容之《抗戰中的我國文學》載《臺灣文化》第 1 卷第 1 期，1946 年 9 月。
〔註22〕《編後記》，載《臺灣文化》第 1 卷第 1 期，1946 年 9 月。
〔註23〕分別刊於《臺灣文化》第 2 卷第 2 期、第 3 期、第 4 期。
〔註24〕（英）埃里克·霍布斯鮑姆《民族與民族主義》，李金梅譯，上海：上海人民出版社，2006 年，第 17 頁。

別的。在抗日戰爭時期，民族命運與國家危亡顯然是中國社會所面臨的首要問題，因而民族主義在這一時期發揮了重要的作用，即通過強烈的中華民族認同而產生向心力。但抗戰勝利後，民族主義的階段性目標已經完成，因而此時中國所面臨的現實問題是如何建構其自身並立身於世界，這是民族主義在此一階段所必須面對的問題，而非自然而然的結果，即民族意識與國家觀念之間的關係必須得到清理與協調，其中自然也包括階級問題。簡而言之，民族主義在此階段需要與居於統治地位的意識形態合流，從而實現國家想像。《雙十協定》以及《和平建國綱領》曾提供了一種民主聯合政府的想像雛形，該文提出的政治與文學發展方向亦大致合於此，而關於國共兩黨的意識形態衝突，文章認為「雖然國內政治問題尚未得到完全能決，但我國的將來走向民主大道是不容懷疑的事情」〔註25〕，而民主文學亦應隨之展開建設。該文寫於 1946 年 8 月 15 日，刊於同年 9 月 15 日，當時國共雙方已進入戰爭狀態，但作者仍抱持著較為樂觀的態度，這不僅意味著某種期待，更為重要的是，此處將文學視為特定社會環境的產物，亦即某一社會必將產生某一文學，實則是將文學的功能簡單化約。事實上，文學乃至文化在此特殊階段應當具有更重要的作用，而非樸素的文學反映論。

《抗戰中的我國文學》對中國新文學尤其是抗戰文學作出了介紹並在此基礎上提供了一種稍顯稚嫩的國家與文學的建構想像，並沒有特指臺灣，這意味著光復後臺灣文化生態與文學形態的特殊性並未得以揭示，但是這種期待作為一種整體性的國家想像實際上又自然而然地包括了臺灣。與之相對而言或者說作為補充的正是《臺灣新文學運動的回顧》一文，該文的刊載則立意於在光復之後將臺灣文學界過去的成果介紹至祖國的文學界。該文通過對白話文的提出、新舊文學論戰、新文學成果的總結勾勒了臺灣新文學運動的大致軌跡。這兩篇文章在創刊號上的刊載實際上提示出了《臺灣文化》同仁關於新文學發展方向的設想，即以新文學為目標，基於新文化運動與新文學的革命性，白話文被視為現代中國的一種文學表徵，因而光復後的文學乃至文化追求仍然是以此為基的。同時，新文學的範疇之內，祖國大陸的新文學作為一種整體性的依託或參照，在此意義上，臺灣新文學不僅包含在其之內，同時也胎孕於此，但基於此前發展的中斷，以及臺灣新文學由於其歷史所具有的獨特功能也應予以關注。在這種情況下，「五四」再次成為被取法的對象，這種取法同樣

---

〔註25〕杜容之《抗戰中的我國文學》，載《臺灣文化》第 1 卷第 1 期，1946 年 9 月。

不是將「五四」在光復後的臺灣進行簡單的移植，而是以之面對並解決新一歷史階段的新問題，這些新問題在光復之初總體性地體現為「去殖民化」的需求。具體而言，則首先是要接續此前的新文學脈絡，以新文學的革命性與現代性帶動光復後的臺灣向現代中國的靠攏。與此同時必須面臨的問題則是語言的中斷問題，由於日據後期皇民化運動的開展，臺灣被迫產生了用日語寫作的一代作家，因此如何跨越語言障壁也是這一時期文化解殖的重要議題之一。這些問題共同指向了一條必經之路，即加強兩岸的文化與文學交流，除了交流本身固有的去殖民的功能之外，這一交流的過程也尤為關鍵，通過對這一過程的具體考察，可以發現《臺灣文化》對於大陸新文學的選擇取向，進而形塑了自身的追求。另外，前述臺灣新文化運動的調和性決定了在光復後的文化建構中，應當如何看待傳統文化與文學仍然是一個有待處理的問題。這一部分將在後文專題展開，此處不加贅述。

## 第二節　向「五四」朝聖：作為省內外文化交流平臺的《臺灣文化》

### 一、大陸渡海來臺知識分子在《臺灣文化》的活動情況

光復之初，在國內局勢尚不明朗的情況下，有許多大陸的知識分子渡海來臺，並多數曾為《臺灣文化》供稿。在當時渡臺的知識分子中，各自的思想背景與來臺動機殊異，其中不乏曾活躍於現代文壇或教育界的知名人士如許壽裳、臺靜農、黎烈文、李何林等人，其中部分人亦有左翼背景。關於來臺的原因，大致可分為兩類，一是以許壽裳為中介，受邀至臺灣省編譯館工作，黎烈文、李何林等均屬此列，二是由於個人選擇來到臺灣，如臺靜農、雷石榆、黃榮燦等。在這兩種情況中，有有著一部分共同的原因，即抗戰勝利初期，國內局勢動盪，許多人都在輾轉尋找工作的機會。除此之外，自然也包括對於光復後臺灣文化建設的熱望。這些渡海來臺的知識分子大多經歷過五四新文學的洗禮，因而他們的到來在文化交流與建設之外，還有著一重接續「五四」精神傳統的意義。

國民黨官方對於光復後的臺灣文化建設的規劃在前文已有提及，即「去日本化」與「再中國化」並行的設計架構。在這種構想之下，時任臺灣省行政公署長官的陳儀於 1946 年 5 月發電報給許壽裳，電文稱「為促進臺胞心

理建設，擬專設編譯機構，編印大量書報，盼兄來此主持，希電覆。」〔註26〕
陳儀、許壽裳與魯迅既是同鄉，同時也同於 1902 年赴日留學並在日結下友
誼，因此陳儀對許壽裳的邀約既有建設臺灣文化的考慮，同時也有私人情誼
以及許之留日背景。據《羅宗洛校長與臺大相關史料集》，陳儀最初應當是計
劃內定許壽裳作為由日據時期的臺北帝大接收而來的國立臺灣大學校長，史
料集亦以許壽裳日記作為旁證，但這一計劃為國民黨政府時任教育部長朱家
驊所不允，堅持以羅宗洛代執校務並等候正式委任〔註27〕。另有材料認為陳
儀想聘許壽裳當臺大校長，但臺大校長的任命必須經由部（教育部）聘，而
時任教育部長陳立夫不答應，只好改聘為省編譯館館長〔註28〕。但陳立夫任
教育部長的時間為 1938 年至 1944 年〔註29〕，因此此處應以《羅宗洛校長與
臺大相關史料集》為準。除此之外，許壽裳未能就任臺大校長一職與當時臺
灣的派系政治有關。陳儀至臺後，臺灣政治形勢相當複雜，派系林立。實際
上，這種派系政治的形成在很大程度上來自蔣介石領導的國民黨政權。國民
黨內部的派系政治形成了一種現代威權政體的傘狀結構，其中以蔣介石為上
層核心，下轄諸派系的權力結構，由此，各派系之間處於既彼此爭鬥又可能
彼此拉攏的動態結構中。國民黨來臺接收後，這種派系政治隨之滲入臺灣。
從現行觀點來看，陳儀在國民黨的出身屬於政學系，而上文中的教育部長朱
家驊則被視為陳立夫兄弟的「CC 派」〔註30〕，陳儀此前主閩時期即曾與 CC
派不睦，而許壽裳在來臺之前曾任國民政府考試院考選委員會專門委員，亦
與 CC 派不和，其女許世瑋在回憶中稱其渡臺的原因之一亦為「南京的政治
空氣對他不合適」〔註31〕，因此許壽裳於 1946 年 6 月辭職〔註32〕，並於當

〔註26〕黃英哲等主編《臺灣省編譯館檔案》，福州：福建教育出版社，2010 年，第 3 頁。
〔註27〕參見：李東華《羅宗洛校長與臺大相關史料集》，臺北：國立臺灣大學出版中
心，2007 年，第 23～26 頁。
〔註28〕戴國煇，葉芸芸《愛憎二二八》，《戴國煇全集 3》，臺北：文訊雜誌社出版，
2011 年，第 193 頁。
〔註29〕周川主編《中國近現代高等教育人物辭典》，福州：福建教育出版社，2018 年，
第 361 頁。
〔註30〕參見：陳明通《派系政治與臺灣政治變遷》，臺北：月旦出版社，1995 年，第
38～40 頁。
〔註31〕許世瑋《憶先父許壽裳》，北京魯迅博物館魯迅研究室編《魯迅研究資料 14》，
天津：天津人民出版社，1984 年，第 305 頁。
〔註32〕彭小妍等編校《許壽裳書簡集上》，臺北：中央研究院中國文哲研究所，2011
年，第 532 頁。

月 25 日抵達臺灣。許壽裳決定接受編譯館館長一職後，又先後延攬邀請了袁聖時（袁珂）〔註33〕、李霽野〔註34〕來臺參與編譯館工作。其中李霽野又輾轉邀請了李何林〔註35〕進入臺灣省編譯館，隨後許壽裳長子許世瑛及幼女許世瑋也雖隨同來臺〔註36〕。同時，黎烈文在陳儀主閩時期即與其建立了良好的關係〔註37〕，因而光復後黎烈文也來到臺灣，並受陳儀委託曾與李萬居共同主持《新生報》工作〔註38〕。活躍於《臺灣文化》的大陸來臺知識分子除了上述圍繞著陳儀及編譯館關係之外，亦有出於其他人邀約或個人選擇而渡臺者，如錢歌川〔註39〕、臺靜農〔註40〕、雷石榆〔註41〕、黃榮燦〔註42〕、

〔註33〕1946 年 5 月 27 日許壽裳致袁聖時信寫到「弟得臺灣行政長官陳公洽先生電邀……兄如願往臺任編譯工作，還希示之，弟抵臺後設法安排，此事希暫守秘密。」參見：彭小妍等編校《許壽裳書簡集上》，臺北：中央研究院中國文哲研究所，2011 年，第 499 頁。

〔註34〕李霽野自述「在 9 月卻接到許季茀先生的信和電報，約我到臺灣省編譯館當編纂，編譯西洋文學名著。我途經上海，拜謁了魯迅先生墓，坐船於 10 月到達臺北。」參見：陳洪主編《南開學人自述》第一卷，天津：南開大學出版社，2016 年，第 140 頁。

〔註35〕李何林自述「找不到工作。至 1946 年冬才由李霽野介紹到以魯迅老友許壽裳為館長的臺灣省編譯館世界名著翻譯組工作。」參見：陳洪主編《南開學人自述》第一卷，天津：南開大學出版社，2016 年，第 110 頁。

〔註36〕許世瑋《憶先父許壽裳》，北京魯迅博物館魯迅研究室編《魯迅研究資料 14》，天津：天津人民出版社，1984 年，第 305 頁。

〔註37〕王小平《跨海知識分子個案研究——以許壽裳、黎烈文、臺靜農為中心的考察》，博士學位論文，復旦大學，2007 年，第 31 頁。

〔註38〕康詠秋《黎烈文評傳》，長沙：湖南人民出版社，1985 年，第 174 頁。

〔註39〕1947 年來臺任臺大文學院院長，1948 年去職。參見：周川主編《中國近現代高等教育人物辭典》，福州：福建教育出版社，2018 年，第 519 頁。

〔註40〕臺靜農因出路受限，接受臺大第一任校長羅宗洛之邀於 1946 年 10 月來臺就任臺大國文系教授。參見：王小平《跨海知識分子個案研究——以許壽裳、黎烈文、臺靜農為中心的考察》，博士學位論文，復旦大學，2007 年，第 32 頁。

〔註41〕曾參加左聯東京分盟及中華全國文藝界抗敵協會，關於渡臺情形，據其自述「臺灣光復，1946 年夏，我有機緣到了臺灣南部高雄市，任當時創刊的《國聲報》主筆兼副刊主編……1946 年秋末到了臺北。」到臺北後，雷石榆開始與臺灣文化協進會的人有所交往並為《臺灣文化》供稿。參見：雷石榆《舊夢依稀話寶島——寄情臺灣》，載《新文學史料》1993 年第 4 期。

〔註42〕黃榮燦 1945 年 12 月抵達臺北，黃榮燦到臺的原因有所爭議，一說其係參加「教育部赴臺教師招聘團」考試並合格，同時取得「記者訪問團」資格來到臺灣，另一說認為其係以《大剛報》《前線日報》記者身份前來。參見（日）橫地剛《南天之虹：把「二二八」事件刻在版畫上的人》，陸平舟譯，北京：商務印書館，2016 年，第 67～68 頁。

荒煙〔註43〕、陳大禹〔註44〕等。

　　由上文可以發現,大陸來臺的知識分子一部分集中於許壽裳主持的臺灣省編譯館,其中臺靜農雖然是受臺大之聘而來臺,但與許壽裳交往非常密切,許壽裳日記中亦多見「訪靜農」或「靜農來」〔註45〕等記載。當時臺灣省編譯館設有四個主要機構,其中之一即為臺灣研究組,其組長正是楊雲萍,許壽裳的在臺友人中,與楊雲萍交往得尤為密切,其日記亦多見其名〔註46〕。因此不難理解光復初期的《臺灣文化》上頻頻刊載這些大陸來臺知識分子的稿件,或者可以說《臺灣文化》的大陸知識分子作者群中,一大部分來自臺灣省編譯館,或者說是許壽裳為核心輻射開來的。早在 1920 年代的臺灣新文學運動中,魯迅即被認為是對這一場「啟蒙運動」巨浪中直接、間接產生最大影響的人〔註47〕,而許壽裳作為中國的知名文化人士,加之其為魯迅生前的多年摯友,到達臺灣後也受到了臺灣文化界的敬仰與歡迎。《臺灣文化》曾刊登由臺灣文化協進會出版發行的許壽裳所著《魯迅的思想與生活》,在廣告中稱許壽裳為「我國文化界的領袖」及「魯迅生前最親密的朋友」〔註48〕,因此蘇新自述在閱讀《魯迅全集》發現魯迅與許壽裳、陳儀在東京的合照後,就曾訪問許壽裳,並說明出版魯迅逝世十週年紀念專刊的計劃,許壽裳很高興〔註49〕,在應邀寫作的《魯迅的精神》一文中亦寫到「臺灣文化協進會來

〔註43〕　木刻畫家,原名張偉耀,廣東興寧人,曾參與新興木刻運動,於 1946 年來臺,並在黃榮燦的引領下拜訪了幾位臺灣畫家。荒煙於 1947 年離開臺灣,在香港停留後返回大陸。參見王煒《荒煙蔓草——記版畫家荒煙(一九二〇年至一九八九年)》,《中國藝術報》,2020 年 12 月 7 日。以及(日)橫地剛《南天之虹:把「二二八」事件刻在版畫上的人》,陸平舟譯,北京:商務印書館,2016 年,第 116 頁。

〔註44〕　劇作家,漳州人,1946 年 7 月在友人幫助下到達臺灣,陳大禹在臺北積極參加戲劇活動,並組織業餘劇團。其劇作《香蕉香》曾遭禁演,陳大禹本人亦被追查,於 1949 年 4 月離開香港到臺灣,後返回大陸並繼續從事戲劇工作。參見:王炳南《陳大禹生平簡介》,吳瀟帆整理,王炳南主編《陳大禹劇作選》,香港:中國經濟出版社,1992 年,第 155~160 頁。

〔註45〕　參見:黃英哲等編校整理《許壽裳日記:1940~1948》,福州:福建教育出版社,2008 年。

〔註46〕　參見:黃英哲等編校整理《許壽裳日記:1940~1948》,福州:福建教育出版社,2008 年。

〔註47〕　參見:楊雲萍《記念魯迅》,《臺灣文化》第 1 卷第 2 期,1946 年 11 月。

〔註48〕　封面內頁,《臺灣文化》第 2 卷第 7 期,1947 年 10 月。

〔註49〕　蘇新《蘇新自傳》,藍博洲主編《未歸的臺共鬥魂:蘇新自傳與文集》,臺北:時報文化出版有限公司,1993 年,第 68 頁。但許壽裳日記中暫未發現蘇新到

信徵文，指定的題目是魯迅的精神，覺得義不容辭」〔註50〕，後來這期紀念專輯中的編輯後記亦專門對許壽裳致謝，稱其《魯迅的精神》一文「把這偉大導師的精神發揮無疑」〔註51〕，足見對其的尊敬與重視。從這一期開始，許壽裳的稿件斷斷續續見於《臺灣文化》，此後李何林（或署名李竹年）、袁聖時（或署名丙生）、臺靜農（或署名靜農）、許世瑛、黎烈文、李霽野等人亦開始為《臺灣文化》供稿。其中李何林除了寫作與魯迅相關的文章之外，還寫過譚丕謨《中國文學史綱》的評述文章，袁聖時則既寫過隨筆，也寫過童話，還有關於《西遊記》及《山海經》的學術文章。臺靜農雖然自1920年代起即與魯迅有過深厚交誼，但渡臺在《臺灣文化》的寫作中並未直接涉及魯迅，而多學術文章，許世瑛亦多見此類文章。黎烈文與李霽野則多外國文藝的翻譯與譯介之作。「二二八」事件後，陳儀卸任，編譯館亦隨之撤廢，這一群體包括許壽裳在內多轉入臺大工作。1948年2月許壽裳遇害後，《臺灣文化》曾策劃《悼念許壽裳先生專號》，上述各人亦多發表紀念文章。此後，除了個別如李何林、李霽野、袁聖時先後回到大陸，其餘人仍堅持為《臺灣文化》供稿直至其轉型為學術季刊，並未因「二二八」事件或許壽裳遇害而中斷。

　　除了以許壽裳為核心的大陸來臺知識分子群與《臺灣文化》的密切關係之外，錢歌川、黃榮燦與雷石榆也時常為《臺灣文化》供稿，劇作家陳大禹亦曾在《臺灣文化》上連載其劇作《寂寞繞家山》〔註52〕。錢歌川在《臺灣文化》上一直使用「味欖」這一筆名，發表過散文以及教育論文章。黃榮燦是大陸木刻畫家，曾參與過國內的新興木刻運動，並且十分敬仰魯迅，曾作四幅《魯迅像》版畫。黃榮燦抵達臺北後，從創刊號即開始參與《人民導報》的文藝專欄《南虹》的編輯〔註53〕，而《人民導報》當時的主編正是蘇新，二人正是在此期間建立了交往，因此後來黃榮燦在《臺灣文化》上也發表了

訪的記錄，但有記載1946年9月21日「收臺灣文化協會信徵文」，此處「臺灣文化協會」疑為筆誤。參見：黃英哲等編校整理《許壽裳日記：1940～1948》，福州：福建教育出版社，2008年，第788頁。

〔註50〕許壽裳《魯迅的精神》，載《臺灣文化》第1卷第2期，1946年11月。

〔註51〕《編輯後記》，載《臺灣文化》第1卷第2期，1946年11月。

〔註52〕陳大禹《寂寞繞家山》（上、中、下）分別刊於《臺灣文化》第3卷第5、6、7期。

〔註53〕（日）橫地剛《南天之虹：把「二二八」事件刻在版畫上的人》，陸平舟譯，北京：商務印書館，2016年，第86頁。

數篇文章，包括對國內新興木刻運動的介紹、美術論文以及紀念魯迅等文章。
值得一提的是，在《臺灣文化》第一卷第二期的《魯迅逝世十週年特輯》黃榮
燦曾代為收集不少材料〔註54〕。此外，黃榮燦還作為大陸美術家的代表受邀參
加了臺灣文化協進會的美術委員會，並且參與了大多為《臺灣文化》撰稿人所
組成的「文人會」，其中亦包括雷石榆，黃榮燦與雷石榆似乎私交頗深，雷石
榆曾寄宿於黃榮燦家中〔註55〕。雷石榆的隨筆散文常見於《臺灣文化》，投稿
頻率頗高。後來雷石榆還曾參與過《新生報》副刊《橋》上的文學論爭，積極
介入臺灣的文化與文學事業，直至1949年6月被捕後遣返〔註56〕。

　　由此，可以對活躍於《臺灣文化》的大陸來臺知識分子作一簡要的概述。
在前文的材料中不難發現，這一群體幾乎是以許壽裳及其所主持的臺灣省編
譯館為核心的。論及編譯館，則似乎不免帶有官方色彩，因為編譯館正是陳
儀針對光復後臺灣的文化解殖問題一力主張設立的。陳儀在致許壽裳的私人
信件中詳細談及了對於心理建設的思考，認為需要編中小學文史教本、中小
學教師參考讀物、宣達三民主義與政令的公務員及民眾讀本、一般的參考書
與詞典以及外國名著讀物，這正是編譯館的設立初衷。其中陳儀認為前四種
是當前臺灣的應急工作，而最後一種則是其「譯名著五百部」的志願〔註57〕。
但在編譯館問題上，「官方」不應作為一種限定性的刻板印象，陳儀關於編譯
館的構想與設計切中了當時臺灣的文化建設與發展的要點。換言之，所謂的
官方架構之下實際上內蘊著臺灣的現實需求。此外，陳儀所邀請的許壽裳在
內地亦多從事文教相關工作，又有留日經驗，對於臺灣的文化問題自有其思
考邏輯，因此不宜將之在臺灣的文化建設工作簡單視為行政公署文化政策的
附屬。事實上，以許壽裳為核心的這一大陸赴臺知識分子群體具有濃厚的「五
四」色彩，他們為《臺灣文化》的供稿內容也或多或少第體現出這一特點，
許壽裳來臺後亦撰寫過《臺灣需要一個新的五四運動》〔註58〕。除此之外，

〔註54〕《後記》，載《臺灣文化》第1卷第2期，1946年11月。

〔註55〕（日）橫地剛《南天之虹：把「二二八」事件刻在版畫上的人》，陸平舟譯，
　　　　北京：商務印書館，2016年，第116～117頁。

〔註56〕雷石榆《舊夢依稀話寶島——寄情臺灣》，載《新文學史料》1993年第4期。

〔註57〕《陳儀致許壽裳信》，黃英哲等主編《臺灣省編譯館檔案》，福州：福建教育出
　　　　版社，2010年，第5頁。

〔註58〕許壽裳《臺灣需要一個新的五四運動》，原載於《新生報》，1947年5月4日。
　　　　黃英哲編《許壽裳臺灣時代文集》，臺北：臺大出版重心，2010年，第237～
　　　　239頁。

1947 年 12 月，臺灣文化協進會為使臺灣青年瞭解我國現代文學的思想傾向並介紹主要作家及其代表作品〔註59〕，開辦了中國現代文學系列講座，為期十天，邀請的主講人正是以這一群體為主，另有當時隨上海群眾演出公司來臺演出的洗群〔註60〕以及臺灣作家黃得時。系列講座的主要內容即是對現代文學亦即新文學的發展以及新舊文學的演變作一梳理，在此基礎上再設西洋文學、散文、詩歌、戲劇、小說等專題〔註61〕。從系列講座的主講人以及內容來看，不難發現，這一活動仍然是「五四」脈絡在臺灣的延伸，其目標就在於將新文學介紹至臺灣青年群體，這一方面意味著在去殖民化的立場上，加強對祖國文化的瞭解，另一方面則體現出其所追求接續的中國指向的是現代中國。更為重要的是，這一群體都曾與魯迅有過交往，許壽裳自不必說，李何林、李霽野都曾是魯迅所發起的文學社團未名社的成員，其中李何林在認識魯迅以前即已寫作《魯迅論》，黎烈文因《申報》副刊《自由談》主編之顧與魯迅交往頗深。值得一提的是，在《臺灣文化》活動的大陸知識分子除了編譯館群體之外，亦或多或少地與魯迅有關。黃榮燦曾參與過魯迅發起的新興木刻運動，並深深敬仰魯迅，蘇新在署名甦甡的《也漫談臺灣藝文壇》一文中有「魯迅先生的學生黃榮燦，雷石榆」〔註62〕之表述，而橫地剛則從年齡和居住地等信息判斷他不像是魯迅的弟子，並且在魯迅周圍均未發現他的名字〔註63〕。由於黃榮燦身後的材料不多，因此暫時無法準確判斷他是否師從魯迅學習過木刻，但可以確定的是，他到達臺灣後曾積極宣傳魯迅關於木刻的思想，其文章亦多見於《臺灣文化》。此外，臺靜農也是未名社的成員，而雷石榆曾是左聯成員，並在魯迅逝世前夕與之在內山書店見過面〔註64〕。

〔註59〕《中國現代文學講座》，載《臺灣文化》第 3 卷第 1 期，1948 年 1 月。

〔註60〕即洗群，《臺灣文化》的廣告中將之寫為「洗群」，但在姓氏中，洗亦作冼（音xiǎn），參見：袁義達，邱家儒《中國姓氏大辭典》，江西人民出版社，2010 年，第 660 頁。冼群相關資料參見：馬洪武等主編《中國近現代史名人辭典》，北京：檔案出版社，1993 年，第 460 頁。

〔註61〕主講人及講座題目分別為：李竹年《中國新文學發展概略》、臺靜農《新舊文學之演變》、李霽野《西洋文學之介紹》、錢歌川《散文》、雷石榆《詩歌》、洗群《戲劇》、黃得時《小說》。

〔註62〕甦甡《也漫談臺灣藝文壇》，載《臺灣文化》第 2 卷第 1 期，1947 年 1 月。

〔註63〕（日）橫地剛《南天之虹：把「二二八」事件刻在版畫上的人》，陸平舟譯，北京：商務印書館，2016 年，第 15～16 頁。

〔註64〕雷石榆《在臺灣首次紀念魯迅先生感言》，載《臺灣文化》第 1 卷第 2 期，1946 年 11 月。

　　由此可以發現，《臺灣文化》上活躍的大陸赴臺知識分子實際上形成了一個鬆散的魯迅交往圈，其中既有直接與魯迅有過接觸交往的如許壽裳等人，也有與魯迅精神相連者如黃榮燦。此外亦不乏具有鮮明的左翼色彩者如雷石榆、黎烈文等。魯迅在此不僅僅是作為一個聯結的紐帶，更為重要的是，大陸赴臺知識分子在此成為在光復初期的臺灣傳播魯迅的一個重要群體，《臺灣文化》第 1 卷第 2 期的《魯迅逝世十週年特輯》即是一例。魯迅在臺灣具有較之大陸有所不同的啟蒙意義，因此光復初期的魯迅傳播顯得尤為重要，可以將之視為對「五四」傳統的一種接續。但在新的歷史條件下，魯迅傳播的側重點也因其傳播者和具體現實而不同於 1920 年代臺灣知識分子對魯迅的傳播。這一點尤其體現在許壽裳對魯迅的敘述之中，許壽裳作為魯迅的密友，自然而然被視為魯迅身後的最佳代言人之一，同時許壽裳也有意識地記錄並傳播魯迅。這一方面是其自有的寫作《魯迅傳》的計劃〔註65〕，另一方面，基於光復後臺灣的文化現實，許壽裳也致力於通過對魯迅的傳播而對臺灣思想文化的建設有所助益。正是基於後者的考慮，許壽裳在臺灣對魯迅的傳播實際上是經過了思考與篩選的，亦即針對臺灣的現實，而著意凸顯魯迅的某一面向，就這一點而言，「魯迅」既是作為一種標幟，同時也作為一種媒介，即許壽裳通過「魯迅」這一媒介來實現其光復初期的文化解殖構想。這一部分將在後文專題展開，此處不再贅述。

## 二、《臺灣文化》與內地報刊雜誌的交流與互動

　　黃榮燦不僅活躍於臺灣的美術界、與《臺灣文化》同仁有著密切的關係，同時也為《臺灣文化》與《文藝春秋》的交流搭建了一座橋樑。黃榮燦與上海《文藝春秋》的主編范泉似乎在渡臺前即已相識，黃榮燦曾在 1946 年的《文藝春秋》上發表過木刻作品〔註66〕。據橫地剛論述，黃榮燦到臺灣後與范泉之間不斷有書信往來，還曾將范泉的《論臺灣文學》在臺灣文學家之間傳播開來，引起反響後范泉不斷收到來信與贈書，包括賴明弘、楊雲萍及楊逵等〔註67〕。

〔註65〕許壽裳在 1940 年 10 月 19 日的日記中寫到「魯迅逝世已四週年，追念故人，彌深愴慟……思為作傳，則又苦於無暇……」，參見：黃英哲等編校整理《許壽裳日記：1940～1948》，福州：福建教育出版社，2008 年，第 587 頁。

〔註66〕《桂林街頭》，《文藝春秋（上海 1944）》第 2 卷第 5 期，1946 年 5 月。此期署名黃燦榮，疑為編輯筆誤。

〔註67〕參見：（日）橫地剛《南天之虹：把「二二八」事件刻在版畫上的人》，陸平舟譯，北京：商務印書館，2016 年，第 36～39 頁。

這篇《論臺灣文學》實際上也直接地影響到了《新生報》副刊《橋》上的文學
論爭。范泉也在 1947 年發表了《楊雲萍——記一個臺灣作家》，認為中國的讀
者應該「認識他，研究他，鼓勵他」〔註68〕，而楊雲萍亦在《臺灣文化》上有
所回應，表示對「未識面的范泉先生的好意和策勵要謹表深深的感謝」〔註69〕。
不僅如此，楊雲萍與范泉之間的互動實際上也更深層地帶動了《臺灣文化》與
《文藝春秋》之間的交流關係，或者應該說，這種互動關係應當仍然始於黃榮
燦。黃榮燦幫助蘇新為《魯迅逝世十週年紀念專輯》組稿的過程中，有一篇是
陳煙橋的《魯迅先生與中國新興木刻藝術》，這篇文章由《魯迅與中國新木刻》
全文以及《魯迅怎樣指導青年木刻家》的節選組成，兩篇文章均在《文藝春秋》
上發表過。但前一篇即《魯迅與中國新木刻》的發表時間為 1946 年 10 月 15
日，而《魯迅先生與中國新興木刻藝術》則刊於同年 11 月 1 日，因此橫地剛
判斷此文不是轉載的，很可能是陳煙橋應黃榮燦的要求自己便修改後寄來的，
並由此建立了《臺灣文化》與《文藝春秋》、兩位總編楊雲萍與范泉之間協作
的契機〔註70〕。在此後，《臺灣文化》又曾先後三次與《文藝春秋》同步或先
後發表同一篇文章，其中李何林的《讀〈魯迅書簡〉》〔註71〕是同步刊發，均
刊於 1947 年 2 月，而同為李何林所寫的《讀〈中國文學史綱〉》則是《臺灣文
化》較《文藝春秋》晚近兩月，但並不是轉載，而是因為「二二八」導致了延
遲，不然它的刊出當更早於《文藝春秋》〔註72〕，最後一篇黎烈文的《梅里美
及其作品》〔註73〕也是同步刊發，但《臺灣文化》將之分為了上下篇。不僅如
此，《文藝春秋》還在 1947 年 7 月在臺北設立了總銷售店〔註74〕，1948 年 3
月出版《文藝春秋》的永祥印書館也在臺北設立了臺灣分館〔註75〕。

---

〔註68〕范泉《楊雲萍——記一個臺灣作家》，載《文匯報·筆會》，1947 年 3 月 7 日。

〔註69〕楊雲萍《近事雜記（五）》，載《臺灣文化》第 2 卷第 4 期，1947 年 7 月。

〔註70〕參見：（日）橫地剛《南天之虹：把「二二八」事件刻在版畫上的人》，陸平舟
　　　　譯，北京：商務印書館，2016 年，第 123～131 頁。

〔註71〕分別刊於《臺灣文化》第 2 卷第 2 期，1947 年 2 月。以及《文藝春秋副刊》
　　　　第 1 卷第 2 期，1947 年 2 月。

〔註72〕《編後記》，載《臺灣文化》第 2 卷第 5 期，1947 年 8 月。

〔註73〕分別刊於《臺灣文化》第 2 卷第 8、9 期，1947 年 11 月、12 月。以及《文藝
　　　　春秋（上海 1944）》第 5 卷第 5 期，1947 年 11 月，此處文章標題為《梅里美
　　　　評傳》。

〔註74〕（日）橫地剛《南天之虹：把「二二八」事件刻在版畫上的人》，陸平舟譯，
　　　　北京：商務印書館，2016 年，第 141 頁。

〔註75〕封面內頁廣告，載《文藝春秋（上海 1944）》第 5 卷第 3 期，1947 年 9 月。

　　實際上，除《文藝春秋》外，《臺灣文化》對當時上海的報刊雜誌關注頗多，還曾從《文萃》《大公報》（上海）《時與文》等報刊雜誌轉載文章〔註76〕。除此之外，《臺灣文化》前期多設有「文化動態」欄目，這一欄目的內容亦大部分直接轉載於當時上海的報刊雜誌。關於《臺灣文化》的「文化動態」欄目，蘇新自述在臺灣文化協進會決定其作為宣傳組主任以後，就決定出版《臺灣文化》雜誌並每期寫一篇「文化動態」〔註77〕。據橫地剛的考證與判斷，黃榮燦在編輯《人民導報》副刊《南虹》時曾提綱挈領地整理《週報》《民主》等進步雜誌的內容和消息介紹國內外的文藝動向，這一形式沿襲了茅盾、葉以群編輯的《文聯》，後又為《臺灣文化》所繼承〔註78〕。鑒於蘇新與黃榮燦在《人民導報》時期的共同工作經歷，這一判斷是比較合理的。文化動態欄目的轉載以《申報》為主，另有上海中央日報社發行的《文物週刊》，其他的則有待進一步挖掘考證。「文化動態」所關注的內容範圍頗為廣泛，除了文藝界的相關動態之外，還有教育類的消息轉載，其所轉《申報》版面亦不拘泥，除了常常轉載的第6版之外，還有第5版、第9版等版面。遺憾的是，「文化動態」欄目並未伴隨《臺灣文化》始終，自第一期起，累計共十期設有該欄，最後一次出現是第3卷第3期（1948年4月）。1946～1948年正值國內局勢的動盪階段，因此其刊載的斷續和終結推測與時局有關。另外，據蘇新自述，「文化動態」每期是由其編寫的，1947年二二八事件後，蘇新離臺抵滬，仍然繼續調查國內的文化情況，同時為「文協」買了不少書報，但由於當時上海物價變動激烈，購買書報很不合算，因此臺灣文化協進會寫信來通知要求停止〔註79〕，

〔註76〕田漢《漫憶魯迅先生》刊於《臺灣文化》第1卷第2期，出版於1946年11月1日，係轉自《文萃》第5期，出版於1945年11月，時間間隔約為一年。同一期的《臺灣文化》還轉載了同一期《文萃》的另一篇文章《斯茉特萊記魯迅》，作者萬歌。東方蒙霧《論清朝的文字獄》刊於《臺灣文化》第2卷第5期，出版於1947年8月1日，係轉自《大公報》（上海）1947年6月13日第十版，時間間隔約為一個半月。景宋《關於許壽裳先生》刊於《臺灣文化》第3卷第4期，出版於1948年5月，則轉自《時與文》第2卷第21期，出版於1948年3月20日，間隔時間仍然大約為一個半月。
〔註77〕蘇新：《蘇新自傳》，藍博洲主編：《未歸的臺共鬥魂：蘇新自傳與文集》，臺北：時報文化出版有限公司，1993年，第67頁。
〔註78〕（日）橫地剛《南天之虹：把「二二八」事件刻在版畫上的人》，陸平舟譯，北京：商務印書館，2016年，第89頁。
〔註79〕參見蘇新：《蘇新自傳》，藍博洲主編：《未歸的臺共鬥魂：蘇新自傳與文集》，臺北：時報文化出版有限公司，1993年，第67～71頁。

因此或許亦與蘇新有關。但時值 1947 年年中，時間上並不完全吻合，此處僅作為參考。除此之外，「文化動態」欄目出現之初每期多達數十條。但進入 1948 年後，每期僅寥寥數條，皆轉自《申報》。由此也可以看出社會形勢對於刊物的影響，以及編輯勉力維持的苦心。

　　從「文化動態」欄目中對《申報》等報刊雜誌的整理與摘錄到《文藝春秋》《時與文》《大公報》之間的交流互動，可以看出《臺灣文化》始終保持著對與大陸文化界的積極關注與互動，不僅如此，從中也可以發現《臺灣文化》對於作為祖國文化中心的上海的關注。在《臺灣文化》第 2 卷第 6 期中刊有《上海的報紙和雜誌》一文，詳細地介紹了上海的各類報紙和雜誌，其中報紙劃分了十個類別，雜誌則有十三類，各個類別的介紹殊為詳盡，不僅關注《大公報》《申報》《中央日報》等讀者量大知名度高的報刊，同時對於新辦刊物如《時與文》《亞洲世紀》等也給予關注。此外，在介紹每一報刊的時候，通常會對其定位或辦刊或遷轉過程有一扼要的概述。該文稱「上海出版的報紙，其種類之多，不僅在國內都市中為第一，在世界大都市中亦無其匹」，而「上海出版的雜誌又二百種，綜合性，學術，文化……少年，兒童，醫學，軍事等均有」[註80]，足見其對上海報刊雜誌的關注與瞭解。另外值得一提的是，該文作者署名「林任民」，據蘇新回憶，他到達上海後仍由臺灣文化協進會聘任為臺灣文化協進會駐滬辦事處主任，專門調查研究國內文化，並寫了《上海的雜誌與報紙》這篇通訊[註81]，因此「林任民」也是蘇新的筆名之一。從時間上來看，《臺灣文化》第 2 卷第 6 期出版於 1947 年 9 月 1 日，蘇新逃往上海的時間是同年 5 月 23 日，後在《大公報》李純青的建議下於當年 7 月 8 口離開上海，13 日到達香港。因此這篇關於上海的通訊應當如其自述所說，寫於其任駐滬辦事處主任的上海時期，而刊發時間稍晚。臺灣文化協進會對蘇新的聘任，一方面是考慮對其生活的補貼照顧，另一方面也是基於蘇新在上海的便利條件，希望對國內的文化現狀有進一步的瞭解，而這一瞭解正是通過文化中心上海所展開的。

---

[註80]　林任民《上海的報紙和雜誌》，《臺灣文化》第 2 卷第 6 期，1947 年 9 月。
[註81]　蘇新《蘇新自傳》，藍博洲主編：《未歸的臺共鬥魂：蘇新自傳與文集》，臺北：時報文化出版有限公司，1993 年，第 71 頁。其中《上海的雜誌與報紙》疑為誤記，實際刊出的標題是《上海的報紙和雜誌》。

## 第三節　作為媒介的魯迅：現代國民的塑造與許壽裳的進德觀

### 一、魯迅與日據時期的臺灣新文學

　　日據時期魯迅在臺灣的傳播實際上是作為臺灣新文學運動的一部分而展開的，中島利郎對這一時期臺灣的魯迅接受曾做出過較為詳實的梳理，他將其劃分為三個階段，分別是魯迅文學的介紹期（1923～1931）、接受魯迅文學的發展期（1932～1936）以及魯迅文學的內在期（1937～1945）〔註82〕。在這三個階段中，魯迅先是在臺灣第一次介紹大陸文學革命的文章《中國新文學運動的過去現在和將來》和王統照、謝冰心等以小說家的身份出現名字，這篇文章的作者是秀湖，亦即後來在臺灣文化協進會任常務理事的許乃昌。許乃昌也一度接任了《臺灣文化》的發行人，並有文章以許秀湖之名見於《臺灣文化》〔註83〕。從1925年開始，張我軍在《臺灣民報》上將魯迅的作品（含譯作）介紹至臺灣，這一時期也出現了蔡孝乾對於魯迅作品的評論。1932年以來，臺灣的文藝團體相繼湧現並創辦自己的機關刊物，同時臺籍作家登上了亦日本無產階級為首的雜誌，魯迅和其他中國作家的動向再次經由這些臺灣島內和日本雜誌被介紹到臺灣，並且在這一時期內，由於日本對魯迅作品的限制，以及日語和日本文化對臺灣影響的加深，臺灣雜誌對魯迅的作品引入較之第一時期變得很少，但關於魯迅自身的介紹卻正式地展開，不僅轉載了《魯迅自敘傳略》，還有增田涉所撰寫的《魯迅傳》。而第三期則以皇民化運動為標誌，臺灣的新文學運動趨於沈寂，關於魯迅的部分也隨之消失〔註84〕。由此，可以對日據時期臺灣的魯迅接受有一大致的瞭解，但要討論魯迅與臺灣新文學則需要進行一些進一步的追問，並試著通過回

<hr>

〔註82〕參見：（日）中島利郎著，葉笛譯《日治時期的臺灣新文學與魯迅——其接受的概觀》，（日）中島利郎編《魯迅與臺灣新文學》，臺北：前衛出版社，2000年，第39～78頁。

〔註83〕《臺灣文化》最初的發行人是臺灣文化協進會理事長游彌堅，但1947年2月，臺灣省行政公署宣傳委員會函電臺北市政府，稱中宣部核示公務員不得兼任發行人或社長，惟發行雜誌為學術研究公務員自可兼任發行人……該刊物內容係純文藝性質自不得以公務員兼任發行人。因此自第2卷第3期起，《臺灣文化》的發行人變更為許乃昌，但僅一期之後又變更為王白淵。檔案資料參見：《臺灣文化月刊飭令停刊並更換發行人重新登記案》，臺灣省行政長官公署，國史館臺灣文獻館，典藏號：0031371003020。

〔註84〕日據時期臺灣魯迅接受的概述參考了中島利郎的文章。

答這些追問來切近當時魯迅對當時的臺灣文化界所產生的影響是在怎樣的現實語境中發生，以及呼應了哪些現實追求，換言之，即試圖追問當時的臺灣是在怎樣的程度上需要魯迅？從而以此為基礎，考察相隔十餘年後，光復初期臺灣文化界如何再次擁抱並紀念魯迅，並通過魯迅進行文化建構的探索與想像。

在臺灣新文學運動的主要陣地《臺灣民報》及其改組後的《臺灣新民報》上，共有九篇魯迅著作及譯作被轉載〔註85〕，這也是 1920～1930 年代臺灣公開轉載魯迅的主要載體。同時中島利郎根據張我軍往返北京和臺北之間的時間以及《臺灣民報》轉載魯迅作品的時間推斷《臺灣民報》上轉載的魯迅作品和譯文是由張我軍從北京拿回來的書籍轉載的可能性非常高〔註86〕。從轉載的篇目上來看，這一推斷較為合理，其中《鴨的喜劇》及《阿Q正傳》標注了「轉自吶喊」，《雜感》標注了「由華蓋集」，其餘則未標明出處。但在轉載《鴨的喜劇》的同年 3 月 1 日，張我軍在《臺灣民報》上開列了一份新文學研究的書目，在短篇小說集中推薦了《吶喊》，翻譯作品則推薦了《愛羅先珂童話集》，因此《臺灣民報》轉載的魯迅作品中沒有標明出處的《故鄉》《狂人日記》可能同樣轉自《吶喊》。同樣的推理也可以應用於愛羅先珂的童話《魚的悲哀》與《狹的籠》，《魚的悲哀》刊於 1925 年 6 月 25 日，而在同年 7 月 1 日起分 4 期轉載了胡愈之翻譯的愛羅先珂《我的學校生活的一斷片》〔註87〕，這篇文章同樣出自《愛羅先珂童話集》，張我軍在連載終結時曾以「一郎」的筆名寫過以下文字評論：

　　……這篇自敍傳是從魯迅、胡愈之、汪馥泉三先生合譯的愛羅

〔註85〕 分別為《鴨的喜劇》（《臺灣民報》，1925 年 1 月 1 日）、《故鄉》（《臺灣民報》，1925 年 4 月 1 日、4 月 11 日）、《犧牲謨》（1925 年 5 月 1 日）、《狂人日記》（《臺灣民報》，1925 年 5 月 21 日、6 月 1 日）、《魚的悲哀》（《臺灣民報》，1925 年 6 月 11 日）、《狹的籠》（《臺灣民報》，1925 年 9 月 6 日、9 月 13 日、9 月 20 日、9 月 27 日、10 月 4 日）、《阿Q正傳》（未刊完，見《臺灣民報》，1925 年 11 月 29 日、12 月 6 日、12 月 13 日、12 月 20 日、12 月 27 日、1926 年 1 月 10 日、1 月 17 日、2 月 7 日）、《雜感》（《臺灣民報》，1929 年 12 月 22 日，作者名為「迅」）、《高老夫子》（《臺灣新民報》，1930 年 4 月 5 日、12 日及 19 日。作者名為「迅」）

〔註86〕 （日）中島利郎著，葉笛譯《日治時期的臺灣新文學與魯迅——其接受的概觀》，（日）中島利郎編《魯迅與臺灣新文學》，臺北：前衛出版社，2000 年，第 53 頁。

〔註87〕 （俄）愛羅先珂，胡愈之譯《我的學校生活的一斷片——自敍傳》，載《臺灣民報》，1925 年 7 月 1 日、12 日、19 日、26 日。

先珂童話集轉載的⋯⋯我讀了他的文，非常受了感動⋯⋯譯筆又非常地老煉，實在可為語文體的偶像，我此後想多轉載幾篇，以救補漠漠的我文學界。凡欲研究文學或學寫中國文語體的人，我特地請他們細細嚼破，其為益實在不少。〔註88〕

由此，整體來看，魯迅作品（含譯作）轉載作品大多出自《吶喊》和《愛羅先珂童話集》，而張我軍的識語則道出了其轉載的目的——「語體的偶像」以及「救補漠漠的我文學界」，這顯然是在臺灣新文學運動的脈動之一。此外，在《臺灣民報》1925年2月11日的文藝欄轉載了刊於《創造季刊》二卷二號淦女士的《隔絕》文前插入了一段說明「本欄此後要陸續介紹中外名著於讀者之前」〔註89〕，此後該欄目轉載了包括魯迅、淦女士、冰心、夬庵等人的小說、鄭伯奇、康白情、俞平伯等人的新詩、胡適的劇本以及周建人、魯迅、周作人等翻譯的外國文學作品。這些再次說明了魯迅最初得介紹於臺灣文學界是作為臺灣新文學運動的一環，具有「語體的偶像」作用以供學習，同時也是作為中外名著的樣本之一。另外，魯迅被轉載至臺灣的第一篇文章是《鴨的喜劇》，其中魯迅以較為詼諧輕快的筆調敘寫了與愛羅先珂在北京的交往片段，結合張我軍識語中對《愛羅先珂童話集》的評價，由此提示出的一個可能性——此時張我軍對魯迅的興趣可能是和對愛羅先珂的興趣混合在一起的。也就是說，如果不以「魯迅作品（譯作）」作為分類標準來看待《臺灣民報》文藝欄的轉載作品的話，可以發現它們實際上是存在於「中外名著」的隊列之中的，例如轉載的魯迅第一篇《鴨的喜劇》和第二篇《故鄉》之間還有淦女士的《隔絕》連載，而《故鄉》和第三篇《犧牲謨》之間則是冰心的《超人》，而在魯迅翻譯的《魚的悲哀》和《狹的龍》之間，則有胡愈之翻譯的《我的學校生活的一斷片》。上述現象可能指向了一個共同的結論，即魯迅在這一時期（1923～1931）間的個人影響並不十分強烈，更多地是作為優秀的新文學作家而被介紹的，其個人的旗幟性尚未得以足夠的凸顯，但這並不意味著他對臺灣新文學運動缺乏影響，相反，其影響正是經由介紹期的積累之後逐漸發酵的。

楊雲萍在光復後發表的《記念魯迅》中回顧了日據時期傳到臺灣的《阿Q正傳》以及他的各種批評感想之類沒有一篇不為當時的青年所愛讀〔註90〕。

〔註88〕一郎《我的校園生活的一斷片續》文末識語，載《臺灣民報》，1925年7月26日。
〔註89〕載《臺灣民報》，1925年2月11日。
〔註90〕楊雲萍《記念魯迅》，載《臺灣文化》第1卷第2期，1946年11月。

而臺灣第一批新文學作家賴和、楊雲萍等人開始嘗試以白話文寫作小說時，魯迅就成為他們的模仿對象〔註91〕，賴和的新文學創作也被認為在筆法上「頗能得其（魯迅）神脫其形」〔註92〕，其《一個同志的批信》也被與魯迅的《犧牲謨》加以對比，並被認為該文透露出賴和學習魯迅並加以創造性轉化的痕跡〔註93〕。這些正是在魯迅得以被介紹至臺灣文學界以後逐漸被吸收乃至沉澱的結果，同時也是魯迅在新文學作家群中其獨特性逐漸凸顯的過程。這一過程同時也伴隨著臺灣新文學的蓬勃發展以及日本文學界對於魯迅的關注。中島利郎認為 1932 年開始，島內出現了多種文化雜誌，另一方面臺籍作家們也登上了以日本無產階級為首的雜誌，由此臺灣雜誌及日本雜誌成為傳播魯迅及其他新文學作家的途徑之一〔註94〕，而類似的觀點也見於其他研究者，但對時段的劃分略有不同，認為是在 1928 年以後，除了少量轉載魯迅作品之外，臺灣文化界主要通過登上日本文壇的臺灣作家購讀魯迅的中文作品，或是閱讀日文譯本以及日文雜誌上的魯迅介紹等方式來瞭解魯迅〔註95〕，其中既包括日本綜合雜誌，也包括左翼文化陣線〔註96〕。而 1929 年至 1931 年間，日本對《阿 Q 正傳》的翻譯介紹形成了一次高潮，這既是魯迅作品在日本將漸趨普及的先導和徵兆，也從一個側面反映了對魯迅認識的深化〔註97〕。經由這些接受魯迅的過程，魯迅在臺灣的影響也從文學本身擴大到了其精神與思想層面，亦即在作為「語文體偶像」之一的基礎上，增加了作為戰士的思

---

〔註91〕徐紀陽《臺灣新文學發生期的魯迅影響》，載《華文文學》2012 年第 3 期。

〔註92〕林瑞明《魯迅與賴和》，（日）中島利郎編《魯迅與臺灣新文學》，臺北：前衛出版社，2000 年，第 88 頁。該文較為詳細地比較了魯迅與賴和的創作並分析了賴和所受的魯迅影響。

〔註93〕林瑞明《魯迅與賴和》，（日）中島利郎編《魯迅與臺灣新文學》，臺北：前衛出版社，2000 年，第 90 頁。

〔註94〕參見：（日）中島利郎，《日治時期的臺灣新文學與魯迅——其接受的概觀》，葉笛譯，（日）中島利郎編《魯迅與臺灣新文學》，臺北：前衛出版社，2000 年，第 59～60 頁。

〔註95〕徐紀陽、朱雙一《魯迅臺灣接受史論綱》，載《廈門大學學報（哲學社會科學版）》2013 年第 4 期。

〔註96〕參見：徐秀慧《跨國界與跨語際的魯迅翻譯（1925～1949）——中、日、臺反法西斯的「地下火」與臺灣光復初期「魯迅戰鬥精神」的再現》，紹興文理學院暨北京、上海、紹興魯迅紀念館主編《魯迅：跨文化對話——紀念魯迅逝世 70 週年國際學術研討會》，鄭州：大象出版社，2006 年，第 65～76 頁。

〔註97〕張傑《魯迅：域外的接近與接受》，福州：福建教育出版社，2001 年，第 228～229 頁。

想家這一維度，同時日本進步雜誌及反法西斯陣線作為渠道之一，「左傾的魯迅」也成為這一時期臺灣人魯迅接受的一個面向，這方面影響體現在楊逵和葉榮鐘身上〔註98〕。這或許可以在一定程度上解釋，在臺灣新文學運動初期，多見於對於魯迅的文章轉載，而在1930年代，關於魯迅本人的介紹則多於對其文章的轉載，增田涉所寫作的《魯迅傳》即在其列。《魯迅傳》被認為是第一部關於魯迅的傳記〔註99〕，增田涉因其曾師從魯迅而更加獲得了言說魯迅的合法性，其《魯迅傳》也呈現出「精神界之戰士」的濃烈色彩〔註100〕。這部《魯迅傳》帶著不少缺字和刪除，最初1934年刊於《改造》雜誌，後經頑鐵譯成中文分四次連載在《臺灣文藝》上〔註101〕。雖然這一版《魯迅傳》在內容上有8處錯誤〔註102〕，但畢竟為當時的臺灣作家瞭解魯迅及其精神有所助益。1936年魯迅逝世，王詩琅和黃得時曾撰文哀悼魯迅，王詩琅稱魯迅為「時代先驅」，同時「他的作品風格獨特，其對現實執拗不懈的熾烈批判，成就大半的文學價值」〔註103〕。1937年後，隨著日本總督府禁用中文，臺灣的新文學運動以及魯迅的傳播與接受都在這一時期趨於沉默。

　　由此，可以對日據時期魯迅與臺灣新文學之間的關係有一大致的瞭解，即最初魯迅是作為大陸新文學家之一被介紹到臺灣的，在這個層面上，魯迅及其

〔註98〕 參見：徐秀慧《跨國界與跨語際的魯迅翻譯（1925～1949）——中、日、臺反法西斯的「地下火」與臺灣光復初期「魯迅戰鬥精神」的再現》，紹興文理學院暨北京、上海、紹興魯迅紀念館主編《魯迅：跨文化對話——紀念魯迅逝世70週年國際學術研討會》，鄭州：大象出版社，2006年，第65～76頁。

〔註99〕 中島利郎稱之為「最初也最正式介紹的魯迅傳記」，參見：（日）中島利郎，《日治時期的臺灣新文學與魯迅——其接受的概觀》，葉笛譯，（日）中島利郎編《魯迅與臺灣新文學》，臺北：前衛出版社，2000年，第67頁。張傑也將之形容為「第一個《魯迅傳》」。參見：張傑《魯迅：域外的接近與接受》，福州：福建教育出版社，2001年，第237頁。

〔註100〕 張傑《魯迅：域外的接近與接受》，福州：福建教育出版社，2001年，第239頁。

〔註101〕 （日）中島利郎，《日治時期的臺灣新文學與魯迅——其接受的概觀》，葉笛譯，（日）中島利郎編《魯迅與臺灣新文學》，臺北：前衛出版社，2000年，第66～67頁。

〔註102〕 參見：蔣永國《增田涉的魯迅譯介和〈魯迅傳〉的相關問題》，載《關東學刊》2021年第1期。

〔註103〕 王詩琅《哀悼魯迅》，原載於《臺灣新文學》第1卷第9號，1936年11月。轉引自（日）中島利郎，《日治時期的臺灣新文學與魯迅——其接受的概觀》，葉笛譯，（日）中島利郎編《魯迅與臺灣新文學》，臺北：前衛出版社，2000年，第70頁。

他新文學作家的作品包括外國作家的譯作更多地是提供一種語體層面的範式意義。爾後，隨著臺灣作家對魯迅的瞭解加深，對其作品價值的體認趨於深入，魯迅不單純是作為一個新小說家而被認識，此時對魯迅的認知同時也包含了他作為一個富有戰鬥精神的戰士形象。而在魯迅的戰士形象中，也含有一定程度的左翼色彩，這與當時接受魯迅以及傳播魯迅的立場有關。在這些過程中，臺灣作家的思想與寫作都受到了魯迅的影響，其影響既包括寫作技法等創作方面，同時也包括內在的思考方式，即魯迅在精神意義上所產生的啟發。這對日據時期的臺灣而言，不僅代表著與祖國文學的接觸和交流，同時魯迅的思想與精神也有著現實性的鼓舞和影響，魯迅對弱小民族的關切則加深了這種影響。其「戰鬥精神」可以說是日據時期臺灣的魯迅接受在精神層面的重要關鍵詞，這固然魯迅思想與文學的一個重要側面，但在殖民地臺灣，這種精神顯然具有更多的現實意義，因而在接受的過濾中成為核心。因此在某種程度上可以說，雖然魯迅沒有直接地介入臺灣新文學運動，與臺灣作家的交往寥寥〔註104〕，但卻在文學上以及精神上深入地影響了臺灣當時的新文學作家。

## 二、光復後的「魯迅風潮」與《臺灣文化》魯迅逝世十週年特輯

　　光復後的臺灣，尤其是在「光復元年」民族情緒高漲，伴隨著復歸祖國的熱情以及大陸知識分子的渡海來臺，魯迅再一次出現在臺灣的報刊雜誌上，並湧現了一陣紀念魯迅的熱潮。朱雙一對這一時期的「魯迅風潮」進行了較為全面的評述，木馬（林金波）的《學習魯迅——十週年忌辰紀念》〔註105〕被認為是其中的先聲，該文刊於 1945 年 10 月 25 日的《前鋒》光復紀念號，而到了 1946 年 10 月魯迅逝世十週年時，臺灣出現了更普遍廣泛的紀念魯迅和學習魯迅精神的活動，其中包括臺中《和平日報》《臺灣文化》《文化交流》《新生報》「橋」副刊以及《創作》〔註106〕。這些刊物共同見證了「魯迅風潮」在光復初期的臺灣從湧動到退潮的過程，其中《和平日報》和《臺灣文化》則是

---

〔註104〕　有明確記錄的是張我軍和張秀哲。前者曾與魯迅討論過祖國與臺灣問題，魯迅在文章中將其名誤記為「張我權」。另外魯迅為張秀哲的書寫過序言。參見：魯迅《寫在〈勞動問題〉之前》，《魯迅全集》第四卷，北京：人民出版社，2005 年，第 445 頁。

〔註105〕　木馬《學習魯迅——忌辰十週年紀念》，載《前鋒》光復紀念號（第一期），1946 年 10 月。

〔註106〕　參見：朱雙一、張羽《海峽兩岸新文學思潮的淵源和比較》，廈門：廈門大學出版社，2006 年，第 287 頁。

兩個主要的陣地，並且在關於魯迅不同的方向上各自有所側重。其中《和平日報》於 1946 年 10 月 19 日起在其副刊《新世紀》《每週畫刊》連續幾天刊出紀念魯迅的專輯〔註 107〕。《臺灣文化》同樣也在稍後推出了魯迅逝世十週年紀念特輯〔註 108〕，但後者關於魯迅的推介不僅止於這一紀念專輯，在其後續的刊行中仍然時常有魯迅相關的內容，具有相當的延續性，「二二八事件」雖然有所中斷，但此後仍有相關刊載，直至 1948 年許壽裳遇害後，《臺灣文化》上關於魯迅的內容終至消失。因此，就這一點而言，《臺灣文化》實際上是光復初期臺灣「魯迅風潮」中持續時間最長、最堅韌的一個組成部分。

　　光復後臺灣的「魯迅風潮」集中於魯迅逝世十週年這一時間節點，從橫向來看，這一風潮實際上與大陸魯迅逝世十週年紀念活動有著相同的脈動，在同一時期的祖國大陸，《希望（上海 1945）》《時代雜誌》《現代週刊（檳榔嶼）》《今日東北》《人民時代》《青年生活（上海 1946）》《大威週刊》《時與文》《文藝復興》《上海文化》《新星》等報刊雜誌均有相關紀念文章刊載，其中亦不乏專輯紀念。另外，脫出「魯迅風潮」的眼光來看，《臺灣文化》的魯迅逝世十週年專輯實際上存在著光復後臺灣文化界試圖從文化層面朝向現代中國的內在邏輯，是其整體性文化建設追求的一個重要組成部分。《臺灣文化》所建構的文化方向中，「五四」是其確立的現代文化與文學的初始座標，而魯迅則是這一傳統中曾對臺灣作家與知識分子富有重要影響力和感染力的對象。但從日據時期到光復初期，臺灣的現實處境和地位已發生了重大的變化，其中最重要的莫過於由殖民地臺灣變為中國之一省。因此，光復後臺灣文化界對魯迅的再次擁抱不能簡單地視為對 1920 年代臺灣新文學運動以來的簡單接續，也不完全是在左翼或反法西斯陣線上的延續，而應該更為細緻地考察，在歷史條件的變化中，魯迅如何再次進入到臺灣知識分子的關注之中，以及這種關注又以怎樣的方式嵌入了當時的文化脈絡。

　　1920 年代魯迅第一次進入臺灣人的視野是伴隨著臺灣新文學運動的發起，當時魯迅與其他大陸新文學作家一樣，更多地是在臺灣新文學的萌芽期作為模仿和學習的對象。以此為基礎，魯迅在臺灣的影響逐漸擴大。在後來的 1930 年代中，臺灣文化界開始以日本為渠道之一進一步接觸並瞭解魯迅，

---

〔註 107〕 雙文《略論光復初期臺中〈和平日報〉副刊——兼及〈新知識〉月刊和〈文化交流〉輯刊》，載《新文學史料》2001 年第 1 期。

〔註 108〕 《臺灣文化》「魯迅逝世十週年特輯」出版於 1946 年 11 月 1 日。

同時重心開始從文本轉向魯迅本人。這意味著魯迅不僅作為一個優秀的新文學作家被接受，同時其思想與精神世界也開始成為日據時期臺灣魯迅接受的一個重要面向，其中也包含了左傾的魯迅這一形象。簡言之，魯迅在日據時期的臺灣帶有雙重的啟蒙意義，其中之一是在新文學創作方面的啟蒙，而另一重啟蒙意義則在於作為「精神界之戰士」的思想啟蒙，二者在不同的層面存在，但也並不是截然分開的，只是在不同的時期重心略有變化。而魯迅在日據時期臺灣的雙重啟蒙意義所面臨的現實語境首先是日本對臺灣的殖民統治，因此「反殖民」抑或說「抵殖民」是其中的核心之一，新文學在此被作為一種整體性力量試圖對日本的文化殖民以及其中的殖民現代性作出抵抗。除此之外，魯迅「匕首式」的雜文則提供了一種戰鬥性的精神力量和反諷式的批判方法。同時，其國民性批判也為當時的臺灣帶來了現實性的反思角度。由此，日據時期臺灣新文學發展中對於魯迅的接受與借鏡實際上是在魯迅文本和魯迅精神兩個維度上進行的，而光復初期的「魯迅風潮」的重心則有所偏轉，其論述更多地集中於魯迅的思想與人格方面。原因之一在於魯迅對臺灣的現實意義在不同的歷史條件下已經發生了變化，臺灣新文學運動萌芽期的創作啟蒙此時已經退居到較為次要的位置。另外，反殖民需求在此一時期轉變為去殖民需求，同時這一去殖民需求還伴隨著文化解殖、增強民族性等多重任務，這意味著在魯迅接受這一問題上臺灣文化界對之所進行的過濾與篩選可能是更為多重化的。

　　無論《和平日報》還是《臺灣文化》，在這兩個光復後「魯迅風潮」的主要陣地中，絕大多數的文章都是對魯迅的介紹、回憶或評述性文章，而少見對魯迅文章的轉載。在《臺灣文化》上關於魯迅的內容中，僅在「魯迅逝世十週年紀念專輯」中有謝似顏所整理的《魯迅舊詩錄》〔註109〕，收錄了魯迅舊體詩五十二首。其餘多是在紀念文章中曾對魯迅的原文有所引用。這一方面是「紀念專輯」的特性使然，但從另一方面也提示出了光復後臺灣文化界對魯迅的取向已從其作品更為徹底地轉向了魯迅的人格與精神世界。雖然《和平日報》副刊和《臺灣文化》在這一點上體現了對魯迅的共同取向，但其在具體的側重方向及各自所建構的魯迅形象上仍然有所差異。《和平日報》的前身是國民黨軍報《掃蕩報》，抗戰後改為《和平日報》，總部設於南京，下役 4 個分社，南京、上海、臺灣等 11 處出版。總社與分社雖為上下屬關係，但各地方的言

〔註109〕謝似顏《魯迅舊詩錄》，載《臺灣文化》第 1 卷第 2 期，1946 年 11 月。

論與總社並不完全一致〔註110〕。臺灣《和平日報》的總經理樓憲曾是左聯成員，主筆周夢江和王思翔則雖然在名義上是國民黨黨員，但是因在家鄉受到國民黨政府的迫害而逃亡到臺灣，因此對國民黨的腐敗深為厭惡，對共產黨較有好感，於是歡迎謝雪紅的支持，報社中絕大多數人員都是謝氏介紹來的〔註111〕，謝雪紅正是早期臺共的創始人之一，於「二二八事件」逃離臺灣後加入中國共產黨。因此整體來看，臺灣《和平日報》具有較為明顯的左傾傾向，因而其在「魯迅風潮」中所凸顯的魯迅形象也更偏於張揚其韌性戰鬥的現實主義精神〔註112〕，其中轉載了《希望》（上海1945）第二卷第期上胡風的《關於魯迅精神的二三基點》，其中包括了魯迅由進化論走向階級論的思想路徑、對中國國情的瞭解以及心力合一地與舊勢力五花八門的戰鬥方法等等〔註113〕。在此，不僅外省籍作者強調魯迅的戰鬥精神，本省籍作家也從這一點來認識魯迅、瞭解魯迅〔註114〕。

　　如果說《和平日報》上的紀念魯迅專輯系列文章是在左翼的編輯立場下凸顯了一個極富現實主義精神及戰鬥力的具有左翼色彩的魯迅形象，那麼《臺灣文化》上所呈現出的魯迅形象則相對而言更為豐富。在「魯迅逝世十週年紀念專輯」中，許壽裳所寫作的《魯迅的精神》之中雖然開篇引用了《華蓋集續編》中「血債必須用同物質償還」之語並認為魯迅作品的精神用一句話說就是戰鬥精神，但是在文中對其「戰鬥精神」的分析中，則又有道德、科學、藝術等具體的體現〔註115〕，其中強調了其人格中的仁愛核心，對青年的愛護等等。同期轉載的《斯茉特萊記魯迅》凸顯了魯迅作為「親愛的導師」的一面〔註116〕，田漢的《漫憶魯迅》也談及魯迅對於爭取自由的運動的真

〔註110〕謝華編著《中國報紙創刊號圖史》第八卷，哈爾濱：哈爾濱出版社，2013年，第3437頁。

〔註111〕雙文《略論光復初期臺中〈和平日報〉副刊——兼及〈新知識〉月刊和〈文化交流〉輯刊》，載《新文學史料》2001年第1期。

〔註112〕朱雙一，張羽《海峽兩岸新文學思潮的淵源和比較》，廈門：廈門大學出版社，2006年，第288頁。

〔註113〕參見胡風：《關於魯迅精神的二三基點》，《希望》（上海1945），第2卷第4期，1946年10月。

〔註114〕朱雙一，張羽《海峽兩岸新文學思潮的淵源和比較》，廈門：廈門大學出版社，2006年，第290頁。

〔註115〕許壽裳《魯迅的精神》，載《臺灣文化》第1卷第2期，1946年11月。

〔註116〕萬歌譯《斯茉特萊記魯迅》，載《臺灣文化》第1卷第2期，1946年11月。

摯，以及對於許多青年人的意見熱心傾聽〔註 117〕，黃榮燦認為臺灣文化解殖之中需要魯迅這樣的「預知者、先覺者」〔註 118〕。凡此種種，在整體《臺灣文化》關於魯迅的內容之中，除了其戰鬥精神之外，關於魯迅人格中的其他部分如誠與愛、節儉、勤勞等部分得到了更多的挖掘與展示。《和平日報》可能更多的是基於當時臺灣的種種社會問題如物價上漲、米荒紙荒、官員腐敗等基礎上企圖張揚現實主義的戰鬥精神。而《臺灣文化》則始終致力於推動對當時臺灣的文化建設，並且希望以魯迅豐富的人格魅力而對臺灣人尤其是臺灣青年有所影響。另外，從某種意義上來說，魯迅是作為「五四」之延續的脈絡以及現代中國的表徵之一進入《臺灣文化》的。因而《臺灣文化》雖然也關注現實問題並時常有所回應，但批判與戰鬥的精神並不是其關注的重心。如前所述，《臺灣文化》「魯迅逝世十週年紀念專輯」構成了光復初期「魯迅風潮」的重要組成部分，不僅如此，這一專輯的策劃還有著更為深遠的意義和影響。在《臺灣文化》的創刊號上，外省來臺的作者只有范壽康和黃榮燦兩人，其中范壽康還是時任行政公署教育處長。在隨後的第一卷第二期，「魯迅紀念專輯」發行，黃榮燦、許壽裳、雷石榆、田漢、陳煙橋等人〔註 119〕的紀念文章均有刊載。除了轉載的文章外，這是外省來臺知識分子的文章第一次小規模地集中出現於《臺灣文化》。實際上這一期紀念專輯也開啟了渡海來臺知識分子活躍其間的先聲，而魯迅正是一個重要的紐帶。通過策劃這期專輯，《臺灣文化》由此開始了與以許壽裳為核心的大陸來臺知識分子群的交往與合作，從而促成了兩岸文化持續而健康的交流，這一知識分子群的文章亦常見於《臺灣文化》。更為重要的是，由於跨海來臺的知識分子們大多與魯迅有著或近或遠的交往與聯繫，因此魯迅的身影在《臺灣文化》的出現並未止於「魯迅逝世十週年紀念專輯」，正因為渡海來臺知識分子的登場，《臺灣文化》得以在此後也繼續傳播著魯迅，進而形成了有延續性的相關刊載。經由這些系列文章，《臺灣文化》形塑出了一個不同於「戰士魯迅」，富有「誠與愛」的「青

〔註 117〕 田漢《漫憶魯迅》，載《臺灣文化》第 1 卷第 2 期，1946 年 11 月。

〔註 118〕 黃榮燦：《悼魯迅先生——他是中國的第一位新思想家》，載《臺灣文化》第 1 卷第 2 期，1946 年 11 月。

〔註 119〕 其中田漢與陳煙橋當時不在臺灣。田漢是 1947 年 12 月才去臺灣遊覽，次年 1 月返回上海。參見：張向華編《田漢年譜》，北京：中國戲劇出版社，1992 年，第 409、411 頁。其刊於《臺灣文化》的《漫憶魯迅先生》係轉載。陳煙橋的文章據橫地剛推測是黃榮燦約稿而來，參見：（日）橫地剛《南天之虹：把「二二八」事件刻在版畫上的人》，陸平舟譯，北京：商務印書館，2016 年，第 123 頁。

年導師」魯迅之形象,而其中最重要的作者即為魯迅生前的摯友許壽裳。

## 三、「誠與愛」的青年導師:許壽裳在臺的魯迅形象建構與傳播

### (一)「誠愛」魯迅的建構與國民性關切

許壽裳至臺後,曾受教育部門的邀請於 1946 年 9 月 5 日在臺灣省地方行政幹部訓練團作了名為《臺灣的過去與未來的展望》〔註120〕的演講。在演講中,許壽裳回顧臺灣的過去總結了臺灣由來已久的革命精神,並著重敘述歷史上章炳麟、孫中山都曾到過臺灣,意在說明臺灣的革命文化不但在不斷地衍生,同時祖國人士也從未忘記臺灣。而在對臺灣未來的展望中,則提到了臺灣具有三民主義的良好基礎,並認為這將是臺灣文化的一點特色。另外一點是臺灣豐富的學術研究,認為這是國內學術的光彩,也是對世界文化的貢獻〔註121〕。簡言之,許壽裳的演講實際上有兩重意義,並且皆具有現實的指向性。對臺灣的回顧中,他此時主要強調的是臺灣與祖國的密切關聯,這顯然是在民族主義的立場上以一種肯定的方式強化臺灣與祖國之間的關係,雖然不同於當時經常出現的「被殖民」式的表述,但這種強調背後的邏輯正是對臺灣被殖民歷史的回應,其張揚臺灣革命文化的話語實際上隱含著去殖民化的含義。另外,許壽裳還強調了臺灣的學術研究,這在一定程度上體現出他秉承「五四」以來的科學精神,同時這種科學精神令他具有了一定的超越性,即並未完全從狹隘的民族主義立場出發,否定日本的一切,而是肯定了日本人在臺灣學術方面所做出的貢獻。這篇演講雖然篇幅不長,但從總體上勾勒了許壽裳來臺初期對於臺灣文化發展的構想,事實上他在臺灣所展開的文化工作也大致是在這兩個主要方向上進行的。而在其隱含著去殖民化目標的文化建構中,魯迅成為了一個重要的媒介,許壽裳及《臺灣文化》通過塑造一個「誠與愛」的魯迅形象作為國民的偶像,並對當時臺灣及臺灣青年的精神世界及思考方式施加影響。

許壽裳在臺的魯迅傳播是從其人格與道德角度切入的,這一方式實際上勾連了光復後臺灣人的精神面貌以及其與魯迅早在 1902 年就探討過的國民性問題。許壽裳在《臺灣文化》刊發的第一篇文章是受邀並指定題目的《魯迅的精

---

〔註120〕 許壽裳《臺灣的過去和未來的展望——九月五日對本團全體學員精神講話》,載《臺灣省訓練團團刊》第 2 卷第 4 期,1946 年 10 月。

〔註121〕 許壽裳《臺灣的過去和未來的展望——九月五日對本團全體學員精神講話》,載《臺灣省訓練團團刊》第 2 卷第 4 期,1946 年 10 月。

神》，這也是他到達臺灣後寫作的第一篇關於魯迅的文章，但就實際刊登時間而言則是第二篇〔註122〕。在這篇文章中，魯迅作品的精神被詮釋為「戰鬥精神」，但在具體的闡述中，「戰鬥」本身並沒有構成其核心，許壽裳選擇在更深的層次上剖析了其戰鬥精神的內在構成。首先是以仁愛為核心的人格，這一點許壽裳以魯迅《兔和貓》中兩隻兔子失蹤之後的敘述為例來作為說明。事實上，在許壽裳寫於1944年的《回憶魯迅》一文中「改造社會思想的偉大」一節也曾提到《兔和貓》，寫到自己愛讀這篇小說，並由其中兔子的失蹤在生物史上不著一點痕跡而引發的對造物將生命造得太濫毀得太濫而認為可以看出魯迅思想的偉大〔註123〕。而在「改造社會思想的偉大」中，《兔和貓》之前所回憶的內容，正是二人在東京時期談到的中國民族性缺點問題，其中包括「怎樣才是理想的人性？」「中國民族中最缺乏的是什麼？」以及「它的病根何在？」三個關聯問題。在第二個問題中，二人認為我們民族最缺乏的東西是誠和愛，換句話說便是中了詐偽無恥和猜疑相賊的毛病。也是在這一系列問題的討論中，許壽裳從此佩服魯迅的理想之高超，著眼點之遠大〔註124〕。《兔和貓》所見出的魯迅思想之偉大在《回憶魯迅》中並沒有具體地展開，但這一問題在《魯迅的精神》中卻得到了回答。即《兔和貓》中所體現出的對造物的責備以及對生命的同情正是一種最質樸的生命關懷，是一種以「仁愛」為核心的人格，同時也是「誠和愛」的基點。這一點在許壽裳遺稿的兩處斷片中，可以得到更進一步的說明。一處是引用了《兔和貓》文中兔子、鴿子毛、小狗以及蒼蠅吱吱的叫聲等生命的隕落與脈動後，認為魯迅由此產生了價值判斷〔註125〕，即「造物實在將生命造得太濫，毀得太濫了」。而另一處題為《對不誠不愛的憤怒詛咒》則有如下片段：

　　1902，相識開始。談國民劣根性，談人類理想的人性，慨然於

　歷史上中國人對於生命太不愛惜。

　　《吶喊》《兔和貓》。他的立志學醫，以及後來毅棄醫而學文藝，

〔註122〕 《魯迅的精神》寫於1946年9月30日，刊於1946年11月1日出版的《臺灣文化》第1卷第2期。《魯迅的德行》寫於1946年10月，刊於1946年10月21日的臺中《和平日報》。

〔註123〕 參見：許壽裳《回憶魯迅》，許壽裳《我所認識的魯迅》，北京：中國青年出版社，1961年，第60頁。

〔註124〕 許壽裳《回憶魯迅》，許壽裳《我所認識的魯迅》，北京：中國青年出版社，1961年，第59頁。

〔註125〕 黃英哲等主編《許壽裳遺稿》第四卷，福州：福建教育出版社，2011年，第761頁。

都對造物反抗，對惡魔撲滅。思想的偉大，由救人一念出發。〔註126〕

由此可以發現，在二人的國民性討論中認為中國人缺乏誠與愛，反之，理想的人性則應富於誠與愛。而許壽裳在《兔和貓》之中，則窺見了魯迅人性中「愛」之一面，認為他對生命富於同情，同時能夠產生正確的主觀價值判斷，即由小動物生命的消逝而譴責造物的濫毀，並由此激發反抗的精神。而這一反抗的起點即為「救人的一念」，反抗的過程實際上就是嘗試對國民性進行改造或重塑，以達到理想的人性。在此，許壽裳在《魯迅的精神》中對魯迅在道德層面的「仁愛」核心的敘述，實際上隱約地關聯到了二人於 1900 年代曾共同關注、討論過的國民性問題。另外，在許壽裳寫於 1936 年 11 月的《懷亡友魯迅》中也曾論及魯迅作品之所以偉大的原因就在於「他的冷靜和熱烈雙方都徹底」〔註127〕，二者交相為用，經過熱烈的冷靜為智，而經過冷靜的熱烈即為仁，許壽裳以「仁智雙修言行一致」八個字總結了魯迅之所以為魯迅，而這八個字中的「仁」以及「言行一致」則可以視為「誠愛」表述的雛形。類似的表述還見於在 1936 年 12 月 17 日許壽裳在女子文理學院的演講《魯迅的生活》中對魯迅求學、做事、待人交友的態度加以總結的「真誠和摯愛」〔註128〕。

在《魯迅的精神》中，魯迅仁愛的另一面則被釋為「正義」，此處引用了魯迅《論「費厄潑賴」應該緩行》中「對於鬼蜮的慈悲」〔註129〕等句，意在說明魯迅的「仁愛」並不是任意施予的，而有其「義形於色」〔註130〕的一面，這也呼應了他在遺稿中闡述得更為清晰的，魯迅「仁愛」中蘊含的反抗力量。其次，魯迅竭力提倡科學的態度也被視為其戰鬥精神的構成之一，許壽裳先是引述了魯迅關於多數國民缺乏科學修養的慨歎，又談到了其為青年的讀物計，提倡通俗的科學雜誌，列舉了如下段落：

單為在校的青年計，可看的書報實在太缺乏了，我覺得至少還該有一種通俗的科學雜誌，要淺顯而且有趣的。可惜中國現在的科學家不大做文章，有做的，也過於高深，於是就很枯燥。現在要 Brehm

〔註126〕黃英哲等主編《許壽裳遺稿》第四卷，福州：福建教育出版社，2011 年，第 803 頁。原文無標點，引用部分標點為本文所添加。

〔註127〕許壽裳《懷亡友魯迅》，載《新苗（北平）》第 11 期，1936 年 11 月。

〔註128〕許季茀講演，沈蘊芳，程季驢記錄《魯迅的生活》（續前），載《新苗（北平）》第 17 期，1937 年 5 月。

〔註129〕魯迅《論「費厄潑賴」應該緩行》，《魯迅全集》第一卷，北京：人民文學出版社，2005 年，第 289 頁。

〔註130〕許壽裳《魯迅的精神》，載《臺灣文化》第 1 卷第 2 期。1946 年 11 月。

的講動物生活，Fabre 的講昆蟲故事似的有趣，並且插許多圖畫的；
但這非有一個大書店擔任即不能印。至於作文者，我以為只要科學
家肯放低手眼，再看看文藝書，就夠了。〔註131〕

　　這段引述不僅說明了魯迅如何提倡科學，同時也說明了魯迅對青年尤其
是在校學生的關切，魯迅不僅對這一群體寄予希望，也在具體地思考如何將科
學的觀念引入到青年的思想世界中。而在科學之外，許壽裳還談到了魯迅在藝
術方面的興趣和追求，其底色同樣是基於對國民性的思考，有感於國民趣味低
下，因而竭力倡導藝術，其具體的工作則包括：搜集並研究漢魏六朝的石刻；
搜集並印行中國近代的木刻；介紹外國進步作家的版畫以及獎掖中國青年木
刻家〔註132〕。由此，許壽裳並未在「戰鬥」的層面強調魯迅的精神，而是從
另一路徑即構成戰鬥精神的內核對之作出了具體的分析。換言之，這篇文章並
沒有敘述魯迅如何戰鬥，但卻追溯了魯迅之所以要戰鬥的內在理路，亦即許壽
裳所謂「魯迅為不真，不善，不美而畢生努力奮鬥，以期臻於真善美的境界，
雖遭過種種壓迫和艱困，至死不屈。」〔註133〕如果說許壽裳對魯迅「仁愛」的
人格分析已經切近二人曾經探討過的國民性話題，那麼他對魯迅「誠愛」的總
結則顯示出一種將魯迅的人格作為理想的國民性的傾向。許壽裳在《魯迅的德
行》〔註134〕中第一次正式地提出了「誠愛」，認為「魯迅的創作即以其誠愛為
核心的人格表現」〔註135〕，除此之外還有勤勞、堅貞、謙虛、節約、整潔、負
責任等等。在同期寫作的《魯迅和青年》〔註136〕的結尾也再次強調了這一點：

---

〔註131〕魯迅《通訊》，《魯迅全集》第三卷，北京：人民文學出版社，2005 年，第 26 頁。

〔註132〕許壽裳《魯迅的精神》，載《臺灣文化》第 1 卷第 2 期。1946 年 11 月。

〔註133〕許壽裳《魯迅的精神》，載《臺灣文化》第 1 卷第 2 期。1946 年 11 月。

〔註134〕文末標注寫於 1946 年 10 月，具體日期不詳。據黃英哲的考證，該文曾先後
刊於上海《僑聲報》1946 年 10 月 14 日以及臺中《和平日報》1946 年 10 月
21 日。參見：黃英哲《論戰後初期「五四」在臺灣的實踐——許壽裳與魏建
功的角色》，載《新文學史料》2010 年第 2 期。另經本人查證亦曾刊於《斗
下光》第 1 卷第 2 期，1946 年 10 月。此外，該文曾臺灣文化協進會策劃出
版的《魯迅的思想與生活》，參見：許壽裳《魯迅的思想與生活》，臺北：臺
灣文化協進會，1947 年。

〔註135〕許壽裳《魯迅的德行》，《魯迅的思想與生活》，臺北：臺灣文化協進會，1947
年，第 16～18 頁。

〔註136〕文末標注寫於 1946 年 10 月 14 日，據黃英哲的考證，該文曾刊於臺中《和
平日報》1946 年 10 月 19 日。此外，該文被臺灣文化協進會策劃出版的《魯
迅的思想與生活》，參見許壽裳《魯迅的思想與生活》，臺北：臺灣文化協進
會，1947 年。

總之，魯迅的處世接物，一切都以誠愛為核心的人格的表現。
〔註 137〕

另外，在許壽裳遺稿中也有類似的表述：

總之，魯迅的偉大就在人格修養的偉大，他的治學、處事、知人
論世，以及寫作都是以誠愛為核心的人格的表現，惟誠愛固有。〔註 138〕

一方面，這種分析方式並未脫離於其戰鬥精神，而恰恰是在肯定其戰鬥精神的基礎上展開的，同時卻是從其國民關切與思考的角度切入了魯迅的人格及其興趣所在。另一方面，這種方式實際上勾勒了一個更為真實、具體的魯迅形象，從而使讀者能夠更加切近魯迅的人格的核心。另外，通過對其戰鬥精神的形成原因及過程的討論，實際上將魯迅接受引入了一個更為深刻的層次，即並不試圖以其戰鬥精神對大家作出現實的鼓舞，而是從其精神的脈絡入手，進而分析其精神動力的來源，並使之發揮影響。這種偏重於對魯迅人格尤其是其人格中的「仁愛」（誠愛）方面的剖析實際上貫穿了《臺灣文化》中關於魯迅的大部分內容，這與許壽裳本人對於道德與國民性等問題的關注、對臺灣現實境況的考量以及《臺灣文化》的編輯取向皆有關聯。

關於許壽裳對於國民性問題的關注，黃英哲認為許壽裳一抵達臺灣之後，立刻透過魯迅思想的介紹，呼籲國民性改造的重要性，並援引北岡正子的相關研究〔註 139〕將其源頭追溯至二人留日時期對於國民性問題的討論〔註 140〕。北岡正子在其論文中通過史實的梳理與對照認為，魯迅與許壽裳關於國民性的討論以及魯迅改造國民性的思想可能來自於弘文學院院長嘉納治五郎與留日的楊度所展開的討論，此次系列討論後題為《支那教育問題》刊於《新民叢報》，並很快由上海廣智書局出版了同名單行本〔註 141〕。從北岡正子的梳理來看，

〔註 137〕 許壽裳《魯迅和青年》，《魯迅的思想與生活》，臺北：臺灣文化協進會，1947
年，第 23 頁。
〔註 138〕 黃英哲等主編《許壽裳遺稿》第四卷，福州：福建教育出版社，2011 年，第
767～768 頁。
〔註 139〕 （日）北岡正子《もう一つの國民性論議——魯迅・許壽裳の國民性論議へ
の波動》，載《關西大學中國文學會紀要》第 10 號，1989 年 3 月，此為黃英
哲參考版本。另有中譯版北岡正子，李冬木譯《另一種國民性的討論：魯迅、
許壽裳國民性討論之引發》，載《吉林大學社會科學學報》1998 年第 1 期。
〔註 140〕 黃英哲《「去日本化」與「再中國化」——戰後臺灣文化解殖（1945～1947）》，
臺北：麥田出版，第 158～159 頁。
〔註 141〕 參見：（日）北岡正子，李冬木譯《另一種國民性的討論：魯迅、許壽裳國民
性討論之引發》，載《吉林大學社會科學學報》1998 年第 1 期。

這種可能性是存在的。但必須要說明的是，中國國內對於國民性問題的思考與關注實際上是晚清民初知識界的一種普遍性焦慮，這種焦慮一部分可能來自於歐美基於種族主義偏見所鼓吹的「黃禍論」，同時國民意識的產生以及新的理想人格的樹立也是近現代中國政治革命與倫理革命的重要組成部分。這意味著國民性觀念以及國民性批判在晚清民初的中國知識界是一種普遍性思考，隨著戊戌時期「興民權」口號的提出，中國出現了「國民」的觀念〔註142〕，而「國民」觀念的出現實際上也伴隨著對於奴隸性的批判。爾後，國民性觀念的普及與新理想人格的追求又匯入了五四新文化運動的脈絡中，陳獨秀等人也深入關注過國民性改造的問題，而從辛亥革命至五四運動之間，「國民」觀念的重心也經歷了由群體到個人的傾斜與轉變。另外，許壽裳和魯迅在日本時都曾加入中國留日學生浙江同鄉會，該會於 1903 年發行刊物《浙江潮》，許壽裳在其間擔任編輯，並曾向魯迅約稿。《浙江潮》的創刊號中有《社說：國魂篇》〔註143〕，其中亦提倡國民之愛國心及統一力，在鑄國魂之法中又論及了中國人的道德腐敗等問題。另外，許壽裳寫於 1936 年 10 月 27 日的《我所認識的魯迅》中曾提及魯迅二十三歲寫作的《斯巴達之魂》〔註144〕便是借了異國士女的義勇來喚起中華垂死的國魂〔註145〕，而該文最初正是連載於《浙江潮》的第五期和第六期。除此之外，許壽裳 1908 年刊於《河南》的未完稿《興國精神之史曜》也幾乎是在同一語境下所產生的論述，認為「興國不在政府而在國民」，並由此認為「興國之命自覺而已」〔註146〕。這說明許壽裳等人對於國民性問題的關注和討論實際上是內嵌於清末民初一系列「國民」觀念的產生、改造國民性、改造社會等社會思潮之中的，同時「國魂」「愛國心」「統一力」等表述也提示出，尚未整合完全的民族主義正是上述這些問題的景深，國民性問題也由此跨越了倫理革命與政治革命的雙重維度。因而，魯迅和許壽裳的國民性討論或許曾經受到嘉納治五郎和楊度討論的影響或啟發，但這並不是一個孤立的影響源頭，而應將之至於一個更為開闊的中國近現代政治及倫理革命的背景中加以審視。以此為前提，許壽裳在光復後的魯迅傳播中所著意

〔註142〕 張錫勤《中國倫理道德道德變遷史稿》上卷，北京：人民出版社，2008 年，第 231 頁。

〔註143〕 飛生（蔣百里）《社說：國魂篇》，載《浙江潮（東京）》第 1 期，1903 年 2 月。

〔註144〕 自樹《斯巴達之魂》，載《浙江潮》第 5 期、第 6 期，1903 年 5 月、6 月。

〔註145〕 許壽裳《我所認識的魯迅》，載《新苗（北平）》第 11 期，1936 年 11 月。

〔註146〕 旒其（許壽裳）《興國精神之史曜》（未完），載《河南》第 4 期，1908 年 4 月。

凸顯的道德與人格傾向的意圖及其內在邏輯將會更為清晰。

在《魯迅的精神》之後,許壽裳在《臺灣文化》上繼續發表了《魯迅的人格和思想》〔註147〕《魯迅和我的交誼》〔註148〕《魯迅的遊戲文章》〔註149〕等三篇與魯迅有關的文章,這三篇文章共同建構了一個更為立體的魯迅形象。在《魯迅的人格與思想》中,許壽裳再一次將魯迅作品之所以偉大的原因歸結為其人格的偉大,並將其稱為青年的導師,值得注意的是,該文特別強調了魯迅並不只是作為某一代青年的導師存在,而是將影響第二代第三代等等的青年,並且在文章的末尾反覆疾呼「我們要學習魯迅!」從這裡或許可以作出一個初步的判斷,即許壽裳是有意識地希望臺灣的青年接受魯迅的影響。在其人格的偉大與聖潔方面,又具體地分為真誠、摯愛、堅貞、勤勞四個部分,並且強調真誠與摯愛是其中的核心。除此之外,魯迅的謙遜、節約、整潔、負責任、富友誼以及為大眾兒童服務等等也被作為其人格偉大的部分,並因此認為魯迅「夠得上做國民的偶像」〔註150〕。在魯迅作品所體現的精神中,則又有戰鬥精神,創造精神以及為勞苦大眾請命的精神。在這一部分中,魯迅的思想軌跡被總結為「由進化論而至新唯物論,由個人主義而至集體主義」〔註151〕,貫穿始終的線索則是戰鬥的現實主義。這一對魯迅思想的總結實際上借鑒了瞿秋白對魯迅思想的評價。瞿秋白在為《魯迅雜感集》寫作的序言中,認為魯迅「從進化論最終的走到了階級論,從進取的爭求解放的個性主義進到了戰鬥的改造世界的集體主義」〔註152〕,許壽裳引述了「從個人主義到集體主義」,但將「階級論」改為「新唯物主義」,這一方面可能是許壽裳身處光復初期的臺灣所致,另一方面,這一表述更為切近魯迅自述的「譯了一本蒲力汗諾夫的《藝術論》以救正我——還因我而及於別人——的只信進化論的偏頗」〔註153〕。瞿秋白對魯迅的上述評價是在其清晰的左翼立場上生發的,許壽裳雖然

〔註147〕 許壽裳《魯迅的人格和思想》,載《臺灣文化》第 2 卷第 1 期。另外,許壽裳在 1946 年 11 月三十日在臺灣省立師範學院作了同題演講,題目為《魯迅的人格及其思想》。參見:黃英哲等編校整理《許壽裳日記:1940～1948》,福州:福建教育出版社,2008 年,第 794 頁。

〔註148〕 許壽裳《魯迅和我的交誼》,載《臺灣文化》第 2 卷第 5 期,1947 年 8 月。

〔註149〕 許壽裳《魯迅的遊戲文章》,載《臺灣文化》第 2 卷第 8 期,1947 年 11 月。

〔註150〕 許壽裳《魯迅的人格和思想》,載《臺灣文化》第 2 卷第 1 期,1947 年 1 月。

〔註151〕 許壽裳《魯迅的人格和思想》,載《臺灣文化》第 2 卷第 1 期,1947 年 1 月。

〔註152〕 何凝(瞿秋白)《魯迅雜感集》,上海,青光書局,1933 年,序言,第 15 頁。

〔註153〕 魯迅《三閒集》序言,《魯迅全集》第四卷,北京:人民出版社,2005 年,第 6 頁。

引用了這一評價，或者如前人的研究所說，許壽裳的魯迅論曾受到馬克思主義魯迅研究學派的影響〔註154〕，但並不意味著他也試圖在同一立場上對魯迅作出解讀或建構一個左翼的魯迅形象。在關於魯迅作品精神的總結中，「為勞苦大眾請命」的表述似乎帶有一些左翼的色彩，但在具體的言說中，其落點在於魯迅對改造國民性的關切，以及魯迅自身所具有的可資借鑒的道德品質。與其說這是一種左翼的表述，不如說是魯迅的思考與左翼視角所關注的問題有重合之處，但並不能因此將魯迅本人以及許壽裳對於這一重合部分的表述視為左翼的。事實上，從許壽裳在光復初期堅持從魯迅人格論出發來看，其出發點和落腳點都是在文化邏輯上展開的，在將魯迅視為「國民偶像」的基礎上，探尋其精神的形成脈絡，並通過梳理與展示這一脈絡對臺灣人的精神世界施加影響。

　　《魯迅和我的交誼》〔註155〕是《亡友魯迅印象記》〔註156〕的其中一章。《亡友魯迅印象記》在許壽裳赴臺前已經開始寫作，於 1947 年 5 月完稿，當年 7 月由上海峨眉出版社出版。在刊發《魯迅和我的交誼》的 1947 年 8 月，全書已經脫稿。《亡友魯迅印象記》全書共二十五章，對魯迅自東京剪辮子至上海病逝之間的經歷以具體的事件為線索對其一生作出了印象式的回顧，而許壽裳從中擇取了魯迅與自己交往的一章投至《臺灣文化》〔註157〕。在《魯迅和我的交誼》中，許壽裳大多記敘了生活中的小事，並且主要是魯迅對許壽裳及其家庭成員的關懷。包括魯迅幾次贈書、為長子許世瑛開蒙、夫人逝世時魯迅來函弔唁、為長兄許銘伯及三女許世瑒的患病奔走，以及為參加長女許世瑙的婚禮而耽擱了翻譯作品等等。其中魯迅為許世瑛開蒙以及偕許廣平及周海嬰參加婚禮的事情，許壽裳在《魯迅的思想與生活》自序中曾再次提起，從中可以見出這兩件事令其印象深刻，並深受感動。許壽裳在這些生活瑣事的回憶中，凸顯了魯迅對待友誼誠摯而周到的一面。而《魯迅的遊戲文章》則側重於表現魯迅銳敏機智的一面。這篇文章後來了許壽裳身後由許廣平、王士菁等人編輯出版的《我所認識的魯迅》〔註158〕一書。在開篇，許壽裳寫到：

〔註154〕　王富仁《中國魯迅研究的歷史與現狀》，福州：福建教育出版社，2006 年，
　　　　　第 46 頁。
〔註155〕　許壽裳《魯迅和我的交誼》，《臺灣文化》第 2 卷第 5 期，1947 年 8 月。
〔註156〕　許壽裳《亡友魯迅印象記》，上海：峨眉出版社，1947 年。
〔註157〕　參見《編後記》：許壽裳先生又惠賜我們一篇關於魯迅先生的，珍貴的資料。
　　　　　載《臺灣文化》第 2 卷第 5 期，1947 年 8 月。
〔註158〕　許壽裳《我所認識的魯迅》，北京：人民文學出版社，1952 年。

和魯迅的相處，聽其談吐，使人得一種愉快的經驗，可以終日
沒有倦容。因為他的胸懷灑落，極像光風霽月，他的器度，又「汪
汪若千頃之陂，澄之不清，撓之不濁，不可量也」〔註159〕。

在這樣的胸懷器度之下，許壽裳認為魯迅的遊戲筆墨看似隨便胡謅，但含
義總是一本正經並發人深省的。其中有魯迅在仙臺讀書時，見同學洗澡時踏上
小凳子窺望一板之隔的女浴室，遂在致許壽裳的信中有「同學陽狂，或登高而
窺裸女」之句，並自注「昨夜讀《天演論》，故有此神來之筆」〔註160〕，許壽
裳在後文解釋說是對於嚴復譯文的聲調鏗鏘開個玩笑。這並不是許壽裳第一
次寫到這件事，在《亡友魯迅印象記》的第三章「雜談名人」中在談及嚴復時，
也曾提到這個玩笑，並寫到魯迅曾受嚴復的影響，但後來卻不大佩服了，並在
讀了章太炎的《社會通詮商兌》後，將嚴復的綽號由原來的「不佞」改為章文
中形容嚴復之文的「載飛載鳴」〔註161〕。除此之外，還有魯迅以四六文體寫
給東京友人的信，奚落女人哭泣時涕淚齊下的「四條胡同」，以及許廣平等人
因女師大風潮被開除，布告上寫「害群之馬」，從此魯迅將許廣平稱為「害馬
飛來了」等等。關於「害馬」玩笑，許廣平在《亡友魯迅印象記》的讀後記中
亦有提及呼應〔註162〕。

許壽裳在到達臺灣至在臺遇害的近一年半時間內，在《臺灣文化》上關於
魯迅的文章僅有上述四篇，其中又因「二二八」事件而有所中斷，但四篇文章
皆從魯迅人格的不同側面切入，試圖從魯迅的道德與人格的角度切入來建構魯
迅的形象。除了這三篇文章之外，值得注意的是1947年6月，臺灣文化協進會
還出版了許壽裳的《魯迅的思想與生活》〔註163〕，此書是許壽裳關於魯迅的
單篇文章集合而成，而搜集文章並取名出版的策劃人正是楊雲萍〔註164〕，因
此，《魯迅的思想與生活》可以視為許壽裳在《臺灣文化》平臺上傳播魯迅的
延伸，不僅如此，從楊雲萍輯選的篇目來看，雖與《臺灣文化》曾刊載過的文

〔註159〕許壽裳《魯迅的遊戲文章》，載《臺灣文化》第2卷第8期，1947年11月。
〔註160〕許壽裳《魯迅的遊戲文章》，載《臺灣文化》第2卷第8期，1947年11月。
〔註161〕許壽裳《亡友魯迅印象記》，上海：峨眉出版社，1947年，第11～12頁。
〔註162〕許廣平《讀後記》，《亡友魯迅印象記》，上海：峨眉出版社，1947年，第139
　　　　頁。
〔註163〕許壽裳《魯迅的思想與生活》，臺北：臺灣文化協進會，1947年。
〔註164〕自序中有「楊君雲萍，搜集我的關於魯迅的雜文十篇，名曰《魯迅的思想與生
　　　　活》，將由臺灣文化協進會出版，其熱心從事可感。」參見：許壽裳《魯迅
　　　　的思想與生活》，臺北：臺灣文化協進會，1947年，自序，第2頁。

章略有重合，但其餘內容與許壽裳在臺傳播魯迅的角度大體是相同的，以下是《魯迅的思想與生活》的目錄：

表 2.1 《魯迅的思想與生活》目錄

| 序號 | 篇　名 | 寫作時間 | 成書前的刊載（收錄）情況〔註 165〕 |
|---|---|---|---|
| 1 | 《魯迅的人格和思想》 | 1946.10.29 | 《臺灣文化》第 2 卷第 1 期 |
| 2 | 《魯迅的精神》 | 1946.9.30 | 《臺灣文化》第 1 卷第 2 期 |
| 3 | 《魯迅的德行》 | 1946.10 | 上海《僑聲報》1946.10.14；臺中《和平日報》1946.10.21〔註 166〕；《斗下光》第 1 卷第 2 期 |
| 4 | 《魯迅和青年》 | 1946.10.14 | 臺中《和平日報》，1946.10.19〔註 167〕 |
| 5 | 《魯迅的生活》 | 1947.12.17 | |
| 6 | 《懷亡友魯迅》 | 1936.11.8 | 《月報》第 1 卷第 1 期 |
| 7 | 《關於弟兄》 | 1932.10.17 | 《文壇》第 1 卷第 1 期 |
| 8 | 《〈魯迅舊體詩集〉序》 | 1944.5.4 | 原書未出〔註 168〕 |
| 9 | 《〈魯迅舊體詩〉跋》 | 1944.5.4 | 原書未出 |
| 10 | 《〈民元前的魯迅先生〉序》 | 1942.4.14 | 《民元前的魯迅先生》〔註 169〕 |

　　由上表可以看出，這本書收錄的十篇文章中，大部分都和魯迅的道德與精神有關，除了前文已經提到過的《魯迅的精神》《魯迅的人格與思想》《魯迅的德行》之外，《魯迅和青年》一文中，除了記敘魯迅對青年的建議以及對國民

---

〔註 165〕 此處以許壽裳生前的發表及出版情況為準。

〔註 166〕 此處參考了黃英哲的相關論文，參見：黃英哲《論戰後初期「五四」在臺灣的實踐——許壽裳與魏建功的角色》，載《新文學史料》2010 年第 2 期。

〔註 167〕 此處參考了黃英哲的相關論文，參見：黃英哲《論戰後初期「五四」在臺灣的實踐——許壽裳與魏建功的角色》，載《新文學史料》2010 年第 2 期。

〔註 168〕 柳非杞在抗戰期間輯錄 52 首魯迅舊體詩，編輯成《魯迅舊體詩集》，許壽裳為之寫過序、跋，1944 年交沈鈞儒審核並出版，沈閱後建議補輯包括白話詩在內的其他詩作。後因意見不統一，此書就擱置。解放後，因魯迅著作由國家統一印行而此詩集終未刊行。參見：熊融《董老和〈魯迅舊體詩集〉——兼談編錄者柳非杞先生》，北京魯迅博物館魯迅研究室編《魯迅研究資料 6》，天津：天津人民出版社，1980 年，第 238～241 頁。另外，《魯迅舊詩集》成書前後，柳非杞與許壽裳曾有數封相關書信，參見彭小妍等編校《許壽裳書簡集上》，臺北：中央研究院中國文哲研究所，2011 年。

〔註 169〕 王冶秋《民元前的魯迅先生》，上海：峨眉出版社，1947 年。

性改造的重視之外，另外特別提及了魯迅對臺灣的關切以及與臺灣青年張我軍〔註170〕的交往：

> 本省臺灣在沒有光復以前，魯迅也和海內的革命志士一樣，對
> 於臺灣，尤其對於臺灣的青年從不忘懷的。〔註171〕

《關於〈弟兄〉》原是許壽裳關於魯迅寫作理論的分析，但在以《彷徨》中的《弟兄》為例的寫作技法探討只占一半篇幅，另一半則轉向了「魯迅對於兄弟作人的友愛情形」〔註172〕，除了敘述魯迅對周作人的關愛之外，還寫到這篇小說大半屬於回憶，然而魯迅在寫時別有傷感，不願做回憶的文，便做成這樣的小說，並因其中是魯迅親歷的逝世，所以含諷刺的成分少，而抒情的成分多。而《魯迅的生活》《懷亡友魯迅》都是以時間為線索對魯迅生活的回憶，詳略側重各有不同，但也都提到了魯迅對於國民性問題的關注，以及魯迅人格中的真誠、摯愛、友愛、慎重等等特質。《民元前的魯迅先生》則是對魯迅軼事的回憶，認為魯迅天資明敏又工作認真，常識豐富而趣味多重，其中還以魯迅專程瞻仰朱舜水遺跡的曲折經歷說明魯迅對於民族主義的堅貞〔註173〕。除此之外，還有兩篇是許壽裳為柳非杞所編的《魯迅舊體詩集》寫作的序和跋，關於魯迅舊詩的部分將在後文展開，此處不加贅述。

## （二）「誠愛」背後：進德與去殖民化

如前所述，許壽裳與《臺灣文化》共同建構出的「誠愛」魯迅形象及其路徑已經較為清晰，但值得思考的一個問題是，許壽裳為什麼要在光復初期的臺灣選擇從道德的角度進行魯迅傳播？要討論這一問題還需要回到許壽裳對這一時期臺灣現實的思考及其對國民性問題的關切之中。在本節的開始已經提到許壽裳到臺灣後的第一次演講中曾經論及臺灣具有三民主義的良好基礎，在其寫於該演講次月的《新臺灣與三民主義的良好基礎》中則進一步對之展開了說明。其中在民族主義的部分，許壽裳延續了此前演講中的觀點，認為臺灣

---

〔註170〕 此處許壽裳引用了魯迅《而已集》中的《寫在〈勞動問題〉之前》，魯迅文中將張我軍誤記為張我權。

〔註171〕 許壽裳《魯迅和青年》，《魯迅的思想與生活》，臺北：臺灣文化協進會，1947年，第22頁。

〔註172〕 許壽裳《關於〈弟兄〉》，《魯迅的思想與生活》，臺北：臺灣文化協進會，1947年，第58頁。

〔註173〕 參見：許壽裳《〈民元前的魯迅先生〉序》，《魯迅的思想與生活》，臺北：臺灣文化協進會，1947年，第64～68頁。

雖然經歷了荷蘭、日本的異族統治，但自鄭成功在臺灣建都以來，臺灣的民族精神空前旺盛，這種民族觀念與血統中先天的因素有關，光復後更是熱烈迸發。因此在這種情況下實行民族主義教育一定很順利，很需要〔註174〕。許壽裳正是在這樣的基本認知之下，在臺灣展開了以民族主義教育為底色的系列文化工作，這一傾向也自然而言延續進了他在臺灣的魯迅傳播之中。許壽裳在此致力於通過對魯迅道德人格的宣傳，將魯迅作為「國民的偶像」，通過偶像效應促進臺灣的道德尤其是臺灣青年的道德建設，這種道德教育實際上也是民族主義教育之中的一環。而許壽裳之所以選擇道德或者說重視道德在去殖民化過程中的作用，則與其對於國民性的思考有關。一方面，許壽裳在與魯迅討論國民性問題時，認為中國人缺乏「誠與愛」，在 1945 年 8 月 10 日聽聞日本乞降後，許壽裳曾於次日成詩二首，其中也提到了「誠愛」之於道德進步的意義：

> 厚生能泯貧和富，進德端由愛與誠。
>
> 羨爾觀光時會好，相期無負此長征。〔註175〕

將「誠愛」視為提升道德的核心，這是許壽裳在光復初期提煉並塑造魯迅「誠愛」形象的原因之一，並且在傳播「誠愛」魯迅的同時，也一再強調魯迅思想的人道主義本質〔註176〕。此外，在民族主義的角度上，包括許壽裳在內的中國現代知識分子的國民性關切內蘊於清末民初的政治革命與倫理革命潮流下的時代焦慮之中，由此，國民性與「國魂」有著天然的親緣性，國民性改造正是通向具有強烈民族主義意味的「國魂」鑄造的重要方式。因此，在光復初期的臺灣，傳播「誠與愛」的魯迅不僅意味著簡單地在道德層面對臺灣人進行浸染，其背後的意義更在於通過這種道德取向形塑一種中國的凝聚力，引導並鞏固民族主義觀念，從而應對此一時期臺灣所面臨的去殖民化的現實需求。

另一方面，在許壽裳早期的國民觀念中，「自覺」是一個重要的關鍵詞：

> 興國之命自覺而已。惟有自覺，性靈於是乎廣運，人道於是乎

---

〔註174〕 參見：許壽裳《新臺灣與三民主義教育》，黃英哲編《許壽裳臺灣時代文集》，臺北：臺灣大學出版中心，2010 年，第 209 頁。

〔註175〕 黃英哲等編校整理《許壽裳日記：1940～1948》，福州：福建教育出版社，2008 年，第 743 頁。

〔註176〕 關於許壽裳對魯迅思想的人道主義評價參見許壽裳《魯迅的人格和思想》《魯迅的生活》，《魯迅的思想與生活》，臺北：臺灣文化協進會，1947 年。

隆施，人間之意識於是乎啟發，人類之光榮乃顯焉，文明之意味乃全焉。無自覺者，必無國家……生死一擲，惟期進乎全人，苟未達乎全人之所不足而滿足之焉，則奮進之奮鬥之不自己也。此自覺之境也，覺我之為我也。〔註177〕

所謂自覺，即是內在的自我認知以及以此為基礎的追求，「進乎全人」實際上正是個體自覺最終的目標，這意味著許壽裳並不是在忽視個體的群體性中來思考國民問題的，亦即興國是以個體自覺為基礎，進而形成群體自覺來實現的。而實現個體的自覺，則與道德的教育密不可分。許壽裳在 1947 年 2月 19 日寫作的《第二誕生期和第三誕生期》〔註178〕中認為青年時期是道德意識萌發的階段，做一個上進的國民起點即在此，因而「道德的涵養尤其是本期教育最重要的工作」〔註179〕，從中可以見出，許壽裳將道德提升與國民性的涵養聯繫在一起，認為這是青年在成長期的必要工作，這也是許壽裳在臺進行魯迅傳播時，著意強調魯迅對青年的指導以及建構魯迅導師形象的原因所在。另外，許壽裳此一時期對於道德和國民性問題的關注仍然需要置於臺灣的現實中來審視。在《第二誕生期和第三誕生期》中，許壽裳提到了臺胞從前只知道日本語文和日本史地，現在要重新學習中國語文和中國史地，並且將中日兩國進行了對比：

先說中國歷史，我國有四千多年的悠久歷史……真是代代出偉人……這些偉人，連日本人自己也承認在日本國裏一個也不曾有過。

次說中國地理，中國是世界版圖上最大的古國……地理的影響於國民性非常重大，日本因為地小，僅僅是幾個小島組成的國家，所以養成他們國民的量小心窄，眼光短淺。

再說中國語文，中國的語言文字是同一個系統的……至於日本就不然了，他本來沒有文字，強用漢字來做符號，而不能全部吸收，

〔註177〕 許壽裳《興國精神之史曜》，林辰編《許壽裳文錄》，長沙：湖南人民出版社，1986 年，第 2 頁。

〔註178〕 據許壽裳日記，1946 年 9 月 23 日許壽裳曾為文武街第一女中作同題演講，而在 1947 年 2 月 19 日的日記中則有「為《臺灣日報》撰文《第二誕生期和第三誕生期》」，暫時無法確定二者是否為同一內容。參見：黃英哲等編校整理《許壽裳日記：1940～1948》，福州：福建教育出版社，2008 年，第 788、800 頁。

〔註179〕 許壽裳《第二誕生期和第三誕生期》，黃英哲編《許壽裳臺灣時代文集》，臺北：臺灣大學出版中心，2010 年，第 233 頁。

因陋就簡……〔註180〕

　　許壽裳的系列對比實際指向的問題是中國與日本之間的文化差異，並且基於其民族主義立場，這種差異具有了等級色彩，並且由地理直接導向了國民性的辨析，認為相較於日本，中國自古以來就是泱泱大國，中國人有重信義愛和平等天然特質。此處許壽裳的國民性觀念看似體現出了某種二重性，但實際上只是國民性優劣的不同側面，當思考中國的國民性應當如何改造以進入並適應現代社會時，其所關注的重點在於國民性的缺點部分。而當以中國整體的國民性與日本作出對比時，則是以中國國民性中的優點與之相較的。關於許壽裳對於國民性優缺點的比較探討在其遺稿中有較為完備的敘述〔註181〕。此時許壽裳對於日本國民性的批判還較為溫和，但已經體現出他試圖通過強調臺灣的道德進步以祛除日本對臺殖民可能帶來的一些弊端，而當二二八事件發生後，許壽裳的立場及措辭則顯得更為清晰和嚴厲。在其發表於 1947 年 5 月 4 日的《臺灣需要一個新的五四運動》中，認為臺灣也需要一個新的五四運動：

　　　　把以往所受的日本毒素全部肅清，同時提倡民主，發揚科學，於五四時代的目標以外，還要提倡實踐道德，發揚民族主義。從這幾個要點看來，它的價值和任務是要比從前那個運動更大，更艱巨，更迫切啊！〔註182〕

在此許壽裳再次將日本作為一個潛在的批判對象，其原因則在於：

　　　　日本的國民性，不但是淺薄、妥協、虛偽、小氣、自大、保守，而且簡直是無道德、忘恩負義，有己無人……臺灣同胞不幸受了日本侵略主義的支配，薰染既久，毒化已深，非努力自拔，徹底自救不可。這個肅清毒素是總的目標所在。〔註183〕

---

〔註180〕許壽裳《第二誕生期和第三誕生期》，黃英哲編《許壽裳臺灣時代文集》，臺北：臺灣大學出版中心，2010 年，第 235～236 頁。

〔註181〕許壽裳《中國民族性之優點與缺點》，黃英哲等主編《許壽裳遺稿》第三卷，福州：福建教育出版社，2011 年，第 114～122 頁。

〔註182〕許壽裳《臺灣需要一個新的五四運動》，黃英哲編《許壽裳臺灣時代文集》，臺北：臺灣大學出版中心，2010 年，第 237 頁。此文係許壽裳長子許世瑛撰寫草稿，許壽裳加以修改。參見：黃英哲等編校整理《許壽裳日記：1940～1948》，福州：福建教育出版社，2008 年，第 805 頁。

〔註183〕許壽裳《臺灣需要一個新的五四運動》，黃英哲編《許壽裳臺灣時代文集》，臺北：臺灣大學出版中心，2010 年，第 237 頁。

　　類似的表述還見於其發表於同年八月的《中國民族精神的重心》，仍然強調中國民族的精神是仁愛，而日本的人生觀則是「反道德」的〔註184〕。由此，不難發現許壽裳的道德與國民性敘述是如何內在於其民族主義觀念與去殖民化追求的邏輯中的，其相關表達趨於激烈固然是受到二二八事件的刺激，但寫於二二八之前的《第二誕生期和第三誕生期》也已經隱約地勾勒出這一線索。總體而言，許壽裳在光復後的臺灣著力於對魯迅道德與人格的傳播並建構了魯迅以「誠愛」為關鍵詞的青年導師形象，從表面來看，這與許壽裳與魯迅早期的國民性關切與討論有關，「誠愛」的提煉亦源出於此。除此之外，其「誠愛魯迅」背後則是許壽裳基於臺灣被殖民歷史所產生的民族主義焦慮與文化解殖的迫切。在這種焦慮之中，許壽裳以「道德」作為去殖民化的關鍵，試圖通過魯迅的人格來建立一種現代中國的道德偶像，這也是他將魯迅作為中國新文藝的開山者與孔子、墨子、玄奘、鄭成功、孫中山等人並列為中國的偉人〔註185〕的原因所在。同時，作為道德偶像的魯迅也勾連了古典中國與現代中國，並未呈現出「五四」的摧枯拉朽之勢，「誠與愛」是生發於近代向現代轉型階段的國民性思考，但許壽裳所總結的魯迅「愛」之一面的底色則是中國傳統中具有儒家色彩的「仁愛」，除此之外，許壽裳關於魯迅思想本質是人道主義的總結，以及魯迅對勞苦大眾的同情等表述也具有墨子的「兼愛」色彩，在許壽裳敘述中另一個具有仁愛和兼愛的人則是孫中山〔註186〕。如果說「誠愛」是處於魯迅國民性改造願景的延長線上，那麼許壽裳在臺灣魯迅傳播中為其賦予的傳統內涵則具有了另一重具有強烈民族主義意味的獨特召喚力。臺灣在明鄭時期即設有先師聖廟，至清治時期設一府三縣學，以孔子為代表的集體記憶具有凝聚族群認同感的作用。由此，「誠愛」在文化的維度上連通了傳統與現代，並將因此激發民族認同感，許壽裳正是希望通過兼具傳統與現代意涵的「誠愛」來實現臺灣文化層面的轉向，從而將日本的文化影響剝離，其道德關切最終指向的是個體尤其是青年的價值取向以及思考方式。在此意義上，魯迅是一個絕佳對象。一方面魯迅作為文學家的一面使得他的接受面較之其他思想家更廣，另外魯迅不僅

〔註184〕許壽裳《中國民族精神的重心》，黃英哲編《許壽裳臺灣時代文集》，臺北：臺灣大學出版中心，2010年，第242頁。

〔註185〕許壽裳《第二誕生期和第三誕生期》，黃英哲編《許壽裳臺灣時代文集》，臺北：臺灣大學出版中心，2010年，第235頁。

〔註186〕許壽裳《中國民族精神的中心》，黃英哲編《許壽裳臺灣時代文集》，臺北：臺灣大學出版中心，2010年，第242頁。

在道德上符合以「誠愛」為核心的取向，同時在兩岸的文化界皆有足夠大的影響力，並與臺灣新文學頗有淵源，更為重要的是，魯迅自身也顯示出連通傳統與現代的特質，因此作為道德偶像的魯迅並不是遙遠傳統中的符號，其所具有的現實主義戰鬥精神顯然更富於生動的感染力與召喚力。

另外需要說明的是，富於「誠愛」的青年導師魯迅這一形象雖然大部分是由許壽裳建構並加以敘述的，但在此過程中《臺灣文化》也產生著重要的作用，甚至於有意識地主張並參與了這種建構。雖然沒有直接的材料可以說明這一過程，仍然可以通過部分史料的梳理來加以考察。首先，許壽裳來臺後寫作的第一篇關於魯迅的《魯迅的精神》即是《臺灣文化》所指定的題目，同時許壽裳在臺灣關於魯迅的單篇文章大部分都刊載於《臺灣文化》。不僅如此，《臺灣文化》時任主編楊雲萍選編的《魯迅的思想與生活》大半的文章也都與魯迅的道德與人格相關。此外，在《魯迅逝世十週年紀念專刊》中轉載的《斯茉特萊記魯迅》以及田漢的《漫憶魯迅》也都體現出相似的取向。

## 四、餘緒：魯迅舊體詩輯錄

除了上文中論及的以許壽裳為核心所建構的魯迅傳播方向之外，《臺灣文化》在這一時期也關注到了魯迅的舊體詩，但主要是以輯錄和介紹為主，尚未展開研究或評點，但畢竟構成了魯迅逝世後對其舊詩發掘刊載中這一過程中的一個支流，並且時間較早。在《魯迅逝世十週年紀念專刊》上，刊載了謝似顏整理的《魯迅舊詩錄》，謝似顏與許壽裳交往甚密，許壽裳日記中記載了很多與謝似顏的信件往來及生活往來〔註187〕。謝似顏本人偏愛魯迅，因此曾抄錄魯迅的舊體詩，這正是《臺灣文化》刊載《魯迅舊詩錄》的契機，謝似顏對在文前有所說明：

> 我抄了一本魯迅舊詩，楊雲萍兄看見了，就出題目要我做文章……可是抗戰到底的魯迅，決不會無病呻吟，每一首詩裏，必與當時事實有關係。要解釋他的舊詩除博學外。必須瞭解他的生活方才可能。所以我只好謝不能。向許季茀先生請教，果然搖頭說：不可妄作。回覆了雲萍也搖頭不願意。〔註188〕

〔註187〕參見：黃英哲等編校整理《許壽裳日記：1940～1948》，福州：福建教育出版社，2008年。

〔註188〕謝似顏《魯迅舊詩錄》，載《臺灣文化》第1卷第2期，1946年11月。其中「不可妄作」係照錄原文，疑為「不可妄作」之誤。

　　由此可見，楊雲萍最初是希望謝似顏寫作有關魯迅舊詩的文章，對其詩作加以闡釋。而謝似顏則認為自己難以勝任這一工作，並求教於許壽裳，但許壽裳也拒絕了。事實上，許壽裳在 1936 年魯迅逝世後及 1937 年都曾寫過關於魯迅舊體詩的文章。寫於 1936 年底的《懷舊》主要是輯錄了當時其所掌握的《集外集》所刊十四首之外的八首舊體詩，並做了一點說明〔註 189〕，而《魯迅古詩文的一斑》則基本上繼續了這一工作，當時魏建功已經準備手抄魯迅舊體詩以備木刻，因此許壽裳曾請許廣平搜集，而許廣平搜集抄錄的應該都來自於魯迅日記。因此《魯迅古詩文的一斑》正是在許壽裳收到許廣平抄本之後摘錄的六首，並附有相關說明及許廣平注〔註 190〕。由於許壽裳謝絕了這一邀請，楊雲萍也搖頭，因此最終的結果是謝似顏將自己所輯錄的魯迅舊體詩發表出來，公諸同好。在此，謝似顏共輯錄了四十題五十一首魯迅的舊體詩，對比大陸公開出版的最早對魯迅舊詩的整體性整理《魯迅舊詩箋注》來看，謝似顏未收入的是魯迅寫於 1902 年留日之前的早期詩作〔註 191〕，以及魯迅悼范愛農所寫的三首詩只收錄了一首。關於留日之前的詩，魯迅生前並未公開發表過，均係由周作人提供而被發現的。而《哭范愛農》原係《哀詩三首》之三，三首詩曾發表於 1912 年 8 月 21 日的紹興《民興日報》〔註 192〕，而收入《集外集》的只有《哭范愛農》，而 1938 年魯迅紀念委員會編《魯迅全集》時，許廣平已將《哀詩三首》收入《集外集拾遺》〔註 193〕，但或許因謝似顏沒有接觸到初版本的全集，因而沒有收入。另外，《我的失戀》曾被後來的《魯迅舊詩集解》及《魯迅舊詩探解》等書收入，謝似顏的輯錄中則沒有，由於《我的失戀》早在《野草》中即已出現，因此推測謝似顏沒有收入的原因在於該詩是白話擬古體制，而非完全意義上的舊體詩。而《南京民謠》及魯迅剝《七步詩》所作〔註 194〕

---

〔註 189〕　八首詩分別是《自題小像》《哀詩三首》（寫於聽聞范愛農死訊當日，收入《集外集》的《哭范愛農》即為這一組的第三首）《答客誚》《所聞》《無題二首》。參見：上遂《懷舊》，載《新苗（北平）》第 13 期，1936 年 12 月。
〔註 190〕　六首詩均為魯迅贈友人所做，只有《送增田涉君歸國》一首有標題。參見：上遂《魯迅古詩文的一斑》，載《新苗（北平）》第 16 期，1937 年 4 月。
〔註 191〕　分別是《別諸弟　庚子二月》（三首）《蓮蓬人》《庚子送灶即事》《別諸弟　辛丑二月》（三首）《惜花四律步湘州藏春園主人韻》，參見：張向天《魯迅舊詩箋注》，目次，廣州：廣東人民出版社，1959 年。
〔註 192〕　倪墨炎《魯迅舊詩探解》，上海：上海書店出版社，2009 年，第 42 頁。
〔註 193〕　參見：魯迅先生紀念委員會印編《魯迅全集》第七卷（第 3 版），1948 年，魯迅全集出版社。
〔註 194〕　魯迅在《咬文嚼字（三）》中沒有為此詩命名，只說「姑且利用它（《七步詩》）

雖然同為白話，但或許因其體制合於絕句，因此還是收入了。最後，沒有收入
的還有兩首分別發現於 1962 年及 1975 年的《題〈芥子園畫譜〉贈許廣平》
〔註195〕及《題贈馮蕙熹》〔註196〕。除此之外，謝似顏輯錄的詩中還有《王道
詩話》組詩，這首詩及《迎頭經》都曾被收入過《魯迅舊詩箋注》，但張向天在
書中注明據新版《魯迅全集》，此二首實為瞿秋白寫作並以魯迅的筆名（幹、何
家幹）發表的〔註197〕，經查證張向天提及的新版《魯迅全集》是 1958 年人民
出版社版本，因此謝似顏在輯錄時應該還沒有考證出這一事實，故此輯入。雖
然《王道詩話》與《迎頭經》先後發表於《申報·自由談》並收入《偽自由書》，
但謝似顏卻遺漏了《迎頭經》，由於《迎頭經》是四言古詩，從謝似顏所輯錄的
都是標準五言、七言詩體來看，很有可能不是遺漏，而是因詩體原因未收入。
除了輯錄範圍之外，謝似顏輯錄的《民謠》（即通行版本中的《南京民謠》）有
一些錯誤，頗有意味。現抄錄如下：

> 《民謠》〔註198〕
>
> 大家去謁口。強盜當正經。
>
> 靜默十分鐘。各自想奉經。
>
> 《南京民謠》〔註199〕
>
> 大家去謁靈，強盜裝正經。
>
> 靜默十分鐘，各自想拳經。

　　謁靈之「靈」被寫作「口」字，似有看不清楚原文無法錄入之態，而「裝」
正經改為「當」正經，「拳經」被寫為「奉經」，卻使原詩的意思幾乎變得完全
相反，加之此詩本來就是一首以國民黨為對象的諷刺詩，因此謝似顏很有可能
不是誤記，而是有意識地進行了修改。

---

活剝一首，替豆萁伸冤」。參見：魯迅《咬文嚼字（三）》，《魯迅全集》第三卷，
北京：人民文學出版社，2005 年，第 92 頁。謝似顏輯錄中此詩被命名為《剝
曹子建七步詩》，參見：謝似顏《魯迅舊詩錄》，載《臺灣文化》第 1 卷第 2 期，
1946 年 11 月。在後來的魯迅舊詩整理中，這首詩被命名為《替豆萁伸冤》。參
見：張向天《魯迅舊詩箋注》，目次，廣州：廣東人民出版社，1959 年。
〔註195〕倪墨炎《魯迅舊詩探解》，上海：上海書店出版社，2009 年，第 63 頁。
〔註196〕倪墨炎《魯迅舊詩探解》，上海：上海書店出版社，2009 年，第 273 頁。
〔註197〕張向天《魯迅舊詩箋注》，目次，廣州：廣東人民出版社，1959 年，第 135、
139 頁。
〔註198〕謝似顏《魯迅舊詩錄》，載《臺灣文化》第 1 卷第 2 期，1946 年 11 月。
〔註199〕魯迅《南京民謠》，《魯迅全集第七卷》，北京：人民文學出版社，2005 年，
第 400 頁。

　　總體而言,就當時對魯迅舊詩的發現及整理情況來看,謝似顏抄錄並發表於《臺灣文化》上的基本上已經較為全面,並且在實際上構成了最早對魯迅舊體詩進行專門輯錄的文本。之所以說是實際上最早,一是因為上文中提到過的魏建功曾計劃此事,但由於抗戰爆發而擱置了〔註200〕,後來柳非杞在抗戰期間輯錄了五十二首魯迅舊體詩,編輯成《魯迅舊體詩集》,許壽裳為之寫過序、跋,1944 年交沈鈞儒審核並出版,沈閱後建議補輯包括白話詩在內的其他詩作。後因意見不統一,此書就擱置。解放後,因魯迅著作由國家統一印行而此詩集終未刊行〔註201〕。因此,謝似顏對魯迅舊詩的抄錄及發表實際上是魯迅舊體詩研究領域較早、甚至有可能是最早面世的一份整體性材料,而它的出現又與楊雲萍的獨到眼光有著密切的關係。在魯迅舊體詩尚未走進研究者視野的時候,楊雲萍已經開始對魯迅的舊體詩有著特別的關注,除了鼓勵謝似顏此次發表之外,在其著手主編的《魯迅的思想與生活》中,專門收入了許壽裳為柳非杞所編《魯迅舊體詩集》寫作的序和跋,足見其對魯迅舊體詩的關注程度。這實際上也構成了《臺灣文化》「魯迅觀」的一部分,即他們所關注的魯迅並不僅止於小說創作抑或道德層面的「誠愛」魯迅,同時也以一種學術性的研究眼光來審視著魯迅及其作品。遺憾的是,在魯迅舊體詩方面只有輯錄而沒有進一步的闡釋,這一點一方面與許壽裳的「不可妄作」有關,同時也與國民黨對魯迅的態度以及當時臺灣社會氛圍有關。

## 小　結

　　在《臺灣文化》的整體行刊策略中,如何處理與「五四」新文學的關係是其中十分重要的一個部分。就文學發展的脈絡而言,發軔於 1920 年代的臺灣新文學與「五四」有著千絲萬縷的聯繫,雖然不能夠簡單地將之視為「五四」的延長線,但「五四」精神及白話新文學卻曾實實在在地為臺灣新文學的誕生與發展提供了相當一部分精神動力與學習樣本。不僅如此,臺灣新文學與「五四」新文學的關係並不僅止於文學層面的影響,前者在日據時期的出現實際上

〔註200〕許壽裳《〈魯迅舊體詩集〉序》,《魯迅的思想與生活》,1947 年,臺北:臺灣文化協進會,第 61 頁。
〔註201〕參見:熊融《董老和〈魯迅舊體詩集〉——兼談編錄者柳非杞先生》,北京魯迅博物館魯迅研究室編《魯迅研究資料6》,天津:天津人民出版社,1980 年,第 238～241 頁。

意味著一種尖銳的反殖民力量，同時也是臺灣作家與祖國文學追求同頻共振的確證。在此意義上，白話文既是一種文學上的追求，其背後所蘊含的「言文一致」也指向了對於現代中國的追求與想像，曾經被中斷的臺灣新文學同樣具有這一雙重的文學與社會革命性，並因其殖民地處境而強化了現實層面的反殖民意味。因此，在光復後《臺灣文化》同仁對於新文學的重視某種意義也可以視為對前一階段未完成的文學與社會革命的再出發，只是其中的「反殖民」追求因現實環境的轉變被置換為「解殖民」需要。

　　《臺灣文化》大量地刊載介紹祖國新文學脈絡、新文學作品等相關的文章，還大量地邀請大陸渡臺作家寫稿，這些都是上述「接續」的一個重要表徵，並且體現出多層次的特點。除了曾經未完成的臺灣新文學之外，在光復之際，再度擁抱「五四」新文學意味著一種文化層面的復歸，而選擇新文學作為對象則說明《臺灣文化》清晰地意識到了「新文學」與現代中國之間的關聯，即此時所提倡追求的新文學提示出他們所要追求的並不是一般想像中作為原鄉的古典中國，而是一個具有當下性乃至未來性的現代中國。這意味著新文學在文學傳統接續、文化復歸之中不僅承擔著解殖民與樺接民族性的功能，更為重要的是它將作為一種現代性的媒介，通過言文一致的白話新文學通向對現代國民的召喚與統合，這種現代性又將反過來為辨識與祛除殖民現代性提供動力。有意味著的是，在相當程度上跳出「左」「右」立場的《臺灣文化》在新文學的方向上選擇了魯迅作為標幟，這一方面與當時他們所接觸的渡臺人群有關，另一方面則並不完全出於偶然，魯迅的現實關懷與批判立場是《臺灣文化》始終積極宣傳與倡導的部分，並且構成了光復初期魯迅傳播的重鎮。遺憾的是魯迅方向在 1948 年許壽裳遇害及次年雜誌轉型倉促地終止，但《臺灣文化》對於新文學的思考與推廣也構成了一種沉澱於光復初期的文化潛意識，並與1947 年《橋》副刊的文學論爭具有異曲同工之處。

# 第三章　鄉土中國的再發現與
## 地方意識的覺醒

## 第一節　民族性、地方性的交匯與大眾化追求

　　自《臺灣文化》創刊之初，鄉土文化與地方性的民間文藝樣式就始終處於其關注之中。一方面，《臺灣文化》致力於搜集、刊載民間文學，創刊號上即開始收錄臺灣民歌——《最新手巾歌》〔註1〕，還在後續展開了民間歌謠的徵集活動並設立歌謠委員會〔註2〕。同時，對於民間傳說的考察、對傳統的傀儡戲、皮猴戲的介紹也時有出現。不僅如此，具體的文學表達中也充斥著鄉土的元素，在《臺灣文化》所刊載的小說及詩歌中，大部分都是鄉村場景並聚焦於農民的生活。因這一部分內容都是由本省籍作家寫就，在光復這一語言轉換的階段，這類作品數量不多，編輯還曾在《編後記》中大聲疾呼「臺灣的文藝家在哪裏？」〔註3〕另一方面，關於臺灣歷史、社會的研究文章也屢屢出現，這兩種表現皆指向了對於臺灣地方性的關注。在這種地方性的關注中，《臺灣文化》隱隱呈現出了一種再發現並重構鄉土的衝動，同時這一重構的鄉土也成為了光復後臺灣民族性與地方性的交匯點，並且構成了鄉土中國的一部分。

　　臺灣文學對於鄉土的關注自其出現之日開始，就因其殖民地處境而與大

〔註1〕　《最新手巾歌》，載《臺灣文化》第 1 卷第 1 期，1946 年 9 月。
〔註2〕　莊永明《「稻江歌人醫師」林清月（下）》，莊永明書坊：http://jaungyoungming-club.blogspot.com/
〔註3〕　《編後記》，載《臺灣文化》第 2 卷第 5 期，1947 年 8 月。

陸的鄉土文學而有著較為明顯的區別。不同於大陸現代文學史上的鄉土文學
有著明確具體的內涵〔註4〕，對於臺灣的鄉土文學而言，作為觀念核心的「鄉
土」，在歷次論爭的開始，似乎一直是一個先驗的、不辯自明的而又意義模
糊的存在〔註5〕。不辯自明的原因或許在於，鄉土本身並不是一個難以理解
的複雜概念，自近現代以來，城市文明的另一端似乎就是鄉土，在文學的表
現中，鄉土往往兼具曖昧落後與質樸純真的特質。而意義模糊則應該是臺灣
鄉土文學的一個特有的情形，論及這一模糊性的起源，應當追溯到 1930 年
代的臺灣第一次鄉土文學論爭，這是目前學界公認的鄉土文學被正式提出的
原點。在這一次論爭中，鄉土主要是通過臺灣話文被想像的，因而這次論爭
也同時被稱之為臺灣話文論爭。換言之，如果說大陸文學史中的「鄉土文學」
是一種「五四」白話文潮流下現實主義創作的一種類型總結，那麼臺灣的「鄉
土文學」則是概念先行，在概念背後隱含著當時知識分子與現實對話的具體
訴求。在被視為第一次鄉土文學論爭開端的《怎樣不提倡鄉土文學》中，黃
石輝有如下表述：

> 你是臺灣人，你頭戴臺灣天，腳踏臺灣地，眼睛所看的是臺灣
> 的狀況，耳朵所聽見的是臺灣的消息，時間所歷的亦是臺灣的經驗，
> 嘴裏說的亦是臺灣的語言，所以你那支如「橡」的健筆，生花的彩
> 筆，亦應該去寫臺灣文學了。〔註6〕

黃石輝處處強調臺灣特性所針對的語境自然是日本對臺殖民進行的同化
政策，同時他也是在國際普羅文藝理論和實踐的邏輯上提出這這一系列關於
鄉土文學及臺灣話文的主張，其中具體的辦法體現為「用臺灣話寫成各種文

---

〔註4〕 在大陸現當代文學史上，「鄉土小說」被視為「為人生」的現實主義創作的一
部分，具體定義為「這類靠回憶重組來描寫故鄉農村（包括鄉鎮）的生活，帶
有濃重的鄉土氣息和地方色彩的小說。」，參見：錢理群等著《中國現代文學
三十年（修訂本）》，北京：北京大學出版社，1998 年，第 82 頁。另外，由於
其誕生語境的特殊性，鄉土小說不僅停留在描摹鄉村的層面，同時還具有啟蒙
意識與拯救意識。參見丁帆《中國大陸與臺灣鄉土小說比較論綱》，黃景春主
編，王麗娜、丁佳蒙編選《大陸學者論臺灣鄉土文學》，上海：上海大學出版
社，2012 年，第 258 頁。

〔註5〕 施淑《想像鄉土·想像族群——日據時代臺灣鄉土觀念問題》，《兩岸：現代當
文學論集》，北京：清華大學出版社，2014 年，第 193 頁。

〔註6〕 黃石輝《怎樣不提倡鄉土文學》，原載於《伍人報》第 9～11 號，1930 年 8 月
16 日～9 月 1 日。選自：（日）中島利郎編《一九三〇年代臺灣鄉土文學論戰
資料彙編》，高雄：春暉出版社，2003 年，第 1 頁。

藝、增讀臺灣讀音、描寫臺灣的事物」〔註7〕，即用臺灣人能夠讀懂的語言書寫臺灣，這大抵也構成了臺灣「鄉土文學」的最初內涵。另外，黃石輝曾將「臺灣文學」等同於「鄉土文學」，但這並不完全是概念的混淆，從其具體的表達中可以看出「鄉土」所承載的地方性：

> 因為「臺灣不是一個獨立的國家」，所以將臺灣規定為一個鄉土，標榜「鄉土文學」，標榜「臺灣話文」，不然就該標榜「臺灣文學」「臺灣國語文了」。〔註8〕

此處所強調的地方性不是指地域性的特色，而是指臺灣相對於中國的地方性，即在1930年代的論述中，雖然政治上不能靠近祖國，但他們思考的方式始終是以臺灣作為中國的一個地方而展開的。這是臺灣鄉土文學乃至鄉土觀念的一個重要特質。簡言之，第一次鄉土文學論爭是臺灣新文學發展過程中，一方面受到世界性左翼思潮影響而考慮到文藝大眾化的問題，另一方面則是在國家身份與民族身份分裂的情境中，一部分知識分子希望通過臺灣話文來實現「言文一致」的構想，因而由新／舊文學轉向了白話文／臺灣話文的思考與爭論。不難發現，臺灣第一次鄉土文學論爭所討論臺灣話文問題與大陸抗戰期間的「民族形式」論爭中涉及到的問題具有歷史的同構性〔註9〕，只不過臺灣所面臨的問題更為纏繞。在這次鄉土文學論爭中，臺灣話文的構想雖然涵蓋了民族性與階級性的雙重追求，由於殖民地處境這一處境帶來的一系列問題，民族性成為一個壓倒性的追求。不僅如此，臺灣知識界對於現代性的追求也內在於其中，此處的現代性是將日本的殖民現代性排除在外的。在與祖國長時間隔絕的情境中，「五四」白話文在臺灣要實現大眾化是較為困難的，因此臺灣話文被作為一種地方性方言而被提倡，由此試圖繞過日本通過日語傳輸的有限的現代性，以臺灣話文構建一個地方性的文學空間，並對「五四」白話文接受能力之外的臺灣大眾形成一種召喚性力量進而通達現代，同時拒斥日

---

〔註7〕 黃石輝《怎樣不提倡鄉土文學》，原載於《伍人報》第9～11號，1930年8月16日～9月1日。選自：（日）中島利郎編《一九三〇年代臺灣鄉土文學論戰資料彙編》，高雄：春暉出版社，2003年，第4～5頁。

〔註8〕 黃石輝：《所謂「運動狂」的喊聲》，原載於《臺灣新民報》第967～969號，1933年10月29日～31日。選自：（日）中島利郎編《一九三〇年代臺灣鄉土文學論戰資料彙編》，高雄：春暉出版社，2003年，第406～407頁。

〔註9〕 參見：歐陽月姣《「國語運動」中的臺灣話文論爭——1930年代臺灣文學的語言問題與「民族形式」之難》，載《中國現代文學研究叢刊》2020年第1期。

語所攜帶而來的日本認同。在這種構想中，臺灣始終作為中國的地方而被思考著，但由於政治上的分離以及日本的殖民政策，以及缺乏實際的政治力量，這一主張並沒有真正的落點，表徵為提倡臺灣話文的「鄉土」追求與借由臺灣話文實現言文一致的希望僅僅成為 1930 年代臺灣知識分子的一個思想寄託。

在鄉土文學的前史中可以發現，「鄉土」之於臺灣並不是一個等待被發現的固有之物，其在生發之時就已經與殖民語境糾纏縮結，因此需要經過對象化、問題化，並對其中的民族性、地方性乃至於階級性重新清理、整合才能切近。在 1930 年代，經由臺灣話文所構想的鄉土文學正是當時知識分子試圖以「鄉土」作為抵殖力量的一種嘗試。但到了光復之後，鄉土所承載的意義發生了一些轉變，從拒絕同化的抵抗殖民轉變為文化層面的尋根與解殖追求。因此，《臺灣文化》在光復後對民間文學的整理以及對鄉村題材的關注正是重構鄉土的一種方式。在這種重構中，不僅鄉土文學佔有一席之地，其他的民間文藝形式也進入其中。儘管在鄉土文學的歷史中，鄉土既是改革的力量，也是改革的對象，作家和鄉土由此產生著疏離〔註10〕，鄉土文學中也不可避免地暗含著啟蒙的影子。但在光復後的去殖民浪潮中，地方性從反殖民力量轉換為一種民族主義的召喚性力量，這種疏離開始在一定程度上被民族性彌合。對於光復後的臺灣而言，鄉土文學與民間文藝共同構成了重新審視並建構臺灣鄉土的重要部分，並且兼具民族性與大眾化的追求，民族性不僅在日據時期作為抵殖力量成為一個壓倒性的前提，光復後這一抵抗性力量轉變為一種更為高昂的凝聚性力量，並再次成為導向性追求。同時，伴隨著左翼浪潮在臺灣的式微，此時的文藝大眾化追求不再是「普羅文學」趨勢下的追求，而是通過大眾化實現民族性的再凝結，這意味著大眾化實際上是國家化的關鍵步驟。因此，此時的建構鄉土主要的張力不再是曾經的民族性與階級性遭遇，鄉土化身為一個民族性與地方性互動的場域，在這種動態結構中，二者必須經過整理與調和，臺灣才能夠真正地實現地方化。如果說日據時期，鄉土文學／臺灣話文的提倡者是在設想一條具有抵殖意味的文學路徑，並最終通向對於現代國家的想像，那麼在光復之後，除了反殖民向解殖的滑動之外，重構鄉土所面臨的具體問題是，如何穿過殖民經驗所造成的「第二自然」（the second nature）〔註11〕重新

〔註10〕 參見：施淑《想像鄉土・想像族群——日據時代臺灣鄉土觀念問題》，《兩岸：現代當文學論集》，北京：清華大學出版社，2014 年，第 196～198 頁。
〔註11〕 施淑《想像鄉土・想像族群——日據時代臺灣鄉土觀念問題》，《兩岸：現代當文學論集》，北京：清華大學出版社，2014 年，第 198 頁。

發現自身並將之融匯入中國文學的脈絡之中，並以地方的身份參與對於現代中國的建構，即曾經想像中的祖國在經過實體化以後，如何在臺灣落地生根，臺灣又如何在祖國的懷抱中安頓自身。

　　在《臺灣文化》創刊號上，吳新榮寫作了《文化在農村》一文，其中談到的關鍵問題之一是臺灣話作為一種臺灣通行的民間語言，在寫作與表達中對本省人而言相對更為得心應手，尤其是對於農村大眾來說，應有研究臺灣白話文的必要〔註12〕。這實際上延續了黃石輝在 1930 年代的主張，依然是在一種大眾化的追求下，提倡作為方言的臺灣白話文。值得注意的是，1930 年代臺灣話文的主張是基於殖民主義帶來的「不願」與「不能」〔註13〕的困境，而光復後的 1946 年，臺灣人所「不願」使用的日語已經在去殖民的主張中被拋開，但「不能」的困境卻還在一定程度上存在，只不過這種「不能」不再是日據時期政治與文化上的隔絕，而是過渡時期語言的困難。儘管國語運動如火如荼地展開，但是「五四」白話文仍然沒有達到普及的程度，在迅速地實現語言轉換的時刻，皇民化運動時期成長起來的一代使用日文的臺灣作家也面臨著失語的問題。在此背景下，吳新榮再一次試圖以臺灣白話文來實現大眾化：

> 　　關於臺灣話，我自有一種意見，像我從小就沒有讀過漢文，因此我所講的漢音常有不正確的地方，而我寫的漢文也常不清不楚，但是我一旦用了臺灣白話式的話法，寫一篇土話文章給一般人看，人們都說比漢文更容易使人瞭解，比白話文（國語文）更能明白……所以我主張除掉學校教育外，在一般文盲的農村大眾，應有研究臺灣白話文的必要。〔註14〕

　　較之 1930 年代臺灣話文所承載的主體性〔註15〕構想，此時的臺灣白話文更多地指向過渡時期的大眾化問題。但對於光復初期的臺灣社會而言，此時大眾化追求中的階級色彩已經在很大程度上減弱，轉而成為民族性的從屬需求。由此關涉到的另一個問題是，鄉土在光復後的臺灣被如何重構及其所面臨的民族性與地方性的調和。吳新榮恰恰也是在民族性與地方性的架構中

---

〔註12〕吳新榮《文化在農村》，載《臺灣文化》第 1 卷第 1 期，1946 年 9 月。
〔註13〕參見：施淑《臺灣話文論戰與中華文化意識——郭秋生、黃石輝論述》，《兩岸：現當代文學論集》，北京：清華大學出版社，2014 年，第 202～217 頁。
〔註14〕吳新榮《文化在農村》，載《臺灣文化》第 1 卷第 1 期，1946 年 9 月。
〔註15〕此處的主體性指在反殖民的立場下所強調的作為中國之地方的臺灣主體性，其「主體」是相較於殖民者而言的。

思考臺灣白話文的:

> 有人說臺灣話文是一種死語。我卻以為未必然,用正確的文字,
> 表現正確的白話。這必然可為理解國語的導火線,但用臺灣白話,而
> 研究使其成為有系統的方言,這也可以助國語更進一步發達。〔註16〕

　　不過,臺灣白話文這一提議這並沒有成為《臺灣文化》上的主流聲音,在光復後國語運動的背景下,雖然也主張復原臺語,從方言比較學習國語,但這實際上只是一種語音層面的過渡性主張。另外,在民族性的追求下,國語無論在書寫還是口語層面都將是一個最終的追求,這也是現代國家召喚其國民的一種強力動員機制。另外,在《臺灣文化》後來刊載的《文藝大眾化》曾對方言寫作的問題作出回應:

> 中國語言系統不太統一,各地有各地的方言,有許多字寫不出
> 來,用白字只有一地方的人能懂,其他人反而不能瞭解了。〔註17〕

　　對此,作者夢周給出的解決方式是可以借用並加上注釋,以及儘量用全國比較普遍的語言來寫大眾化的作品,並以老舍作為一個正面的例子。事實上,《文藝大眾化》這篇文章的確是在一個更為開闊的視野下考慮了方言寫作的問題,認為這樣地域局限性太強,這也側面反映出吳新榮關於臺灣白話文可以助國語發達這一提議過於理想化的一面。但文中所提到的老舍對於當時的臺灣也並不具備太多參考價值,老舍所使用的方言本質上就是北京官話,對於掌握國語的讀者群體來說,個別北京話中的方言性詞匯通過注釋就可以順利地加以理解,這對臺灣白話文的推廣來說則具有相當程度的困難。粵語寫作在此或許可以作為一個參考,在文學革命以前,粵語大多依靠民間戲曲、小說實現文字化,但仍然處於言文分離的狀態,直到文學革命以後,白話漸成風潮,開始出現以粵語撰寫的教科書,粵語逐漸達到了言文一致,但粵語寫作始終囿於娛樂、傳道的範圍之中,處於邊緣化的位置。這之中值得注意的一個問題是,在晚清向民國的過渡階段,方言曾作為一種革命性力量顛覆了舊的語言秩序與國家觀念,但當新的政體、新的國家確立以後,方言因其顛覆性被再度壓抑,進入到國家化的過程,屈居於國語之下〔註18〕。粵語寫作的發展過程在某種程度上勾勒出了臺灣白話文未曾走完的路,二者的差異

---

〔註16〕吳新榮《文化在農村》,載《臺灣文化》第 1 卷第 1 期,1946 年 9 月。

〔註17〕夢周《文藝大眾化》,載《臺灣文化》第 2 卷第 6 期,1947 年 9 月。

〔註18〕參見:程美寶《地域文化與國家認同:晚清以來「廣東文化」觀的形成》,北京:三聯書店,第 111～163 頁。

也清晰地提示出，曾經的殖民體驗為臺灣所帶來的現代性的斷裂。由此提示出的一個問題是，日據時期，由於日本強力推行日語教育，臺灣通過五四白話文以及臺灣話文建構自身作為現代中國之地方的主體性以及現代性追求都以失敗告終，而光復則在政治上迅速地宣告臺灣復歸中國，表面來看，曾經地方的主體性追求以及現代性追求此刻都成為不言自明的應有之義，但實際上，吳新榮再次提出的臺灣白話文問題則提示出，在現代國家的框架下，如何在保存民族性的前提下處理與地方性的關係並順利地實現國家化，仍然是一個有待思考的文化問題。以語言問題為例，光復之初臺灣知識分子就提出「奪還我們的語言」〔註19〕，此處要奪還的正是臺灣人的母語——臺灣話，楊雲萍在文中認為這種奪還不僅僅是語言的奪還，同時也是民族精神的奪還。從這一點來看，臺灣話始終是被放置於方言的位置之上。奪還母語的同時，在光復激情的感召下，臺灣人有自發學習國語的熱情，隨後的國語運動也合情合理地展開，從這一點來看，國語處於一種具有凝聚力與召喚力的強勢位置，如同粵語曾經所面對的一樣，臺灣話也必須面對如何處理自身與國語之間的關係。當這種關係難以協調時，群體性的認同感也會隨之產生危機，《臺灣新生報》在光復之初發表的社論就勾勒出了這種語言的隔閡：

> 由祖國來的人，因講不通臺灣話，對臺灣頗感有異國情調。臺灣同胞多數不懂國語，從前稱國語為「官話」和「正字」，因此對講官話的人也產生了一種敬畏的感情。〔註20〕

這種隔閡並不僅止於交流的困難，同時因方言對於國語的從屬性關係而攜帶了某種等級色彩。因而這篇社論中強調「訕笑南蠻鴃舌之人是錯誤的」以及「臺灣話也是一種有國魂的中國話」〔註21〕。當是否能流利地使用國語成為現實生活中的遴選標準時〔註22〕，矛盾則更為激；另外，也有一些臺灣人是為了追求仕途的上進而學習幾句國語。凡此種種，使得原本作為「愛國」象徵的

〔註19〕參見：楊雲萍《奪還我們的語言》，原載於《民報》13號～14號，1945年10月22～23日。選自：林瑞明，許雪姬主編《楊雲萍全集2文學之部（二）》，臺南：國立臺灣文學館，2011年，第216～219頁。

〔註20〕《國語問題》，載《臺灣新生報》1945年10月25日。

〔註21〕《國語問題》，載《臺灣新生報》1945年10月25日。

〔註22〕陳儀曾在採訪中被問及「本省何時可能實行縣長市長民選？」其以「首先要使臺胞學習國語、國文。目前實行縣長、市長民選，種種俱感困難。」參見《上海大公報載陳儀答記者問》，陳鳴鐘，陳興唐主編《臺灣光復及光復後五年省情（下）》南京：南京出版社，1989年，第571～572頁。

國語，卻變成一種政治資本和身份識別的工具，頗令許多臺胞不滿〔註23〕。這些都說明了在文化層面如何處理民族性與地方性問題之必要。

另外，大眾化作為一個文藝層面的整體性追求，在此與地方性是聯繫在一起的。換言之，大眾化的文藝必然是要臺灣一般民眾都能聽懂、讀懂的內容，這一點毛澤東1938年提出的「新鮮活潑的，為中國老百姓所喜聞樂見的中國作風與中國氣派」〔註24〕的追求是相近的，二者的區別在於前者是地方性的大眾化追求，是民族性追求的基礎，其目的在於通過大眾化將臺灣民眾的理解與認同強力凝聚，進而將地方性融匯於民族性之中，是臺灣真正意義上實現地方化。而後者則是通過民族形式的問題協調階級性與民族性。但由於在光復初期的臺灣社會中，民族性作為強勢話語，加之國民黨的意識形態防控，雖然此時的大眾化追求並不是階級意義上的，文藝大眾化依然沒有形成討論的規模。《臺灣文化》上相關的文章也只有一篇，夢周在文章中雖然大力地要求實現文藝大眾化，認為新文藝已經成為知識分子的專利品，但這篇文章是站在整個中國新文學的宏觀視野上展開的，除了前述的方言問題，幾乎沒有考慮到如何在臺灣實現大眾化，其思考脈絡基本是沿著「五四」文學革命的思路，視方塊字為障礙，並且極力主張口語化的表達，不脫「我手寫我口」的範圍，其拒絕歐化語言的提議也並不適用於臺灣。整體來看，《臺灣文化》在鄉土議題以及大眾化相關的論述整體上以零散的狀態鋪陳開來，沒有形成統一的話題，但在具體的編纂之中，又時時可見其蹤跡，因此要梳理這一問題，還要回到具體的篇章之中。

## 第二節　整理與改造民間文學

### 一、民謠搜集及其國語化

《臺灣文化》創刊號上曾刊登過《最新手巾歌》，該民歌1932年即曾在日據臺灣出版發行，到1960年代前後共有四個版本，彼此之間內容差異很小，其源頭大致可以追溯至於江浙一帶的《六十條手巾山歌》，並在章數上

---

〔註23〕崔明海：《光復初期臺灣國語運動的開展及其社會影響》，載《抗日戰爭研究》2013年第2期。

〔註24〕毛澤東：《中國共產黨在民族戰爭中的地位》，中國共產黨晉察冀中央局：《毛澤東選集：中國共產黨在民族戰爭中的地位》，新華書店晉察冀分店，1938年，第20頁。

與之保持一致，內容上則進行了調整，總體上都是「人名故事歌」，《最新手巾歌》的創作可以說是受到《六十條手巾山歌》的啟發〔註25〕。這首民歌的刊載並不是一個偶然的個例，在雜誌的後續刊行中，還有創作於 1930 年代的閩南語童謠《放風吹》，《臺灣民間歌謠》，「七字仔」《蓮藕》以及分三期連載的《民間歌謠》，還曾舉辦臺灣歌謠演奏會〔註26〕，不僅如此，自第三卷第五期開始，《臺灣文化》的封底頁面上連續三期登載了《為徵求歌謠詞曲啟事》：

> 本會為提倡鄉土藝術，整理民間文學起見，決依左開辦法長期
> 徵求本省歌謠詞曲，敬請各界賜予協助，踴躍投稿是荷，此啟。
> 一、自古流傳之作品，或新作均所歡迎。能連同曲目者更佳。
> 二、稿件請注明作者姓名。
> 三、徵募歌謠擬儘量刊登《臺灣文化》月刊，並彙編成冊刊行
> 單行本。
> 四、刊登《臺灣文化》月刊之稿件酌贈稿酬。〔註27〕

從啟事來看，歌謠徵集是提倡鄉土藝術，整理民間文學的一個環節，這一主張在臺灣文化協進會成立後的音樂座談會上即已展開過相關討論。在這次座談會上，張福興大致梳理了臺灣的音樂史，認為臺灣自古的音樂是由福建移民傳來的，民眾音樂是較為缺乏的，後來的民間音樂樣式則有歌仔戲、廣東傳來的「採茶」以及高山族的「出草之歌」，這是對臺灣民間音樂的一個大致梳理。值得注意的是，張福興在這段梳理中，回憶了自己自東京歸來後，第一次在艋舺看歌仔戲的感受：

> 看後感覺著這是和「採茶」同樣的猥褻，將來要怎麼樣？當時
> 這種戲很盛行，因為演唱的語調給民眾一聽便知，而且戲的內容切
> 合人們的生活，所以歌仔戲雖是低俗，卻很受人們的歡迎，才盛行
> 到今日。〔註28〕

這種雅俗之辨在日據時期也曾經出現，在當時關於歌仔戲的討論中，「傷風敗俗」是一個主流的聲音，這也是曾經臺灣知識分子在面對鄉土問題時的

---

〔註25〕臺灣文學館：《〈最新手巾歌〉概述》，http://activityfile.nmtl.gov.tw/nmtlhistory/khng-koa-a/15b/15b.pdf.pdf

〔註26〕《本會日誌》，載《臺灣文化》第 3 卷第 4 期，1948 年 5 月。

〔註27〕《為徵求歌謠詞曲啟事》，載《臺灣文化》第 3 卷第 5 期，1948 年 6 月。

〔註28〕《音樂座談會記錄》，載《臺灣文化》第 1 卷第 3 期，1946 年 12 月。

一種文化焦慮〔註29〕，即在一種殖民現代性的衝擊下，既想要通過鄉土意識進行抵抗，又無法跳出現代眼光對鄉土加以批判性審視的矛盾。張福興曾經的觀感對此正是一個絕佳的注腳，在他的歷史經驗中，東京都市與臺灣民間構成了文明與落後的兩極，「猥褻」正是東洋文明凌駕於臺灣鄉土的表徵。但回到光復的語境中，無論是採茶抑或歌仔戲都不再被完全視為批判的對象，其「猥褻」以大眾的審美傾向加以包容，這正是重構臺灣鄉土的一個關鍵步驟，即嘗試剝離一種文明的幻象，重新發現一個殖民價值體系之外的臺灣。在此背景下，伍正謙認為民謠中有很大的音樂價值，並可以證明是民族文化的價值，即必須研究民謠這一作為民族音樂中心的音樂類型。這兩段發言一方面提示出了臺灣社會的移民性質，這意味著「鄉土」的發掘不僅僅是發現臺灣，同時也是在文化親緣上進行溯源，這無疑是去殖民化的一劑良藥。不僅如此，高山族的民歌也被納入討論的範圍，這意味著原住民群體已經進入大家的視野，不再如光復之前處於較為邊緣的位置，這也是臺灣整體現代性追求的一個重要部分。另一方面，把民謠視為民族音樂的重心實際上再次強調了臺灣的地方性，同時這也提示出臺灣民間文學的未來走向，即將地方性納入民族性之中。以此為基礎，游彌堅總結未來的音樂工作將分為兩類，一是民謠，受眾是一般大眾，二是中小學需要的音樂，在民謠部分則強調搜集民謠，稍加刪改並使其國語化〔註30〕，後者基本上勾勒出了重構鄉土的最終指向，地方性特質在殖民時期曾經被作為抵抗殖民以及保存自身的依憑，其中所蘊含的獨立的反叛性力量在光復後必須經過國家化的過程，民謠國語化意味著本土的文藝樣式將最終實現以地方性文藝納入中國文藝的範疇。在稍後的 1947 年 8 月，臺灣文化協進會還曾舉辦民謠座談會，專題探討民謠問題，游彌堅再次強調民謠的重要性，認為民謠不僅影響地方文化，而且影響民風〔註31〕，因此整理民謠也有提高文化與民風的考慮。另外，刊於第三卷第六期的《談談民歌的搜集》中也談到，民歌素樸的表現中有許多寶貴的資料，可以幫助理解一般民眾的真實生活，以及研究臺灣歷史、風物的參考〔註32〕。從以上線索來看，《臺灣文化》對於民歌的徵集與刊載的目的在於

〔註29〕 參見施淑：《想像鄉土‧想像族群——日據時代臺灣鄉土觀念問題》，《兩岸：現代當文學論集》，北京：清華大學出版社，2014 年，第 197 頁。
〔註30〕 《音樂座談會記錄》，載《臺灣文化》第 1 卷第 3 期，1946 年 12 月。
〔註31〕 《民謠座談會》，載《臺灣文化》第 2 卷第 8 期，1947 年 11 月。
〔註32〕 廖漢臣《談談民歌的搜集》，載《臺灣文化》第 3 卷第 6 期，1948 年 8 月。

整理並推廣民間文學，這實際上處於文藝大眾化的邏輯鏈條之中，並且與民族性問題交相纏繞，同時這種整理被認為有助於對臺灣的瞭解與研究。從這兩點主張來看，令人不由得聯想到北大歌謠運動時發行的《歌謠週刊》發刊詞中所提到的「學術的」與「文藝的」兩個目標〔註33〕。北大歌謠運動被視為新文化運動的子事件〔註34〕，是在白話文中為追求「活的語言」而對中國文化尤其是民間文化再審視的過程，並因而具有啟蒙性質。臺灣文化協進會所組織的民歌搜集以及提倡鄉土藝術的主張表面看來似乎挾「五四」餘續而來，但實際上深入考察其內部的邏輯則可以發現，此處的「鄉土」較之大陸現代文學脈絡中的「鄉土」，其核心任務並不在於藝術層面的探索抑或農村現實的症候式觀察，而是重新自我發現並將之祖國化的過程。如果說大陸1920年代的鄉土小說是在「鄉土」中發現了「民俗」，那麼臺灣文化協進會所追求的鄉土則是通過「民俗」再發現並建構「鄉土」，這兩個相反的文學裝置或許恰恰提示出「鄉土」之於臺灣社會的重要性與特殊性。另外，臺灣文化協進會及《臺灣文化》民謠相關的工作也取得了一定的進展，1948年年初在臺灣文化協進會主辦的新春音樂晚會上，專門設置了臺灣民謠的演奏板塊，其中的《六月田水》和《丟丟銅仔》被認為「最精彩」「頗受聽眾的歡迎」〔註35〕。隨後臺灣文化協進會在同年的11月28日還曾舉辦歌謠演奏會〔註36〕，其中以臺灣歌謠為主，大部分以閩南方言演唱，還演奏了臺灣作曲家呂泉生與大陸渡臺劇作家陳大禹合作改編的臺灣民謠及歌仔戲並博得喝彩〔註37〕。不僅如此，《臺灣文化》主編楊雲萍在雜誌停刊後仍在堅持呼籲對臺灣民謠的整理，期待臺灣歌謠的保存、傳佈、研究乃至創作，得有新的進展和成就〔註38〕。

〔註33〕王文寶《中國民俗研究史》，哈爾濱：黑龍江人民出版社，2003年，第63頁。

〔註34〕邱健《啟蒙與革命：四次歌謠運動的事件化闡釋》，載《中國現代文學論叢》2020年第2期。

〔註35〕《新春音樂晚會》，載《臺灣文化》第3卷第2期，1948年2月。

〔註36〕《本會日誌》，載《臺灣文化》第4卷第1期，1949年3月。

〔註37〕參見：曾健民《1949國共內戰與臺灣——臺灣戰後體制的起源》，臺北：聯經出版事業股份有限公司，2009年，第241頁。

〔註38〕楊雲萍《臺灣歌謠的整理》，原載於《臺灣風物》第2卷第7期，1952年10月。選自：林瑞明，許雪姬主編《楊雲萍全集2　文學之部（二）》，臺南：國立臺灣文學館，2011年，第25頁。

## 二、民間戲劇的改良

除了民歌的搜集之外，臺灣本土的戲劇樣式也同樣在《臺灣文化》的關注範圍之內。在第一卷第三期上，有一篇《臺灣傀儡戲和它的「祭煞」》，專文敘述臺灣民間傀儡戲的劇目、表演形式、相關禁忌以及符咒等。在這篇文章中，臺灣傀儡戲的起源被追溯至祖國：「臺灣傀儡戲的起源，用不著說是發生於中國的」〔註39〕，但作者呂訴上並沒有具體地加以考證。事實上，臺灣傀儡戲有南北之分，南部傀儡戲主要傳自漳泉地區，而北部傀儡戲則主要來自閩西客家，呂訴上在文中提及自己曾參與指導的戲班之一「同樂春」就是北部傀儡戲的主要演出團體之一〔註40〕。據呂訴上介紹，不同於布袋戲和皮猴戲，臺灣傀儡戲平時是不上演的，只有寺廟落成、火災或弔死溺死等恐怖事件送出時，民眾方聘請戲班來演，因此說「傀儡戲可說是全為著神鬼而上演的」〔註41〕，這意味著臺灣傀儡戲仍然與民俗儀式有著較為緊密的聯繫，因此作者在文末提出對之加以改良：

> 可是傀儡戲，若要使它成為臺灣劇界的一重要部門，有一點最重要的，是必須消除從前的迷信作風和色彩，而創造適應於新生活的需要的內容和形式，才有希望，才有光明的前途。〔註42〕

此種改良的提議不同於五四時期《新青年》上對於舊戲的徹底批判〔註43〕，是在保存民俗性地方戲的基礎上，以科學的觀念提出改良，這種方式與民國時期廣東瓊崖（今海南）以及浙江對當地傀儡戲進行的土戲改革〔註44〕頗有異曲同工之處。呂訴上還曾提出過關於歌仔戲改良的設想，針對臺灣社會上以話劇代替歌仔戲或完全將歌仔戲保存的兩種聲音，他都持反對態度，在此基礎上，其首先以一種兼具現實主義與民族主義的立場來看待歌仔戲的改革：

〔註39〕 呂訴上《臺灣傀儡戲和它的「祭煞」》，載《臺灣文化》第 1 卷第 3 期，1946 年 12 月。

〔註40〕 參見：葉明生《中國傀儡戲史　古代、近現代卷》，北京：中國戲劇出版社，2017 年，第 502～505 頁。

〔註41〕 呂訴上《臺灣傀儡戲和它的「祭煞」》，載《臺灣文化》第 1 卷第 3 期，1946 年 12 月。

〔註42〕 呂訴上《臺灣傀儡戲和它的「祭煞」》，載《臺灣文化》第 1 卷第 3 期，1946 年 12 月。

〔註43〕 參見：傅斯年《戲劇改良各面觀》，載《新青年》第 5 卷第 4 號，1918 年 10 月、周作人《論中國舊戲之應廢》，載《新青年》第 5 卷 5 號，1918 年 11 月。

〔註44〕 參見：葉明生《中國傀儡戲史　古代、近現代卷》，北京：中國戲劇出版社，2017 年，第 593～600 頁。

　　戲劇是某一時代，某一國家，某一國民的呼聲叫喊，臺灣的戲
　劇，也要有為中國五千年來的中國人的叫喊和呼聲。〔註45〕

　　而五千年來中國人的叫聲在文中則被歸結為空洞的三民主義大理想，這
一點顯然脫離了藝術的範疇，而略帶黨化文藝的色彩，但實際上呂訴上也沒有
具體地對三民主義加以闡釋，只是將之理解為中國未來的發展方向。這也是此
一時期臺灣知識分子常見的一種現象，他們對三民主義的瞭解或理解可能並
不深入，只是將國民黨視為祖國的現實化身，因而國民黨所提倡的三民主義就
順理成章地成為各個領域的理想追求。就這一點而言，不能武斷地將之理解為
空喊口號的行為，對三民主義的熱忱恰恰側面提示出了當時臺灣社會急於融
入祖國社會的心態。這實際上勾勒出了當時臺灣知識分子看待民間文藝的一
個輪廓，其邏輯基本上與游彌堅提到的民謠國語化是一致的，即保留民間文藝
並對之加以改良，無論國語化也好，追求三民主義大理想也好，都是將地域文
化國家化的過程，在這一過程中，民間的形式通過與國語、三民主義等現代國
家觀念的產物相結合繼而加以傳播，這樣既可以達到去殖民這一首要的現實
目的，更為重要的是，在此過程中實現文化的重建與轉型，將臺灣社會整體納
入現代中國的脈絡中。之所以對民間文藝提出這種改造，其原因一方面在於對
臺灣社會而言，地方性的文化尤其具有民族性及反殖民意味，呂訴上也尤其強
調「劇本無論如何要臺灣人自身來創造」〔註46〕。另一方面則在於民間文藝是
真正大眾化的文藝樣式，而在民間文藝中，戲劇又是受眾最多的一種。呂訴上
對此也有十分清醒的認識：

　　我們在戲劇這一個名詞裏面，即可看到它是含有「觀眾」的意
　思的。這個「觀眾」，在今日是屬於「大眾」的……所謂「政治」就
　是領導民眾的方式，在便於左右民眾的思想和生活這一點，政治如
　果不會利用戲劇，可說是很愚昧。〔註47〕

　　在此，政治抑或利用都是相對中性的表述，他同時也強調要在娛樂之中加
以啟蒙，啟蒙之中獻以娛樂，把娛樂的藝術性和啟蒙打成一片，這恰恰提示出
戲劇乃至其他民間文藝的大眾化屬性的重要。此後，呂訴上還繼續介紹了臺灣

〔註45〕呂訴上《臺灣演劇改革論（二）》，《臺灣文化》第2卷第4期，1947年7月。
〔註46〕呂訴上《臺灣演劇改革論（二）》，載《臺灣文化》第2卷第4期，1947年7月。
〔註47〕呂訴上《臺灣演劇改革論（一）》，載《臺灣文化》第2卷第3期，1947年3月。

皮猴戲，依然是以介紹為主，包括其上映場所、映寫幕與後場、導演與演技、流派與流佈狀態四個部分。在最後一部分中，臺灣皮猴戲的沿革依然追溯至中國，並被認定為屬於中國影戲的西城派〔註48〕。而在另外一篇《皮猴戲的沿革與臺灣》中，呂訴上詳細地考證了中國皮猴戲的起源，並將皮猴戲的發展分期討論。值得注意的是，這篇文章的最後一節「皮猴戲與臺灣」中，呂訴上以一種較為開闊的眼光看待臺灣皮猴戲：

> 皮猴戲……是臺灣民藝中最保持著古風的餘韻的特殊藝能。可是臺灣現在幾乎把它的好處忘掉了。這種古時文化漸被遺忘的原因，確受了歐美文化的侵入所致，要保護這寶貴的文化財寶，我想是和愛惜石佛金佛等古物一樣有價值。〔註49〕

在此，呂訴上注意到了臺灣社會價值的傾向，以一種民族化的眼光看待著皮猴戲這一傳統民間戲劇樣式，將之提升到了文物的高度，希望通過這樣的方式來保存民族文化，這一點頗具前衛的現代意味，像愛惜古物一樣愛惜皮猴戲的表述可以看作是日後非物質文化遺產觀念的一個雛形。不僅如此，其對於臺灣皮猴戲的期待尚不止於此：

> 皮猴戲在爪哇、土耳其世界裏任何地方都有這種民藝，可是在豐富的藝術味這點上卻不及中國的……一面滿足著觀者以近代的感覺，漂動著東方亞細亞的不可思議的藝術味。因此在現在和將來，它還充分地具有大亞細亞的性格和有力的藝能之資格與可能性。〔註50〕

「大亞細亞的性格」提示出呂訴上心目中皮猴戲在文化輸出層面的潛質，即從地方走向整個亞洲。這一點與其整體的戲劇觀念是一致的，在戲劇改革論中呂訴上即提議改革後的戲劇不必拘泥於中國或西洋的分類，也不必拘泥於新劇、平劇、歌仔戲等固定的範疇，關鍵在於要表現出伸張世界大同的中國魂以及較高的文化水準，其目的則在於在今後的文化戰爭中，使世界一流的戲劇進出亞洲遍地，宣揚國威，驅逐日獨文化並建設大亞細亞的文化〔註51〕。也就是說，在調和了民間文藝的地方性與民族性之後，其所設計的目標是以中國藝術作為亞洲的代表性藝術，這種民族藝術的世界追求本身是無可厚非的，但是其表述方式背後隱含的危險卻值得思考。「大亞細亞性格」與「大亞細亞文化」

---

〔註48〕呂訴上《皮猴戲在臺灣》，載《臺灣文化》第 3 卷第 6 期，1948 年 8 月。
〔註49〕呂訴上《皮猴戲的沿革與臺灣》，載《臺灣文化》第 3 卷第 7 期，1948 年 9 月。
〔註50〕呂訴上《皮猴戲的沿革與臺灣》，《臺灣文化》第 3 卷第 7 期，1948 年 9 月。
〔註51〕呂訴上《臺灣演劇改革論（二）》，《臺灣文化》第 2 卷第 4 期，1947 年 7 月。

顯然帶有日本大（泛）亞細亞主義的影子，並且在其隱含的東西方對立的架構中，日本曾利用其作為帝國擴張及奪取區域霸權的手段，日本在戰時所提倡的虛偽的「大東亞共榮」亦胎孕於此。因此從這一點看來，呂訴上對於文化的思考方式也帶有這種區域性霸權的色彩，並且其所設想的中國文化所輻射的範圍也基本上圍於亞洲範圍。呂訴上自己似乎並沒有意識到，驅逐日獨文化與建設大亞細亞文化之間存在著某種悖論，首先日本本身就是亞洲的一個部分，其次延續這一邏輯帶來的可能性結果之一隻是將「日獨文化」替換為另一種霸權話語，背後仍然隱含著民族主義支配下的狹隘思想。由此提示出的兩個問題，一是光復後臺灣知識分子所面臨的反思問題，除了語言、服飾、生活方式等具體的問題之外，如何在思維的層面擺脫日本所形塑或滲透的觀念，這一點近似於法農曾談到過的殖民地知識分子的問題，即知識分子在反抗殖民的過程中看不到因為殖民主義用其所有的思想方式滲入到他們身上〔註52〕，當這種情況發生時，就會有不自覺地複製前殖民者的邏輯，佔據前殖民者位置的危險相伴而生。二是中國與日本同處東亞，加之儒漢文字圈所具備的影響力為前述反思增加了難度，以亞細亞意識為例，它雖然最終常常為帝國主義所利用，但其實際上是生發於日本民間底層的，就其區域性合作的內涵而言，中國自辛亥革命至「五四」期間也曾出現過以李大釗為代表的「大亞細亞主義」之討論熱潮〔註53〕，而在何種意義上理解和使用「大亞細亞意識（性格）」則將指向完全不同的路徑。由此可見，身處東亞的同時，對日本殖民所帶來的影響加以反思和清理之於臺灣去殖民的重要性，上述問題也提示出其間的困境。

　　總體而言，《臺灣文化》在整理民間文學方面主要體現在民歌和地方戲兩個面。在這兩條工作線路中，在展開具體的工作或倡議前總是不約而同地回顧其歷史並強調其與祖國一脈相承的淵源，這正是以民族性統合地方性的一個重要前提。不僅如此，無論是對民歌的搜集還是對地方戲的討論，都沒有僅僅停留在收集或保留的層面，而是在保存地方性特徵的基礎上嘗試以現代的方式對之加以改良，民歌的國語化以及舊戲改良的種種提議都體現出一種現代視野，希望以此實現國家化，通過一種具有現代性的民間文藝形成對民眾的召喚力，這正是光復後重構鄉土並實現文化「光復」所追求的目標，也是文化去

〔註52〕（法）弗朗茲・法農《全世界受苦的人》，萬冰譯，南京：譯林出版社，2005年，第10頁。
〔註53〕參見趙京華《從晚清到五四：亞洲主義在中國的消退及其後果》，載《學術月刊》2016年第5期。

殖民的重要方式。雖然在這一過程中，臺灣知識分子不可避免地面臨一些困境，但他們在這一時期所做的工作仍然具有奠基性意義。在音樂方面，臺灣文化協進會所進行的民謠搜集工作及隨後成立的歌謠委員會與幾乎同一時期臺灣師範學院的歌謠研究會遙相呼應，這也或許可以視為臺灣 1970 年代蜂起的民歌運動的先聲，而呂訴上對歌仔戲等戲劇的倡議也在之後 1950 年代關於歌仔戲存廢問題的討論中激起迴響。

## 第三節　臺灣研究與解殖困境

### 一、臺灣戰後體制的起源與《臺灣文化》的轉型

自 1949 年 7 月起的第五卷第一期，《臺灣文化》正式轉型，由綜合文化月刊改為學術季刊，並只選編有關臺灣研究的論文、資料等稿件〔註 54〕。此次轉型應該是較為突然的，在轉型前的最後一期即第四卷第一期刊於 1949 年 3 月，但其中袁聖時的《山海經裏的諸神》系列僅連載到中篇，在此期《編後記》中，編輯曾對此前停刊四個月表示歉意：

> 本志到今日，才得和讀者諸位見面，我們只有說聲「抱歉」！
> ——雖然我們有種種的可以做辯解的「口實」和「事實」。反正得再
> 和諸位見面了，願此去不要如此。〔註 55〕

不僅如此，這一期的編輯內容大多是是 1948 年 10 月到 11 月間編的，結合「再得和諸位見面」的表述可以大致判斷《臺灣文化》的中斷是遇到了一些阻力，而「願此去不要如此」則又提示出一種樂觀的期待，並無轉型之意。此外，關於轉型的啟事也是刊於新季刊上，可見其中的倉促。雖然《編後記》中沒有具體地解釋停刊的原因，但是結合當時整個中國局勢來看，就可以對之稍加解釋。在 1948 年 9 月的遼瀋戰役以及其後相繼展開的三大戰役中國民黨不斷失利，準備「引退」的蔣介石開始將大陸的內戰資產逐步向臺灣遷移，並於 1948 年 12 月 19 日任命陳誠為臺灣省政府主席〔註 56〕，在陳誠接手工作的各項工作及方針政策中，「防共」是其中的重要組成部分〔註 57〕。此外，1949 年

---

〔註 54〕《本刊啟事》，載《臺灣文化》封底，第 5 卷第 1 期，1949 年 7 月。
〔註 55〕《編後記》，載《臺灣文化》第 4 卷第 1 期，1949 年 3 月。
〔註 56〕曾健民《1949 國共內戰與臺灣——臺灣戰後體制的起源》，臺北：聯經出版事業股份有限公司，2009 年，第 176 頁。
〔註 57〕薛月順主編《陳誠先生回憶錄：建設臺灣上》，臺北：國史館，2005 年，第 9 頁。

的「三一六」事件及稍後的「四六」事件先後爆發，並由此引起了國民黨當局在臺灣的「反共狂潮」，「四六」事件雖然屬於校園學生運動，但其處理卻不僅止於對學生運動的整肅，同時也是對文學運動、文化運動的大整肅，在「四六」事件引發的校園搜捕的同時，一些文藝副刊的編輯、記者、作家等也分三次被逮捕，臺灣光復後文學論爭的載體《橋》副刊主編歌雷即在其中。另外也有觀點認為這是陳誠以「整頓學風」為名發動「四六」同時另一個不欲人知的政治行動〔註58〕。在「四六」事件後不久的 1949 年 5 月 19 日，臺灣開始進入戒嚴時期，《臺灣文化》正是在這樣的動盪局勢中突兀地實現了轉型。

## 二、留用日人與「知識的接收」〔註59〕

　　轉型後的《臺灣文化》成為了專注於臺灣研究的學術刊物，這意味著以一種學術的眼光對臺灣的地方性加以審視，這也是重構鄉土的一種更具有理性及思辨意味的方式。但在轉型前，臺灣研究的一些論文也已經在《臺灣文化》上有所刊載，只不過數量不多，但仍可以從中追蹤到一條隱約的軌跡。最先出現的是 1947 年 8 月第二卷第五期上的《臺灣死亡現象之社會學的考察》系列，共分六期連載。作者陳紹馨既是臺灣文化協進會理事，同時也是臺大歷史系教授及校內民俗研究室的負責人，後者這層身份與轉型後的《臺灣文化》關係匪淺，後文將進一步展開。此後還有《清代臺灣族長的選充》《修志在臺灣》等文。不僅如此，臺灣研究在臺灣文化協進會建立之時就在考量範圍之內，因而設立了研究組並委任陳紹馨為該組主任。

　　事實上，臺灣文化協進會對於臺灣研究的關注也是在光復後文化解殖整體的脈絡之中。首先，陳儀在主持接收工作之時，為維持各機關業務不中斷，實行了留用日本人的政策，加之其希望將光復後臺灣的科學研究超過日本統治的時代〔註60〕，因此徵用日籍人員顯然對陳儀政府而言是一個便捷而有效的方式。根據統計，自 1945 年 10 月至 1946 年臺灣各機關單位徵用的日本人中，學術研究人員占比 6%〔註61〕。在此背景下，作為陳儀欽定的臺灣文化解

---

〔註58〕關於「四六」部分的論述參見：曾健民《1949 國共內戰與臺灣──臺灣戰後體制的起源》，臺北：聯經出版事業股份有限公司，2009 年，第 237～238 頁。

〔註59〕「知識的接收」這一表述由陳偉智提出，參見：陳偉智《知識的接收──國分直一與戰後初期的臺灣研究》，載《臺大歷史學報》第 61 期，2018 年 6 月。

〔註60〕臺灣省行政長官公署宣傳委員會編《陳長官治臺言論集》，臺灣省行政長官公署宣傳委員會，1946 年，第 27 頁。

〔註61〕湯熙勇《臺灣光復初期的公教人員人用方法──留用臺籍、羅致外省籍及徵

殖重鎮的省編譯館，在籌建之初亦有此一方面的考量。應當說許壽裳在學術研究方面的觀點與陳儀的指導思想不謀而合，許壽裳初到臺灣的第一次公開演講中就曾提及對於日本在臺學術成果的接收問題：

> 臺灣有研究學術的風氣，可以說是日人的示範作用，也可說是日人的功績。日本雖然是侵略國家，但他們的學術，我們需要保留……他們對臺灣的研究如：地形，植物，氣象，礦產以及人文各專科等等都有分門別類的研究……這種寶貴的材料，我們不能不注意而忽略了。而且要好好保持，繼續發展。〔註62〕

同時在《臺省編譯事業的拓荒工作》中也有類似的表述：

> 過去日本學者研究的成果，可以利用，日本學者研究的方法和態度，可以效法。日本人的苦幹精神，是值得佩服的……這種豐富的寶藏，在編譯工作上可籍（藉）以獲得不少的便利，為其他各省所不及。〔註63〕

在編譯館的籌建方面，陳儀班底中的沈仲九也提倡臺灣研究，曾對許壽裳說臺灣文獻目錄宜趁早編制，《臺灣研究叢書》至少須有百冊〔註64〕。在此共識之下，臺灣省編譯館設有臺灣研究組，並以楊雲萍為組長，楊雲萍自日據時期以來即與臺灣民俗研究淵源頗深，此處暫不贅述。在《臺灣省編譯館臺灣研究組工作計劃》中，大致羅列了五項工作，分別是臺灣關係文獻目錄之編纂、傳抄善本、搜集或刊行日本專家的名作、依囑省內各機關調查各機關所接收之日本統治時代之文獻檔案以及刊行《臺灣學報》（刊載臺灣史地之論文、文獻目錄）〔註65〕，這也基本合於許壽裳在記者會上進行的關於編譯館工作的談話中的內容〔註66〕。另外，編譯館也計劃發印臺灣研究叢書，並

---

用日本人（1945.10～1947.5））〉，載《人文及社會科學集刊》第 4 卷第 1 期，1991 年 11 月。

〔註62〕許壽裳《臺灣的過去和未來的展望——九月五日對本團全體學員精神講話》，載《臺灣省訓練團團刊》第 2 卷第 4 期，1946 年 10 月。

〔註63〕許壽裳《臺省編譯事業的拓荒工作》，黃英哲編《許壽裳臺灣時代文集》，臺北：臺灣大學出版中心，2010 年，第 57 頁。

〔註64〕參見：黃英哲等編校整理《許壽裳日記：1940～1948》，福州：福建教育出版社，2008 年，第 780 頁。

〔註65〕《臺灣省編譯館臺灣研究組工作計劃》，黃英哲等主編《臺灣省編譯館檔案》，福州：福建教育出版社，2010 年，第 61 頁。

〔註66〕許壽裳《許壽裳在記者會上關於編譯館旨趣與工作的談話稿》，黃英哲等主編《臺灣省編譯館檔案》，福州：福建教育出版社，2010 年，第 32 頁。

談到：

> 日本專家孜孜探究，成績可觀。今幸值光復，為紀念計，宜求
> 已成之稿，妥為翻譯，公之於世，尤冀吾國學者，續事研求，益臻
> 完善，故有臺灣研究叢書之刊行。〔註67〕

　　由此即形成了光復後臺灣「知識的接收」的基本局面，其中既有臺灣省行政公署的理念指導，又有編譯館的落地執行。需要注意的是，在設立臺灣研究組方面，主要應當還是許壽裳而非陳儀的主張，在許壽裳的公開演講及其草擬的編譯館工作設想〔註68〕中，處處可見對於臺灣研究的重視，而在陳儀對編譯館的預期中，臺灣研究似乎並不居於主要位置，無論是其邀約許壽裳來臺的信件〔註69〕中還是許壽裳到達臺灣後籌建編譯館時的對其的回信〔註70〕中尚不見其提及臺灣研究的部分。另外，編譯館留用的日籍學者應為十人〔註71〕，包括考古學、臺灣史前史專家國分直一、南洋言語及臺灣原住民語專家淺井惠倫、臺灣民俗專家池田敏雄等人〔註72〕，這其中一部分日籍學者經由楊雲萍的關係，與轉型後的《臺灣文化》關係殊為密切。

## 三、日據時期學術遺產的延續：《民俗臺灣》與《臺灣風土》

　　除了前文討論過的光復初期所形成的「知識的接收」這一社會氛圍之外，《臺灣文化》中關於臺灣研究的部分與主編楊雲萍及陳紹馨有著較為密切的關係，而日據時期的《民俗臺灣》雜誌則構成了其間的橋樑之一。陳紹馨曾是

---

〔註67〕《發印臺灣研究叢書之緣起及辦法》，黃英哲等主編《臺灣省編譯館檔案》，福州：福建教育出版社，2010年，第127頁。

〔註68〕《許壽裳關於編譯館工作的設想》，黃英哲等主編《臺灣省編譯館檔案》，福州：福建教育出版社，2010年，第7頁。

〔註69〕陳儀致許壽裳信中提及了編譯館的五項工作設想，並無臺灣研究之項。參見：《陳儀致許壽裳信》，黃英哲等主編《臺灣省編譯館檔案》，福州：福建教育出版社，2010年，第5頁。

〔註70〕在陳儀對許壽裳關於編譯館的回信中有如下內容：工作分五項：（一）編中小學文史課本；（二）編中小學教師的參考讀物；（三）編公務員及民眾閱讀的小冊，宣達三民主義及政令；（四）詞典等；（五）譯世界名著。參見：《許壽裳有關陳儀覆信之摘要》，黃英哲等主編《臺灣省編譯館檔案》，福州：福建教育出版社，2010年，第6頁。

〔註71〕《許壽裳有關留用日籍人員的請示擬稿》，黃英哲等主編《臺灣省編譯館檔案》，福州：福建教育出版社，2010年，第60頁。

〔註72〕參見：黃英哲《「去日本化」再中國化——戰後臺灣文化解殖1945～1947》，臺北：麥田出版社出版，2007年，第104頁。

《民俗臺灣》的發起人之一，楊雲萍則也曾為其撰稿並與雜誌同人保持著較好的交往，光復後留用的日本人中，即有一部分是這一雜誌的同人如金關丈夫、池田敏雄等。不僅如此，金關丈夫還曾為轉型後的《臺灣文化》供稿。因此，基於這種承繼關係，有必要對《民俗臺灣》作一簡要的回顧。

　　《民俗臺灣》創刊於 1941 年，日臺研究者聯名共同發起，其中日本人居多，主要是以臺灣的民俗收集、記錄、研究為主題。曾被稱為「日本人的良心」「建立臺灣民俗學的最大功勞者」〔註73〕，這一點顯然是基於《民俗臺灣》所進行的關於臺灣民俗的搜集工作，及其當時與皇民化運動所產生的齟齬而引申出的抵抗意義而言的。但是關於這本雜誌背後的殖民主義色彩及其與日本大東亞共榮政策之間的曖昧性近年來也有一些討論或思考〔註74〕。另外，在《民俗臺灣》創刊之初，楊雲萍曾與金關丈夫有過一次簡短的論戰，其核心在於其創刊前所簽發的《發刊趣意書》中的「並不是惋惜湮滅」之表達，楊雲萍據此批評研究者們冷漠而高壓，缺乏溫暖的理解與謙遜的態度，金關丈夫回以解釋，表示楊雲萍對上下文及表達語氣有所誤解，以及他們自身對臺灣民眾的愛和對理解臺灣民俗的熱情不亞於任何人，楊雲萍雖然仍持「冷漠」的觀點，但表示理解了《民俗臺灣》的創刊真意並表達敬意。不僅如此，楊雲萍在晚年的回憶中也曾說「年輕的我不理解老師的苦心」等語句，這番論戰就此結束，楊雲萍後來也數次向《民俗臺灣》投稿〔註75〕。值得注意的是金關丈夫在回應中所提到的「對臺灣民眾的愛」，不僅在此次論爭中，在其二戰後的回憶中也談堅持創刊的出發點是對於臺灣及臺灣民眾的「愛」與共鳴。在殖民地臺灣，來自殖民者的「愛」之表述顯然是具有曖昧性甚至迷惑性的，當時由帝國內部

〔註73〕王詩琅，〈臺灣民俗學的開拓者池田敏雄兄〉，原載於《臺灣風物》第 31 卷第 2 期，1981 年 6 月。轉引自吳密察，《〈民俗臺灣〉發刊的時代背景及其性質〉》，吳密察策劃，柳書琴等編《帝國裏的「地方文化」》，臺北：播種者出版有限公司，2008 年 12 月）。

〔註74〕參見：王韶君《「民俗」作為「民族」共榮的途徑——以〈民俗臺灣〉為中心（1941～1945）》，載《古典文獻與民俗藝術集刊》，2012 年第 1 期；張文薰《帝國邊界的民俗書寫：戰爭期在臺日人的主體性危機》，載《臺灣文學研究集刊》第 20 期，2017 年 2 月；增田高志《想像「臺灣」社會、歷史及「臺灣人」：以〈民俗臺灣〉(1941～1945) 為中心》，國立成功大學，碩士學位論文，2016 年 8 月。

〔註75〕關於此次論爭的具體細節參見：（日）增田高志《想像「臺灣」社會、歷史及「臺灣人」：以〈民俗臺灣〉(1941～1945) 為中心》，國立成功大學，碩士學位論文，2016 年 8 月，第 21～26 頁。

推行的大政翼贊運動、盛行文壇的日本浪漫派等等敘述，也同樣述說「愛」之重要〔註76〕。此外，在日本本土的鄉土教育運動也曾蔓延至臺灣，其底層邏輯乃在於「愛鄉即能愛國」，儘管在殖民地提倡「鄉土」有著與殖民邏輯相悖的風險，但通過話語的塑造仍然可以達到強化對國家（殖民者）認同的效果。換言之，日式教育有預期效果的前提下，臺灣人對於鄉土的認知與感情是可以通過歷史意識的塑造而嫁接到日本的國家認同之中〔註77〕，這種方式較之「皇民化運動」中的一些強制性措施實際上具有更強的操作性和更深遠的效果。由此提示出的一個問題是，《民俗臺灣》因其戰時所承受的來自日本官方的壓力以及與皇民化運動有時有所背離的表面現象並不足以證明其與帝國主義邏輯的疏離，二者可能以一種更為隱蔽的形式構成了共謀關係。就《民俗臺灣》本身而言，以日人為主的編輯群，在一開始上便是用一種與臺灣人不同的立場在看待臺灣民俗，儘管楊雲萍的態度後來有所轉變，但其與金關丈夫最初的爭論或許恰恰提示出這一點。直到戰時體制下，民族性與民俗議題被擴大並直接運用於大東亞共榮圈有關的作為上，將《民俗臺灣》上對於「民俗」的內涵與定義，由在一地域生活的住民長期的風俗、習慣所累積而成的傳統文化，質變並連結到與地理、歷史、語言、「大和民族」，甚至是與漢文化有關的大東亞民族學之指涉〔註78〕。

另一方面，轉型後的《臺灣文化》隨之也更換了新的主編，陳奇祿受陳紹馨邀約接手了《臺灣文化》，當時的陳奇祿一方面負責《公論報》副刊《臺灣風土》的編務工作，同時也是臺大歷史系的助教，主要工作是管理民族學研究室。這兩重身份都與光復之前的臺灣研究工作及《民俗臺灣》雜誌關係匪淺，可以說日據時期以來日本人主導的臺灣民俗研究脈絡在此實現了匯流。一方面，《公論報》是光復後民辦報紙中頗受歡迎的一種，創始人李萬居屬於「半山」，在《公論報》發行後，李萬居想要開闢一個專門介紹臺灣風俗和文化的副刊，因而叫精通中文日文的陳奇祿來主編。值得注意的是，李萬居籌劃《臺灣風土》副刊時，並不是在日本人主導開闢下的臺灣民俗研究這一脈絡上思考

〔註76〕陳羿安《摸索「臺灣文化」的一個嘗試：楊雲萍的文學、民俗學與歷史學（1920～1970）》，國立交通大學，2013年，第47頁。

〔註77〕參見：周婉窈《實學教育、鄉土愛與國家認同》，《海行兮的年代：日本殖民統治末期臺灣史論集》，臺北：允晨文化出版，2003年，第262～273頁。

〔註78〕王韶君《「民俗」作為「民族」共榮的途徑——以〈民俗臺灣〉為中心（1941～1945）》，載《古典文獻與民俗藝術集刊》，2012年第1期

的，而是在一種明確的中華意識下進行的：

> 日本人據臺五十年，表面上，臺灣免不了遺留許多日本人的影
> 響，但臺灣的居民百分之九十八是漢人，他們的祖先移居臺灣時所
> 帶來的開疆闢土、堅韌不拔的精神，正是中華文化的精髓。李先生
> 以為這個事實應予究明，且作闡揚。〔註79〕

這實際上和臺灣文化協進會主導的民歌搜集運動相類，即雖然在日據時期也有類似的活動展開，但他們所倡導的是在光復這一新的語境下展開的，其起點具有去殖民化的品格，應視之為一條單獨的發展脈絡，而非與此前的同類活動混同。事實上，《臺灣風土》與《民俗臺灣》的創刊動機從本質上來說應該是相反的，但由於陳奇祿主編《臺灣風土》時沒有任何臺灣研究的經驗，因而經李萬居指點接觸到了楊雲萍、陳紹馨等前輩，他們由此也成為了《臺灣風土》的第一批作者。隨後，在陳紹馨的介紹下，金關丈夫也開始成為《臺灣風土》的作者，並與陳奇祿建立了深厚的交誼，金關丈夫返日前曾將一部分《民俗臺灣》的未刊稿交予陳奇祿，陳奇祿後來也曾翻譯其中的篇章刊於《臺灣風土》〔註80〕。不僅如此，為了約稿，陳奇祿與陳紹馨負責的臺大民族學標本研究室的成員也有了更多的交往，其中即包括「知識的接收」氛圍下留用的日本學者宮本延人、立石鐵臣及國分直一等人，其中國分直一、立石鐵臣等都曾與《民俗臺灣》有著密切的關係。由此，日據時期《民俗臺灣》的許多撰稿人在光復後又繼續為《臺灣風土》寫稿，同時陳奇祿編輯《臺灣風土》的方式也「很受到《民俗臺灣》的影響」〔註81〕。另外值得一提的是上文中曾經提到的臺大民族學研究室，它的前身是日據時期臺北帝國大學土俗學・人種學講座，是臺灣原住民研究的重鎮。陳紹馨當時曾任此研究室的「囑託」〔註82〕，在光復後又接手了這一改稱為民族學研究室的機構，此時主持工作的正是國分直一與宮本延人。國分直一光復之初曾受聘於臺灣省編譯館，編譯館撤廢後，許壽裳到臺大中文系任系主任，館內一些人諸如楊雲萍、國分直一等在其幫助下進入臺大。

---

〔註79〕陳奇祿口述，陳怡真撰《澄懷觀道：陳奇祿先生訪談錄》，臺北：國史館，2004年，第45頁。

〔註80〕陳奇祿口述，陳怡真撰《澄懷觀道：陳奇祿先生訪談錄》，臺北：國史館，2004年，第54頁。

〔註81〕陳奇祿口述，陳怡真撰《澄懷觀道：陳奇祿先生訪談錄》，臺北：國史館，2004年，第50頁。

〔註82〕即約聘人員。

　　由此，日據時期的《民俗臺灣》和臺北帝大的土人研究室在以陳奇祿和
《臺灣風土》為中心實現了光復後的匯流。之所以要贅述《民俗臺灣》《臺灣
風土》等部分，其原因乃在於《臺灣文化》季刊的編纂工作正是在此基礎上
展開的。

## 四、《臺灣文化》季刊中的帝國印痕

　　《臺灣文化》在 1949 這一歷史劇變的時刻轉型前文已有所敘述，但對臺
灣研究介入至深的楊雲萍為何退出編輯工作，暫時還缺乏進一步的發現。陳奇
祿應陳紹馨之邀接手《臺灣文化》時，其主持《臺灣風土》已一年有餘，同時
也已經進入臺大，接管民族學研究室。因此《臺灣文化》季刊的作者群與《臺
灣風土》有著一定程度的重合，還有一部分是臺大歷史系師生。此外，由於民
族學研究室的關係，《臺灣文化》季刊上的臺灣研究重心偏於人類學研究。關
於《臺灣文化》季刊的作者群及其內容傾向可以參見下表：

表 3.1　《臺灣文化》季刊目錄

| 篇　名 | 作　者 | 卷期號 |
|---|---|---|
| 《五十年來的臺灣法制》 | 戴炎輝（臺大法學院） | 第 5 卷第 1 期 |
| 《鄭成功之歿》 | 楊雲萍（臺大歷史系） | 第 5 卷第 1 期 |
| 《臺中縣營埔遺址調查預報》 | 金關丈夫（臺大解剖學）、國分直一（臺大歷史系） | 第 5 卷第 1 期 |
| 《關於最近踏查之新竹縣及臺北縣之海邊遺跡》 | 國分直一、陳奇祿、何廷瑞（臺大歷史系學生）、宋文薰（臺大歷史系學生）、劉斌雄（臺大歷史系學生） | 第 5 卷第 1 期 |
| 《關於臺灣先史遺址散佈圖》 | 國分直一 | 第 5 卷第 1 期 |
| 《排灣族的占卜道具箱》 | 國分直一、陳奇祿 | 第 5 卷第 1 期 |
| 《關於紅頭嶼的埋葬樣式》 | 國分直一 | 第 5 卷第 1 期 |
| 《臺灣方志中的利瑪竇》 | 方豪（臺大歷史系學生） | 第 5 卷第 2 期 |
| 《臺灣初期抗日運動紀實》 | 陳菊仙（臺灣省文獻委員會） | 第 5 卷第 2 期 |
| 《從諺語看人的一生》 | 陳紹馨 | 第 5 卷第 2 期 |
| 《泰耶魯諺語初輯》 | 顏晴雲（臺灣省文獻委員會） | 第 5 卷第 2 期 |
| 《泰耶魯族的陷機》 | 陳奇祿、張才、宋文薰 | 第 5 卷第 2 期 |
| 《瑞岩泰耶魯族的親子聯名製與俕儸麼些的父子聯名製》 | 芮逸夫（臺大考古人類學系） | 第 6 卷第 1 期 |

| 《臺灣考古學研究史》 | 金關丈夫、國分直一 | 第 6 卷第 1 期 |
| --- | --- | --- |
| 《日人著作中臺灣漢文文獻糾謬述例》 | 方豪 | 第 6 卷第 1 期 |
| 《恒春縣志的發現》 | 方豪 | 第 6 卷第 1 期 |
| 《臺中縣大村鄉調查報告》 | 戴炎輝 | 第 6 卷第 1 期 |
| 《臺中縣大村鄉的家庭制度報告》 | 陳棋炎（臺大法律系） | 第 6 卷第 1 期 |
| 《臺灣文獻的散佚與今日的迫切工作》 | 方傑人（即方豪） | 第 6 卷第 2 期 |
| 《臺灣有肩石斧與有段石斧的經濟階段》 | 石璋如（臺大考古人類學系） | 第 6 卷第 2 期 |
| 《臺中縣草屯鎮調查報告書》 | 戴炎輝 | 第 6 卷第 2 期 |
| 《從諺語看中國人的天命思想》 | 陳紹馨 | 第 6 卷第 2 期 |
| 《略論顏晴雲的〈泰耶魯諺語初輯〉》 | 朱介凡（臺灣保安司令部與警備總部政治部） | 第 6 卷第 2 期 |
| 《臺灣通史藝文志訂誤述例》 | 方豪 | 第 6 卷第 2 期 |
| 《有關臺灣基督教兩件資料》 | 戴炎輝、陳棋炎、曾瓊珍（臺大法律系） | 第 6 卷第 2 期 |
| 《瑞岩泰耶魯的親屬制初探》 | 芮逸夫 | 第 6 卷第 3、4 合期 |
| 《阿里山曹族的部落組織及年齡分級制度》 | 衛惠林（臺灣省文獻委員會） | 第 6 卷第 3、4 合期 |
| 《阿里山曹族的部落風俗之革除》 | 林衡立（臺灣省文獻委員會） | 第 6 卷第 3、4 合期 |
| 《關於臺灣歌謠的搜集》 | 黃得時（臺大中文系） | 第 6 卷第 3、4 合期 |
| 《鶯歌的陶瓷業》 | 石璋如 | 第 6 卷第 3、4 合期 |

　　由上表可見，臺大師生構成了《臺灣文化》季刊的撰稿主體，另有旨在編纂臺灣省志書的臺灣省文獻委員會成員。在具體的內容上，以田野調查報告特別是對原住民對調查為主，而為他們提供指導的正是相關的留日研究者。就這一點而言，要對《臺灣文化》季刊作出進一步的考察，就需要回到日據時期臺北帝大的土俗人種學講座以及日本據臺時期所做的原住民（蕃情）研究。日本據臺之始即著手於對於臺灣原住民的考察，伊能嘉矩、鳥居龍藏、森丑之助是這一時期的主要代表。這一階段的工作開始於 1895 年，此時既是日本殖民臺灣之初，同時也是日本東京人類學會成立的第 11 年，這一在近代「種族」觀念之下所發展出的知識體系，日本將之引入臺灣之時

也借由這種以種族為核心的區分方式明確了自身與被殖民的他者之間的界限，日本對臺灣所進行的「蕃情調查」雖然以學術的名義展開，但實際上與其殖民活動有著曖昧的關聯，知識在此以某種程度上與之構成了共謀關係〔註83〕。此後日本對臺灣的原住民調查與研究經歷了「臨時臺灣舊慣調查會」階段以及臺北帝國大學土俗人研究室階段〔註84〕，臺北帝大的設立正是因應日本殖民擴張計劃中的南進政策而設，較之校內其他講座，土俗人種學講座的建築不僅大，似乎也受到校方的特別重視，經費也十分充裕〔註85〕，這也在一個側面上說明了原住民研究對於日本推進殖民進程的重要性。此外，值得注意的是，日本對臺灣原住民進行研究的目標不僅在於鞏固對臺灣的統治，由於臺灣的地理位置，其輻射的目標實際上包括了更南方向的印尼等地。關於這一點，在日本學者的臺灣民俗研究中也曾存在這種比較的視野，認為臺灣人的生活方式與與南中國和南洋有關的海外華人世界的習俗有著重要的關聯〔註86〕。就這一點而言，其中的問題還可能牽涉到日本在尋求現代性的過程中如何致力於擺脫中國漢文化圈的影響，並反過來以新的知識結構與觀念來幫助自身實現東亞的內部殖民。因此，日據時期的日本人所主導的臺灣民俗研究在一定程度上也是處於殖民話語的鏈條之中。子安宣邦在清理日本民俗學研究的開山者柳田國男提倡的「一國民俗學」時，就已經注意到其中所存在的「內部視線」，即其對歷史之外的平民「衣食住」所傾注的視線實際上指向的目標是在近代化過程中推理並重構「大和」，平民話語的敘述與近代日本國家話語建構是同步的〔註87〕。在子安宣邦所揭示的柳田國男遊歷並敘述沖繩時攜帶的內部視線同時也為重新審視日本學者看待臺灣民俗的方式提供了一個參考。總體而言，日本對臺灣的原住民調查與民俗研究不能僅僅視為一種學術層面的研究與探索，借由知識譜系的建構與話語的

---

〔註83〕　參見：肖魁偉《日本近代臺灣人類學調查的殖民意義》，載《西南石油大學學報（社會科學版）》第 21 卷第 4 期，2019 年 7 月。

〔註84〕　關於日本對臺灣原住民的調查研究概況參見：劉斌雄《日本學人之高山族研究》，載《中央研究院民族學研究所集刊》第 40 期，1975 年秋季。

〔註85〕　陳奇祿口述，陳怡真撰《澄懷觀道：陳奇祿先生訪談錄》，臺北：國史館，2004年，第 93 頁。

〔註86〕　陳豔紅《臺灣文學史上における〈民俗臺灣〉》，載《東吳日語教育學報》第 32期，2009 年 1 月。

〔註87〕　參見：（日）子安宣邦《一國民俗學的成立》，《東亞論：日本現代思想批判》，趙京華編譯，長春：吉林人民出版社，2010 年，第 117～145 頁。

重塑,實際上也是對於社會秩序加以重構以及創造新的社會事實的過程。

在此基礎上,將視線轉回到《臺灣文化》季刊,可以發現其承繼的學術脈絡正是日據時期的《民俗臺灣》與臺北帝大的土俗人種講座,二者雖然是對臺灣研究的不同方面,但在具體的工作中二者時有重合諸如國分直一、金關丈夫等。不僅如此,在光復後的臺灣,日據時期的日本學人及其研究方式與成果也實現了匯流,臺大的民族學研究室是其中之一,而在雜誌方面則有《公論報》副刊《臺灣風土》《臺灣文化》季刊及其後的《臺灣研究》〔註88〕等,這些共同構成了光復後臺灣研究的基礎。《臺灣文化》季刊作為過渡時期與各方均有深厚淵源的重要一環,實際上揭示出了臺灣研究在這一時期的學術源流與發展方向,同時也提供了反思的空間。如同前面曾經提及過的,在許壽裳及沈仲九的主張及陳儀的支持下,光復後的臺灣形成了「知識的接收」這一社會氛圍,楊雲萍也在光復後不就寫了《文獻的接收》系列,呼籲注意臺灣總督府及臺北帝國大學所藏的臺灣地方文獻〔註89〕,在此氛圍下,日本在臺遺留的學術成果尤其是臺灣研究被整體性接收,幾乎沒有被納入去殖民化的範圍。一些日本學者被留用於編譯館,又在編譯館撤廢後部分進入臺大,在為《臺灣風土》撰稿的同時,這一群體及其學生共同成為了《臺灣文化》季刊時期的主要撰稿人。因此可以說,日據時期日本對臺灣的民俗考察及人類學研究構成了光復後臺灣研究的一個學術基礎,《臺灣文化》季刊所體現的正是其由日本學者主導到臺灣學者主導臺灣研究的過渡性過程。但其間的承續關係卻也提示出了光復初期文化去殖民化過程中存在的隱蔽風險,如前所述,在繼承日人學術遺產的問題上,許壽裳持積極的肯定態度,在「知識的接收」這一整體氛圍下,在去殖民化的上,學術幾乎被視為一個獨立的板塊,另外,由於《民俗臺灣》及土俗人種研究室的存在,也為臺日學者提供了彼此溝通的橋樑,並將這種合作關係延續至光復後。將學術視為獨立於殖民活動的認知方式顯然忽略了知識與權力之間可能的共謀關係,楊雲萍在《民俗臺灣》

〔註88〕 據陳奇祿回憶,在其美國訪問學習時,《臺灣文化》季刊因找不到人接編而停刊,陳奇祿返臺後,當時有希望《臺灣文化》復刊的呼聲,因此在陳紹馨的努力及游彌堅的支持下曾於 1956 年發行《臺灣研究》年刊,但存續時間不長,僅發行兩輯後即於 1957 年停刊。參見:陳奇祿口述,陳怡真撰《澄懷觀道:陳奇祿先生訪談錄》,臺北:國史館,2004 年,第 84 頁。

〔註89〕 參見:楊雲萍《文獻的接收》(上、中、下),原載於《民報》1945 年 10 月 14 日、15 日、16 日第 5、6、7 號,林瑞明,許雪姬主編《楊雲萍全集 2 文學之部(二)》,臺南:臺灣文學館,2011 年,第 210～215 頁。

創刊之初與金關丈夫的爭論似乎在一定程度上對之有所察覺，但最終為金關丈夫所說服。而金關丈夫在回應中所提及到的「臺灣之愛」的曖昧性也是值得再思考的，即作為殖民地宗主國的學者對於殖民地民俗的愛能否脫離殖民語境本身就是值得懷疑的，在川村湊以當代視野批判《民俗臺灣》不啻為民俗學界的大東亞共榮圈時，國分直一的屢次反駁中所提煉出的也是維持戰爭時期日臺社群層面的正面意義〔註90〕。伴隨著日本的南進政策，「南方」成為皇民化時期日本人想像臺灣的方式並試圖為之賦予虛幻的浪漫色彩，「南方憧憬」也曾是一代日本作家所共有的，例如當時站在皇民化運動前沿的日本作家西川滿曾將其老師吉江喬松贈予他的《南方之美》中書寫的臨別之辭「南方為光之源，給予我們秩序，歡喜，與華麗」刊載至《媽祖》創刊號的刊頭〔註91〕，巧合的是西川滿也曾於1939年創辦過同類型的民俗雜誌《臺灣風土記》，但持續時間不久。這種「南方憧憬」既是歷史經驗的重要現象，同時也被視為十九世紀以來世界殖民風潮的遠東抽樣，類似的殖民地書寫雜糅了民族志學的獵奇采風和現實主義的地方色彩〔註92〕。

　　另外，《民俗臺灣》的主要編者池田敏雄在日據時期包括光復後曾與許多臺灣文藝家保持著良好的關係，他本人也表現得對臺灣文化與民俗很感興趣，會穿著臺灣服裝，肩上扛著草鞋出現〔註93〕，但在日本戰敗後，池田敏雄在《戰敗後日記》中曾記載自己與臺灣老朋友一起吃飯時因「戰敗後，日、臺人的立場相反，見到他們心情倍增繁重」，以及去板橋時「一路上感覺到戰敗國的悲哀」〔註94〕。此外，在與金關丈夫及立石鐵臣討論《民俗臺灣》的接手人選時，池田敏雄有意於陳紹馨，但金關丈夫表示「我卻不太相信他們的能力，單就編輯技巧來說，可能會退步二三十年吧？」〔註95〕以及自光復

---

〔註90〕張文薰《帝國邊界的民俗書寫：戰爭期在臺日人的主體性危機》，載《臺灣文學研究集刊》第20期，2017年2月。

〔註91〕林明理《美的使徒——西川滿》，載《臺灣文學評論》第12卷第4期，2012年冬。

〔註92〕王德威編選、導讀《臺灣：從文學看歷史》，臺北：麥田出版，2014年，第187～188頁。

〔註93〕陳豔紅《臺灣文學史上における〈民俗臺灣〉》，載《東吳日語教育學報》第32期，2009年1月。

〔註94〕（日）池田敏雄《戰敗後日記》，廖祖堯摘譯，http://ip194097.ntcu.edu.tw/course/TOStou/TOBG85/chianpai.asp。

〔註95〕（日）池田敏雄《戰敗後日記》，廖祖堯摘譯，http://ip194097.ntcu.edu.tw/course/TOStou/TOBG85/chianpai.asp。

之初的去殖民浪潮中，金關丈夫認為「臺灣人以往接受日本文化，現在要吸收中國文化，建立自己的文化也是自然的事，但若要積極擺脫日本文化，則會造成不幸的後果」〔註96〕。雖然光復後臺灣的民族情感高昂，但同時也有著「勿以怨報怨」的方針，西川滿、池田敏雄等僑居在臺灣的日本人並未被當作俘虜收容，而是作為日僑生活在臺灣〔註97〕，儘管處境尷尬，臺灣及渡海來臺的文藝界人士仍與他們保持著友好往來。此處想要說明的是，儘管光復後日本文藝界人士在臺灣的生活如舊，池田敏雄和立石鐵臣在交談中也認為自己只是因為風景不錯而莫名來到臺灣，並不是侵略者的一員〔註98〕，但在「戰敗國的悲哀」等表述中不難看出，自詡為遠離侵略行為的學者身上仍然有著深刻的國族觀念的烙印，而對臺灣人、日本文化等表述中也都體現出一種曾經作為宗主國的日本優越感，這種隱蔽的文化等級觀念不易察覺，但卻會直接影響到他們在文學表達與學術活動中審視臺灣的眼光。此外，較之《民俗臺灣》同人團體的自發性，日本對臺的人類學研究及其土俗人種研究室則是官方主導下為配合殖民進程而展開的。此處所進行的討論並不試圖以狹隘的民族主義立場及二元對立的視野對在臺日本人及其文化活動與學術研究進行批判，而是希望以文化批判的視野對其中可能存在的問題加以釐清。總體而言，「知識的接收」與去殖民化在實際上構成了一種相悖的邏輯，沒有對殖民時期的學術遺產加以審視和清理，並對其中可能隱含的殖民眼光與殖民話語作出反思與批判，顯然無法實現真正的去殖民。《臺灣文化》季刊所呈現的正是在這一過渡階段，雖然雜誌的編纂者們始終站在去殖民的立場上，但在知識的承繼與接受中仍然存在著泥沙俱下的複雜境況。

## 小　結

　　鄉土文學及其關涉的地方性與大眾化是臺灣 1930 年代就出現過的討論，但鄉土並未因之而清晰化具體化，而是成為一種自明的前提性存在。由於當時的殖民地處境，臺灣作家對於鄉土文學的思考是伴隨著臺灣話文的爭論而展

〔註96〕　（日）池田敏雄《戰敗後日記》，廖祖堯摘譯，http://ip194097.ntcu.edu.tw/course/
　　　　　TOStou/TOBG85/chianpai.asp。
〔註97〕　（日）橫地剛《南天之虹：把「二二八」事件刻在版畫上的人》，陸平舟譯，
　　　　　北京：商務印書館，2016 年，第 79 頁。
〔註98〕　（日）池田敏雄《戰敗後日記》，廖祖堯摘譯，http://ip194097.ntcu.edu.tw/course/
　　　　　TOStou/TOBG85/chianpai.asp。

開的，這也在一定程度上反過來說明了「鄉土」的模糊性。日據時期的鄉土文學思考與爭論伴隨著左翼的式微與日本文化統合力度的強化而漸漸走向壓抑與沒落，這一點和臺灣新文學的發生發展類似，在光復後，鄉土意識再一次破土而出，並且構成了鄉土中國之一部。

如果說前一章中的「新文學」被《臺灣文化》作為一個追求的方向，那麼地方意識則始終內在於其中並為之提供動力。《臺灣文化》同仁始終將臺灣的地方性作為關注的重心之一，即在匯流於祖國新文學的同時，葆有臺灣的地方性色彩。但此時的「鄉土」經歷了一個再發現與重構的過程，即1930年代的鄉土文學因其處境的特殊性，在很大程度上是以日本及日文作為抵抗對象的，並且在此意義上具有鄉村與都市的對立性，其鄉土性是在殖民—反殖民這一話語層次中存在的。而光復後的「鄉土」則被賦予了新的內涵，一個較為明顯的差異在於，這一鄉土首先是內在於鄉土中國之中的，同時地方性體現為一種整體化追求，鄉村—都市的對立性相對弱化，也因此，鄉土文學天然所攜帶的左翼色彩也隨之淡化。他們所強調的更多的在於作為祖國之一地的地方性特點，在光復的語境中強調臺灣的地方性色彩實際上也意味著在擺脫殖民地這一被塑造的身份之後的一種重新發現自我的過程。此外，重構的鄉土中國中還雜糅了民族性以及大眾化的多重追求，例如整理與改造民間文學等舉措都體現出這一特點。這與大陸差不多同時期的「民族形式」論爭具有一定的同構性，即通過對民間文學的重塑激發出其中的民族性召喚力量，進而實現現代性的轉換，最終通過民族性與地方性的整合實現對於現代國民的召喚。

在鄉土形式與民間文學之外，臺灣研究也構成了鄉土中國的另一端，即關於臺灣的學理性認知。在「知識的接收」這一氛圍之下，日本曾經的臺灣調查與臺灣研究被作為學術遺產繼承下來，卻缺乏對之進行一種基本的文化審視與批判，並且因之在某種程度上被殖民現代性這一幻覺所蒙蔽，這正是整個光復後臺灣文化解殖的一個明顯缺口，也為後來的歷史問題留下了一些隱患。

# 第四章　古典中國的回望與歷史記憶的強化

## 第一節　臺灣的歷史記憶與華夏認同

　　作為認同對象的「中國」並非一個本質化的先天存在對象，而是經過了動態建構的過程後逐漸趨於穩定。同樣，從長時段的歷史化眼光來看，「中國人」作為一個龐大族群，背後也存在著族群凝聚、認同的機制及其作用過程。這一過程既包括以「華夏」為核心的中國歷史的發展，同時，華夏邊緣也於其間不斷調整並逐漸定型。在此，邊緣既是領土意義上的，同時也是文化意義上的。「邊緣」的意義在於為審視何為「中國」以及「中國人」錨定位置，並在此基礎上進一步釐清在中國歷史的發展之中華夏認同是如何形成強大的凝聚力與召喚力，並以「中華民族」的形態作為其現代延續。之所以要討論這一問題，是因為臺灣的歷史正與此息息相關。「光復激情」產生於一種強烈的民族主義情感，其來源恰恰應追溯至華夏認同（或者說中國認同）的形成。這在現實的情境中是十分理所當然的，並且不需要任何追問。但從學理的角度來看，對這種表徵為「光復激情」的認同之內核進行一些理性的分析是必要的。其必要性一方面在於對臺灣的華夏認同進行溯源，以便於更好地理解光復初期這種認同如何在現實的衝擊之下產生了分層乃至分化〔註1〕，另一方面則在於，以此

---

〔註1〕分層指「文化中國」「現實中國」「政治中國」等意義上的交疊存在，而分化則指向「省籍意識」及其衍生的省籍矛盾。

為基礎對《臺灣文化》在此一時期呈現出的回望傳統的姿態作出分析，亦即當臺灣文化人在光復後與現實中國或「政治中國」遭遇時，如何以「文化中國」作為資源，試圖對前述分層作出整合併從中尋求應對現實的方法。

傳統的力量在很大程度上體現為一種宣稱共同起源而產生的「文化親親性」（culture nepotism）〔註2〕，文化親親性是類比於血緣親親性而來，因此族群的凝聚方式與血緣凝聚方式類似，其所依賴的都是共同經驗與集體記憶。在此，集體記憶並不是一成不變的客觀現實，相反是可以發現、創造抑或假借、更改的〔註3〕，一些集體記憶在族群發展的過程中可能被強調或忽略，以不斷應對或適應新的現實，由此也產生了「結構性失憶」（genealogical amnesia）這一現象。結構性失憶或許更適用於對當下臺灣一些情況的分析，此處暫不展開。華夏認同正是族群以文化親親性而產生凝聚性力量的一個典型，這意味著這一族群認同的形成並不是以體質或語言作為核心標準的，文化是在其間發揮重要作用的部分，既包括生活方式也包括文化範式，因而「華夏」或「中國人」並不是在狹隘的種族意義上存在，其背後蘊含著更為深廣的文化意涵。「華夏」一詞最早見於《尚書・武成》：「華夏蠻貊，罔不率俾」〔註4〕，此處華夏與蠻貊是在「我族」與「異族」這一相對意義上而言的，而這正是「華夏」自我發現、自我指認的證明。東周以降的春秋時期，東方諸侯共同抵抗戎狄的入侵，統一他們的力量正是「華夏認同」，華夏以「內華夏，外夷狄」來強烈地維護、爭奪邊緣地區。在此後的發展過程中，這些曾被指稱為「蠻戎夷狄」的「非華夏」群體又通過「華夏化」而獲得華夏的認可，華夏的版圖與邊緣亦隨之發生調整與擴張，其政治上的統一始於秦帝國的建立，華夏邊緣於漢末逐漸明確化、固定化，同時漢代也是「中國人」自我意象形成的關鍵時代。其間，「漢人」的集體認同大多仰賴於集體記憶，同時華夏也試圖通過歷史記憶與當時的邊緣人群建立文化關聯以維持民族間的良性關係。而當中國進入現代進程之後，族群的邊緣轉變為實質的邊界，「中華民族」的建構亦以此為基，如果說傳統中的華夏認同是借由強調邊緣人群的異質性而得以鞏固，那麼在1911年以來，邊緣人群則開始轉變為民族國家框架下的與

---

〔註2〕 王明珂《華夏邊緣：歷史記憶與族群認同》，臺北：允晨出版社，第52頁。
〔註3〕 王明珂《華夏邊緣：歷史記憶與族群認同》，臺北：允晨出版社，第56頁。
〔註4〕 《尚書・武成》，《十三經注疏》第一冊，臺北：藝文印書館，2007年，第162頁。

現代中國相對應的民族〔註5〕。

　　臺灣作為中國領土內的島嶼，其華夏認同的生成與建構也經歷了相應的過程，同時這一過程是在政治與文化的雙重維度上漸次進行的。在臺灣原住民的各族神話傳說中，臺灣島自遠古時代即已存在，關於臺灣原住民及其研究後文將專章論述，此處暫不展開。在古代中國的文獻記載中，《列子‧湯問》中曾有「瀛洲」，《後漢書‧東夷傳》中則有「東鯷」，《隋書》亦有「流求國」，這些在《臺灣通史》中都被推測為古之臺灣。唐中葉，據傳施肩吾曾攜其家眷遷居澎湖〔註6〕，並曾寫有《島夷行》〔註7〕一詩。另外，兩宋戰亂間時有漳州、泉州以及戰敗的金人來到臺灣，南宋有文獻「泉有海島，曰澎湖群島，隸晉江縣」〔註8〕，證明澎湖群島曾隸屬於南宋。至元中期，在澎湖設巡檢司，隸屬於同安（今廈門）。明初海盜盛行，澎湖巡檢司因此被廢，此間居民皆遷居至漳泉一帶，直至萬曆年間（1597）才再次於澎湖設兵戍險。此後，臺灣先後為葡萄牙、荷蘭及西班牙所發現，並在不同程度上被佔領，荷據其間有閩粵居民向臺的移民潮。明清易代之際，亦有晚明文人遷居臺灣，這一群體中以沈光文為代表。1662 年鄭成功驅逐荷蘭人，南明餘續在臺孤懸海外，鄭成功沿用「永曆」年號，死後其子鄭經繼位，曾堅持復明之志，並建孔廟，設太學，將科舉制度引入臺灣，臺灣由此在文教層面步入漢文化圈，《臺灣通史》稱「臺人自是始奮學」〔註9〕。鄭經死後，1683 年清軍攻臺，鄭經之子鄭克塽降清，至此，臺灣歸於清朝版圖。

　　從明清之前的史料來看，臺灣與其他當時尚未「華夏化」的邊緣一樣曾被視為「夷」「藩」一類的化外之地，元明時期所設立的巡檢司也大多基於基本的海防需求，而並未見試圖將之華夏化的傾向。在此期間遇到亂世，偶有華夏人移民至臺，與原住民及遇洪水後漂泊而來的馬來群島人雜處，不見文獻傳世，由此可以推斷此時的臺灣尚未形成漢文化傳統。從這一點來看，元明以來的巡檢司只是在政治及軍事層面將臺灣納入了華夏版圖，但缺乏文化政策的

〔註5〕關於「華夏邊緣」的相關線索梳理受益於王明珂的著作，參見：王明珂《華夏邊緣：歷史記憶與族群認同》，臺北：允晨出版社。

〔註6〕參見：連橫《臺灣通史‧開闢紀》，北京：九州出版社，2008 年，第 1～16 頁。

〔註7〕中華書局編輯部點校《全唐詩》第八冊，北京：中華書局，2013 年，第 5634 頁。

〔註8〕趙汝适《諸藩志》卷上，光緒七年本，第 39 頁。

〔註9〕連橫《臺灣通史‧開闢紀》，北京：九州出版社，2008 年，第 25 頁。

配合，華夏移民不多，因而也沒有形成文化傳統，臺灣島內居民的各自的族群認同可能仍然是鬆散的。荷蘭人據臺、鄭成功收復臺灣、鄭克塽降清先後為臺灣帶來了幾次較大的自中國東南沿海而來的移民潮。同時，明清政權交疊之際，晚明的一部分文人如沈光文、盧若騰選擇漂流到臺灣生活，這一同時具有「移民」與「遺民」性質的群體遷居臺灣不僅意味著個體地理位置上的位移，同時也為臺灣帶來了「明」之正統以及華夏認同，其後鄭成功政權的確立則強化了這一正統。由此，南明朝廷的核心雖未在臺灣，但其實際上影響的輻射範圍已然包括臺灣。這種影響體現為一種以「反清復明」為核心的國族想像，同時兼具一種孤臣孽子的邊緣心態，二者皆交纏於文化，形成了臺灣歷史意識與文學的兩大根源〔註10〕。另外，漢人的大規模移民實際上也通過與臺灣原住民的區別而建立了認同，原住民被漢人稱之為「番」，同時，漢人群體內部也先後出現了不同的族群認同，例如閩南人與客家人的區分等等，不同族群之間由於生存資源的競爭而常有衝突，但總體而言，漢人移民群內部雖然有族群之分，但都共同享有作為中國人的華夏認同。如果說漢人移民潮與晚明遺民為臺灣的華夏認同與國族想像奠定了基礎，那麼鄭經建孔廟興儒學則是在此基礎將臺灣的華夏認同固定下來，即通過儒學這一華夏傳統構建臺灣與古代中國的集體記憶，將之從「非華夏」轉變為「華夏」。但此時存在的問題是，鄭氏臺灣仍然是一個邊緣的「華夏」，此處的邊緣不僅是地理意義上的，鄭氏雖然奉明朝為正朔，但在政治上也已經處於絕對的邊緣位置，因此臺灣完全意義上的「華夏化」實際上要到鄭克塽降清後才得以實現。臺灣復歸清朝版圖後，在靖海侯施琅的主張下，臺灣設一府三縣〔註11〕，隸屬於福建。此後，康熙二十三年（1684）建臺灣縣及鳳山縣儒學，次年在鄭氏孔廟舊址的基礎上建臺灣府儒學，康熙二十六年（1687）臺灣人開始參與福建省的鄉試〔註12〕。光緒十一年（1885），臺灣建省。在此，臺灣無論在政治上還是文化上均被徹底納入華夏體系，不僅在領土上成為華夏版圖的一部分，同時儒學與科舉成為凝聚認同的強有力手段，較之鄭經時代引入的科舉制度，能夠參加福建鄉試進而不斷向

〔註10〕王德威編選、導讀《臺灣：從文學看歷史》，臺北：麥田出版，2014 年，第 23 頁。

〔註11〕一府三縣中包括臺灣府，臺灣府周邊的城郭亦稱臺灣，另有南部的鳳山縣及北部的諸羅縣。

〔註12〕連橫《臺灣通史・開闢紀》，北京：九州出版社，2008 年，第 38 頁。

上的清朝科舉顯然具有更大的吸引力，這意味著臺灣士人的前途不再是偏安一隅的東寧，而是具有了通向華夏權力中央的可能。值得注意的是，由南明至清，發生轉變的應當只是部分臺灣移民的政治觀念或認同，作為其內核的華夏認同並沒有發生動搖，這也體現出朝代更迭之際文化認同與政治認同的分化。華夏認同由此開始作為一種歷史記憶與傳統資源在臺灣社會中生根，但華夏認同只是凝聚了臺灣人尤其是臺灣移民的身份認同，臺灣原住民（山地人）此時在臺灣社會中還處於邊緣位置。另外，此種身份認同尚不能解決臺灣社會的現實問題，因此有清一代至乙未割臺前的臺灣內部的鬥爭與變亂亦多，大小民變不下 116 起〔註13〕，究其原因，既包括政治上的分化（朱一貴、戴春潮、林爽文反清），也族群間的矛盾（客家人與福建人、漢人與原住民等等），後者則大多源於生存資源的競爭。光緒二十一年（1895）清政府簽訂《馬關條約》，將臺灣及其附屬島嶼割讓於日本，臺灣由華夏領土淪為日本殖民地。如前所述，由南明至清，臺灣社會整體並未產生身份認同的危機，相反是一個華夏認同逐漸凝聚、強化的過程，但《馬關條約》的簽訂卻為日後臺灣的國族與身份認同危機埋下了種子，這同時也是光復初期處處強調去殖民化的根源。

　　《馬關條約》簽訂次月，時任臺灣巡撫唐景崧曾在臺灣士紳的擁戴下短暫建立臺灣民主國，年號永清，但並不能因「臺灣民主國」而將之視為臺灣主動脫離華夏的主張，相反其動力恰恰在於根植於華夏認同之中的民族意識，其近因在於在割臺的現實面前，清廷無力而世界各國袖手旁觀，其遠因則在於清政府腐敗無能，這些臺灣士紳在西方民主思想以及傳統民本思想的交互影響下所產生的現實改良思想。另外，從臺灣民主國的內部架構來看，巡撫唐景崧被奉為總統，兵部主事丘逢甲為義勇統領，禮部主事李秉瑞為軍務大臣，刑部主事俞明震為內務大臣，副將陳季同為外務大臣，道員姚文棟為游說使，並出使北京，陳述建國情形〔註14〕。由此可以看出，臺灣自立為民主國的目的並不是試圖在領土與主權層面脫離清朝或者說脫離華夏，而是以此作為抵抗日本的手段。值得注意的是，臺灣民主國潰敗之後，這些成員大多內渡，並不同程度地參與了稍晚的庚子勤王運動〔註15〕，這側面說明了臺灣民主國的

〔註13〕王德威編選、導讀《臺灣：從文學看歷史》，臺北：麥田出版，2014 年，第 61 頁。
〔註14〕參見：連橫《臺灣通史・開闢紀》，北京：九州出版社，2008 年，第 57 頁。
〔註15〕其成員的內渡情形以及各自的思想背景參見：桑兵《甲午戰後臺灣內渡官紳與庚子勤王運動》，《歷史研究》1996 年第 6 期。

領導者在思想傾向上是比較接近的，即整體上重視民權超過皇權，試圖以政治改良型的社會運動來挽救潰敗的清政府，進而實現政治上的民主與現代化。因而臺灣民主國的本質仍然是民族主義的反殖民自救行動，而非追求主權獨立的建國運動。或者可以說，獨立建國只是一種抵抗殖民的手段，而不是目的，二者之間有著天壤之別，這一點從其年號「永清」亦可見一斑。另外，在民主國自立後全臺發布並照會各國領事的公文也體現出這一特點：

> 我臺灣隸大清版圖二百餘年……日本要索臺灣，竟有割臺之款。事出意外，聞信之日，紳民憤恨，哭聲震天……豈甘俯首事仇？今已無天可吁，無人肯援。臺民惟有自主，推擁賢者，權攝臺政。事平之後，當再請命中國，作何辦理……如各國仗義公斷，能以臺灣歸還中國，臺民亦願以臺灣所有利益報之……倘中國豪傑及海外各國能哀憐之，慨然相助，此則全臺百萬生靈所痛哭待命者也。特此布告中外知之。〔註16〕

以及《臺灣民主國獨立宣言》中所強調的：

> 惟是臺灣疆土，荷鄭大清經營締造二百餘年，今須自立為國，感念列聖舊恩，仍應恭奉正朔，遙作屏藩，氣脈相通，無異中土，照常嚴備，不可稍涉疏虞。〔註17〕

從「事平之後再請命中國」以及「恭奉正朔」「氣脈相通」等語句不難發現，清朝此時至少在名義上仍然被臺灣民主國奉為正朔，雖然這種表述具有兩可權宜性，但其中的重點在於清朝割讓臺灣，實際上是重皇權而輕民權的表徵，因而臺灣民主國雖然在名稱與體制上仿照了西方近代的民主政體，但實際上並不相同，其深層的動力在於新學士紳維護民本的追求。關於臺灣民主國的歷史定位兩岸學界存在不同觀點，但從其行政架構、宣言及其成員後續的行為來看，實際上應將之視為民族主義情感主導的反殖民運動，並且內在於近現代之交新學興起以來的社會改良運動的脈絡之中。這反殖民運動也為後續日治時期的臺灣抗日運動積累了情感資源。但臺灣民主國前後僅存續不足半年，1895 年 9 月即在日軍的攻擊下宣告滅亡。此後，日本據臺五十年，直至 1945 年臺灣光復。

---

〔註16〕 參見：《全臺紳民致中外文告》，陳占彪編《甲午五十年 1895～1945 媾和‧書憤‧明恥》，北京：三聯書店，2019 年，第 238～239 頁。

〔註17〕 安然《臺灣民眾抗日史》，臺北：海峽學術出版社，2005 年，第 48 頁。

　　從族群認同的工具論角度來看，需要強調族群文化特徵的人，常是有族群認同危機的人〔註18〕，廣東可以視為其中的一個典型，廣東地處嶺外，歷代都被視為蠻荒之地，但也因此漢以後至今的地方文獻都總是要特別強調這個地區與「文明」的中州文化的聯繫〔註19〕。從地理位置上來看，臺灣與廣東的邊緣性是相似的，而乙未割臺事件則從政治層面切斷了臺灣與華夏的關聯，因而臺灣相對於華夏文化的邊緣性及認同危機也由此產生。另外，日本對臺灣的殖民統治也構成了臺灣人特別是日據早期之臺灣人的集體受難記憶，這在現實中無疑再次整合了臺灣社會各族群的認同，並且這種整體性的認同通常指向的是華夏認同。因而，在這一時期臺灣人的家庭記憶中，會存在對華夏的懷想以及對後輩反覆強調是中國人或炎黃子孫的現象。吳濁流在《無花果》和《臺灣連翹》中都曾記述過祖父與臨近的私塾先生之間的談話常有「否極泰來」「總有一日」「復中興」等語句〔註20〕，另外還有私塾先生常常問幼年吳濁流「你的故鄉在哪裏？」當吳濁流流利地以祖父所教的回答「廣東省鎮平縣興福鄉盧阿山口排子上」時，私塾先生便非常地歡喜〔註21〕。戴國煇也曾敘述過自己家中祖父與父親當年常常一而再日而月地要強調我們是炎黃的子孫〔註22〕以及父親所具有的濃厚的中原意識〔註23〕。這些都體現出日本作為殖民者在給臺灣帶來現實的嚴苛制度與經濟剝削之外，在文化與身份層面給臺灣人帶來的認同危機。需要強調的是，日據時期的臺灣人身份認同危機並不是單一的、絕對化的，在不同代際之間，危機的呈現方式也並不相同，因此此處所談到的更多是在日據初期臺灣人對於日本殖民政權的情感反應以及由此得以強化的華夏認同。另外，這種華夏認同實際上並不具象，而是概念化的，並且隨著代際的更迭，這種概念化的傾向在逐漸加強，「華夏」在此成為一個遙遠的原鄉，並趨於符號化，淪為一個空洞的能指。就具體的認同對象而言，「明」曾經作為一個能指與所指

〔註18〕王明珂《華夏邊緣：歷史記憶與族群認同》，臺北：允晨出版社，第 35 頁。
〔註19〕程美寶《地域文化與國家認同──晚清以來「廣東文化」觀的形成》，北京：三聯書店，第 44 頁。
〔註20〕吳濁流《無花果》，臺北：前衛出版社，1988 年，第 42 頁；吳濁流《臺灣連翹》，臺北：前衛出版社，1989 年，第 25 頁。
〔註21〕吳濁流《無花果》，臺北：前衛出版社，1988 年，第 42 頁。
〔註22〕戴國煇《臺灣史研究：回顧與探索》，臺北：遠流出版事業股份有限公司，2002年，第 114 頁。
〔註23〕戴國煇《臺灣史研究：回顧與探索》，臺北：遠流出版事業股份有限公司，2002年，第 122 頁。

合一的正統是早期臺灣移民所認同的華夏中原，並且此時政治的認同與文化的認同大致是重合的〔註24〕。但當永曆帝崩逝以及鄭氏政權歸降於清，華夏認同的內核由此開始產生分化，即認同自己是華夏的臺灣人並不一定認同清政府，這一點可能與清朝統治者之異於漢人的民族身份有關。此後的乙未割臺無疑加劇了這種認同分化，當時清政府曾接到署名為全臺紳民的電報，其中有「臺灣屬倭，萬姓不服。既為朝廷棄地，惟有死守」〔註25〕等句，其中「朝廷棄地」提示出臺灣與清政府之間因割臺而產生的裂痕，但這種裂痕並沒有影響到臺灣人的華夏認同，而是再次將認同的對象錨定於「明」，或者更早的「漢」「唐」。吳濁流在《無花果》曾提及這一問題：「臺灣人的腦子裏，有自己的國家。那就是明——漢族之國，這就是臺灣人的祖國」〔註26〕，明朝在此作為臺灣移民的集體記憶產生了重要的凝聚作用，並且這種集體記憶已經趨於固定化，從而在不同代際的臺灣人之間傳播並得以強化。另外，「漢族之國」的指向不僅僅特指明朝，實際上也包含了此前的中原華夏傳統。在遙遠的原鄉懷想與被殖民的現實擠壓之間，臺灣人的華夏認同並非一以貫之的整體性存在，其間的精神傷痕與身份危機是不可忽視的〔註27〕，但必須強調的是，這一華夏認同未曾斷裂，因而光復激情才得以存在，並且在光復這一時間節點上，臺灣人在文化層面的身份認同與政治層面的認同以及現實層面的期待曾短暫地合而為一。但不久之後，在國內外局勢的急劇變化以及冷戰拉開序幕的時代氛圍及現實激蕩中，「文化中國」「政治中國」與現實中國則成為臺灣社會意識中不同層面的存在，其中文化傳統不僅作為華夏認同的根基性存在，它還是一種統合性資源，同時也作為一面現實之鏡被加以探索，《臺灣文化》就是在這樣的情境之下，引入了相當數量的傳統文化版面。

## 第二節　《臺灣文化》中傳統文化版面的激增

　　《臺灣文化》創刊之初是將「五四傳統」與新文學作為師法對象，通過

---

〔註24〕之所以說大致重合，是因為在臺灣移民大量增加並逐漸形成華夏認同的過程中，中原政局已經發生劇變，清兵入關後，明實際上已經成為一個偏安一隅的政權。
〔註25〕世續編纂《大清德宗景皇帝實錄》卷三六六，光緒二十一年四月下。
〔註26〕吳濁流《無花果》，臺北：前衛出版社，1988年，第35頁。
〔註27〕這一問題的研究成果參見：計璧瑞《被殖民者的精神印記——殖民時期臺灣新文學論》，廈門：廈門大學出版社，2010年。

這一方式加強兩岸的文化交流並將臺灣新文學融匯於中國現代文化脈絡，同時也試圖從中汲取思想和文學的革命性經驗，以期在光復初期的臺灣清理日據時期的殖民文化及其遺留的精神印記，將臺灣新文學加以整合併延續。但這一過程遭到了現實的衝擊，《臺灣文化》創刊不足半年，臺灣就爆發了「二二八事件」，這一波及全臺的政治運動以及國民黨的處理方式對臺灣社會產生了很大影響，事件中，臺灣各地衝突不斷，政府也使用了武力手段予以鎮壓，事件後陳儀被撤職，臺灣撤銷行政公署，改為臺灣省，魏道明為首任臺灣省政府主席，魏道明上任後不久，臺灣省編譯館也被突然撤廢〔註28〕。事件發酵期間，部分知識分子尤其是新聞界人士被捕或被殺，《民報》《人民導報》《中外日報》《重建日報》等報紙被查封〔註29〕，臺灣文化協進會部分成員及《臺灣文化》亦受到波及與影響，主編蘇新因此逃離臺灣，王白淵也曾被捕入獄，《臺灣文化》中斷了三個月，至 1947 年 7 月才再次出刊〔註30〕。二二八事件的產生與爆發背後有著複雜的原因，雖然省籍矛盾在當時和此後都被視為一個重要表徵，但其間實際上既包括光復後臺灣經濟凋敝問題，也包括行政公署的執政問題，國民黨內部的派系鬥爭問題以及去殖民化進程中的問題等等，而以行政公署為代表的國民黨在處理事件中的一些高壓手段亦令臺灣社會尤其是知識分子感到恐慌與壓抑，關於二二八的問題，後文將專章展開。在經歷了三個月的沈寂之後，《臺灣文化》的編輯方向發生了一些調整，其中之一即為較大幅度地增加了中國傳統歷史與文化相關內容的版面，並一直持續到雜誌轉型，這一變化在下表中有直觀的體現：

表 4.1　《臺灣文化》月刊中的中國傳統文化部分目錄

| 篇　　目 | 作　　者 | 刊登卷期 | 時　　間 |
|---|---|---|---|
| 《魏晉風流與老莊思想》 | 許世瑛 | 第二卷第三期 | 1947.3.1 |
| 《困知漫筆（二）》 | 天華（繆天華） | 第二卷第三期 | 1947.3.1 |

〔註28〕許壽裳 1947 年 5 月 17 日日記載：「《新生報》及《省政府公報》，載編譯館經昨日第一次政務會議議決撤銷，事前毫無聞知，可怪。」參見：黃英哲等編校整理《許壽裳日記：1940～1948》，福州：福建教育出版社，2008 年，第 806 頁。
〔註29〕戴國煇，葉芸芸《愛憎二二八》，戴國煇《戴國煇全集3》，臺北：文訊雜誌社，2011 年，第 341 頁。
〔註30〕《編後記》：「因為二‧二八事件的影響，本志在今天才得再和讀者諸位見面……」，載《臺灣文化》第 2 卷第 4 期，1947 年 7 月。

| 《俞曲園先生的思想》 | 許壽裳 | 第二卷第四期 | 1947.7.1 |
|---|---|---|---|
| 《王羲之父子與天師道的關係》 | 許世瑛 | 第二卷第五期 | 1947.8.1 |
| 《清朝的文字獄》 | 東方蒙霧 | 第二卷第五期 | 1947.8.1 |
| 《顏習齊：走向事物世界的北方之強》 | 黃啟之 | 第二卷第五期 | 1947.8.1 |
| 《舊詩兩首》 | 天華 | 第二卷第五期 | 1947.8.1 |
| 《杜甫的詩與生活》 | 天華 | 第二卷第五期 | 1947.8.1 |
| 《讀〈中國文學史綱〉——譚丕謨著》 | 李竹年 | 第二卷第五期 | 1947.8.1 |
| 《屈原天問篇體制別解》 | 臺靜農 | 第二卷第六期 | 1947.9.1 |
| 《〈敦煌秘籍留真新編〉序》 | 許壽裳 | 第二卷第六期 | 1947.9.1 |
| 《白居易的諷喻詩》 | 天華 | 第二卷第七期 | 1947.10.1 |
| 《摹擬與創作》 | 許壽裳 | 第二卷第七期 | 1947.10.1 |
| 《魏晉人心中愴字的意義》 | 許世瑛 | 第二卷第七期 | 1947.10.1 |
| 《談酒》 | 臺靜農 | 第二卷第八期 | 1947.11.1 |
| 《王導政績和晉元帝中興》 | 許世瑛 | 第二卷第九期 | 1947.12.1 |
| 《趙甌北與臺灣》 | 黃得時 | 第二卷第九期 | 1947.12.1 |
| 《鄭成功小論》 | 楊雲萍 | 第三卷第一期 | 1948.1.1 |
| 《王通和韓愈》 | 許壽裳 | 第三卷第一期 | 1948.1.1 |
| 《古小說鉤沉題解》 | 臺靜農 | 第三卷第一期 | 1948.1.1 |
| 《陶淵明的寂寞和飢餓》 | 天華 | 第三卷第一期 | 1948.1.1 |
| 《〈西遊記〉研究（上）》 | 袁聖時 | 第三卷第一期 | 1948.1.1 |
| 《釋身（上）》 | 許世瑛 | 第三卷第二期 | 1948.2.1 |
| 《臺灣與近代中國》 | 郭延以 | 第三卷第二期 | 1948.2.1 |
| 《〈西遊記〉研究（下）》 | 袁聖時 | 第三卷第二期 | 1948.2.1 |
| 《釋身（下）》 | 許世瑛 | 第三卷第三期 | 1948.4.1 |
| 《曹丕兄弟的政爭及其左右之文士》 | 廖蔚卿 | 第三卷第三期（三、四月合併號） | 1948.4.1 |
| 《談談曹氏父子的文章》 | 許世瑛 | 第三卷第五期（六月號） | 1948.6.1 |
| 《寫在洛神賦之後》 | 許世瑛 | 第三卷第六期（七、八月合併號） | 1948.8.1 |
| 《神話和中國神話》 | 袁聖時 | 第三卷第六期（七、八月合併號） | 1948.8.1 |

| 《由唐代壁畫說起》 | 李浴 | 第三卷第六期（七、八月合併號） | 1948.8.1 |
|---|---|---|---|
| 《先父洪棄生的幾首淪陷紀事詩》 | 洪炎秋 | 第三卷第六期（七、八月合併號） | 1948.8.1 |
| 《登樓賦與楚辭的關係》 | 許世瑛 | 第三卷第七期（九月號） | 1948.9.1 |
| 《中國文學與山嶽》 | 蘇維熊 | 第三卷第八期（十月號） | 1948.10.1 |
| 《山海經裏的諸神（上）》 | 袁聖時 | 第三卷第八期（十月號） | 1948.10.1 |
| 《山海經裏的諸神（中）》 | 袁聖時 | 第四卷第一期 | 1949.3.1 |
| 《介紹幾篇值得一讀的小賦》 | 許世瑛 | 第四卷第一期 | 1949.3.1 |

從上述統計來看，二二八事件後的《臺灣文化》至第五卷第一期（1949.7.1）轉型為學術季刊之間，除了第三卷第四期（1948.5.1）的《悼念許壽裳先生專號》外，每一期或多或少均有傳統文化的相關內容。以數據統計的方式來看，在二二八後《臺灣文化》刊載的 161 篇〔註31〕文章中，傳統文化相關的文章總計 37 篇，占比約 23%。同時，需要注意的是在二二八事件前的第二卷第二期（1947.2.5）中已有繆天華古典隨筆《困知漫筆（一）》的刊載，而載有《困知漫筆（二）》及《魏晉風流與老莊思想》的第二卷第三期（1947.3.1）的出版日期為二二八事件的次日，在當期的《近事雜記》〔註32〕及《編後記》中並未記載二二八事件相關，結合雜誌的組稿週期以及存稿〔註33〕的情況來看，這一期應該還沒有受到事件的影響。因此，《臺灣文化》上古典文化類型的文章並不是在二二八之後才突然出現，《魏晉風流與老莊思想》以及《困知漫筆》應屬於原有的組稿計劃，並且《困知漫筆》這一隨筆有可能是限於篇幅而分為兩期刊出。雖然二二八事件不能被視為這一相關內容出現的起點，但復刊後相關版面數量的明顯上升還是一個值得關注的現象。另外，從上表可以發現，這一部分內容的供稿群體大多是大陸渡海來臺的知識分子，其中許多亦在臺灣省編譯館任職，事實上，主編楊雲萍作為連接兩個機構的重要核心，也為組稿特別是編譯館成員的投稿提供了便利的條件。編譯館的工作重於學校教材、社會讀物、名著編譯以及臺灣研究四個主要方面，其中社會讀物中又強調要使民眾具備對於本國必要之史地常

〔註31〕其中《悼念許壽裳先生專號》及每期《編後記》《本會日誌》未計入。
〔註32〕當期《近事雜記》的寫作日期為 1948 年 2 月 14 日，參見楊雲萍《近事雜記（四）》，載《臺灣文化》第 2 卷第 3 期，1947 年 3 月。
〔註33〕第 2 卷第 3 期《編後記》載：因為頁數的減少，有許多大作，留在次期發表。載《臺灣文化》第 2 卷第 3 期，1947 年 3 月。

識以及知道中外偉人之事蹟〔註34〕等等，從這一點來說，《臺灣文化》的這一變化趨勢與臺灣省編譯館的工作初衷有相符之處，這一點自然是針對日本對臺灣的文化政策管控及其語言政策所導致的臺灣人的國語障礙，其核心仍然在於通過對祖國歷史、地理、人物以及生活方式等方面的瞭解來恢復臺灣與祖國之間的文化連接，從而擺脫日本遺留的殖民地文化氛圍以及生活方式。在此，加強中國傳統中的歷史與文化的科普既是應對現實的必要手段，同時也是在更深地層次上建構、強化一種文化集體記憶的方式，這些對於二二八所表現出來的去殖民進程中的曲折以及嚴重激化的省籍矛盾有著現實的指向性。另外，從上表的總結來看，除了主題上都與中國的歷史與文化有關之外，一部分文章的標題與內容的學術性較強，例如許世瑛、臺靜農的幾篇，二人當時分別任職於臺灣師範學院與臺灣大學，因此其發表的文章可能也與作者當時的研究興趣及關注點有關。同時，二二八事件後，具有現實批判力度的文章漸少而此類學術性的文章陡增，也不能不將之視為一個面對現實高壓自然而然的應激反應。

## 第三節　作為資源的傳統文化

### 一、集體記憶的追溯與民族性的黏合

在二二八後復刊的《臺灣文化》第二卷第四期卷首刊登了游彌堅的《臺灣新文化運動的意義》，雖然游彌堅論述的最終落腳點在於新文化，但其表達中卻也強調了傳統的力量：

> 回看我們中國的文化，五千年的歷史……我們既然有了這樣美麗悠久的文化，也就是告訴我們，應該自信，我們有強大的創造力和堅韌的生存力，我們應該努力，繼承歷史的光榮，發揚我們民族的文化填補我們現階段的缺陷……〔註35〕

「發揚民族文化填補現階段的缺陷」意味著要以傳統為資源，並從中尋找新的動力，《臺灣文化》傳統歷史文化系列版面的推出可以視為對這一觀點的延伸與踐行。整體上來看，這一系列並未形成具體而統一的主題，通常是

---

〔註34〕 參見：《臺灣省編譯館1947年度工作計劃》，黃英哲等主編《臺灣省編譯館檔案》，福州：福建教育出版社，2010年，第63頁。

〔註35〕 游彌堅《臺灣新文化運動的意義》，載《臺灣文化》第2卷第4期，1947年7月。

相關人物及其作品的介紹與分析，例如王羲之、陶淵明、杜甫、王導、鄭成功等等，抑或經典的局部考察如《天問》《西遊記》《山海經》《洛神賦》等等。這在一定程度上反映出《臺灣文化》的編輯同仁並未就傳統歷史文化這一話題作出明確的系列策劃，因而作者們的來稿大多是基於各自的學術興趣及關注點。就這一點而言，這一系列同類文章的出現具有一定的偶然性，但在偶然性之外，這一類稿件自二二八事件後延續至雜誌改版前每期均有刊登，則不能不視為偶然中的必然，即有意識地組稿與刊發。從上一節的統計表格中不難發現，《臺灣文化》中的主要寫作群體集中於臺灣省編譯館，其中繆天華及袁聖時是見刊頻率較高的，編譯館之外，文章數量最多的是許世瑛，許世瑛不僅自己為《臺灣文化》撰稿，也曾代許壽裳撰寫部分文章，表中所列署名為許壽裳的《摹擬與創作》即出自許世瑛筆下。同時，《臺灣文化》的這一系列稿件與臺灣省編譯館社會讀物組策劃的「光復文庫」在方向上有較大的一致性，即「編譯淺顯讀物、旨在推進教育、不斷編輯陸續出版、內容不予固定」〔註 36〕。光復文庫第一期的書目的策劃也沿此方向推進，包括《中國名人傳記》（張騫、王充、鄭成功等）《魯迅及其阿 Q 正傳》（介紹中國文學的開山祖）《中國故事集》（介紹民間故事及名人故事）〔註 37〕等等。因此《臺灣文化》這一系列的內容刊載在某種意義上可以視為其與臺灣省編譯館「光復文庫」形成了互為補充的關係，由於光復文庫是書籍策劃，因而《臺灣文化》的傳播效率更高，但容量相對而言則較小。表面來看，《臺灣文化》與光復文庫在部分內容上形成互相補充的效果，最直接的原因在於雙方工作人員的部分重疊，一些編輯和作者也保持著相當密切的關係，尤其是同時作為《臺灣文化》主編和臺灣省編譯館臺灣研究組組長的楊雲萍。但更深層的原因在於，編輯出版行業在社會公共領域的塑造中擔當著重要的角色，《臺灣文化》以及臺灣省編譯館在光復初期所呈現出來的這種共同的編輯傾向是因為他們在各自的立場上的現實追求產生了重疊，即加強史地等文化知識的傳播，同時這種傳播以淺顯簡明為要，在具有可讀性的同時增加臺灣民眾對祖國的瞭解，在文化層面拉近臺灣與祖國之間的距離。

---

〔註 36〕《臺灣省編譯館工作概況》，黃英哲等主編《臺灣省編譯館檔案》，福州：福建教育出版社，2010 年，第 117 頁。

〔註 37〕《臺灣省編譯館工作概況》，黃英哲等主編《臺灣省編譯館檔案》，福州：福建教育出版社，2010 年，第 118 頁。

包括「光覆文庫」的系列策劃在內的臺灣省編譯館的整體工作是基於陳儀「心理建設」的倡議而展開的〔註38〕，編譯館也是在行政公署主導下的文化機構，其在許壽裳的主導之下雖然於具體的認知與踐行方面都秉持著較為科學客觀的學術態度，但編譯館整體的工作是服務於官方設計的，「去殖民化」是其中的內在需求。相較於編譯館的立場，《臺灣文化》顯然距離政治目標更遠一些，雖然臺灣文化協進會的官方背景亦濃厚，但在編輯雜誌的工作中，則先後主要有蘇新、楊雲萍、王白淵、許乃昌等中立乃至左傾的文化人士，在《臺灣文化》的刊行中，整體上雖然有較強的現實關懷，但也有意識地與政治保持相當的距離，因而他們對問題的觀察更多是出於文化的角度。另外，由於大部分編輯都是臺灣人，這使得他們看待這一時期文化問題的立場天然不同於行政公署，不能將之直接視為與編譯館並立的公署外圍文化機構。因此，《臺灣文化》與編譯館「光覆文庫」所呈現出的共同的取向實際上是殊途但卻同歸，因為二者的思考立場與方式並不相同。而殊途同歸的主要原因則在於，日本對臺五十年的殖民歷史令臺灣民眾與祖國之間產生了各個層面包括文化在內的陌生與隔閡，因此相關知識的補充顯得尤為緊要和合理，這種合理性的原動力就在於文化傳統的強大召喚力。

將傳統作為資源的前提意味著要先回到傳統之中，而重新走進傳統，接觸歷史以及歷史中的文化這本身也是再次進入華夏集體記憶的一種方式，當集體記憶被激活乃至強化時，華夏族群的認同感也會隨之加強。另外，對光復初期的臺灣社會而言，這不僅是激活集體記憶的過程，更恰當地說應當是共享並植入集體記憶的過程。本章第一節曾對臺灣如何由非華夏的「藩」轉變為華夏之一部分以及華夏認同的形成過程作出大致的梳理，其華夏認同是在明鄭時期伴隨著幾次較大的移民潮及具有強烈政治觀念的「遺民」來臺而逐漸生成並在清朝時期得以固定化。因此，臺灣作為一個以漢移民為主的社會，其華夏認同也根植於此，但對臺灣社會而言，在日據之前，「明」是臺灣人心目中具象的歷史記憶，換言之，「明」以前的歷史記憶對於臺灣社會而言需要補充、強化才能夠進入民眾的意識之內，進而沉澱為集體記憶，這種補充的手段既包括家庭氛圍的薰陶，家庭氛圍可以為華夏認同提供一個穩定的

〔註38〕 這既是陳儀邀請許壽裳來臺主持編譯館的初衷，同時也是後來編譯館工作的要旨。參見：《許壽裳有關編譯館設立與工作擬稿》，黃英哲等主編《臺灣省編譯館檔案》，福州：福建教育出版社，2010年，第37頁。

基礎，但其短板在於它所提供的信息通常是碎片化或不夠精確的〔註39〕，即在家庭單位之內，所強調的內容更多是情感性的連接。因此，更為重要的補充手段應該是教育，而乙未割臺之後，日本對臺灣所施行的種種文化鉗制導致這一過程被迫中斷，維持華夏認同的方式幾乎只剩下家庭這樣最小的單位。因此，在光復初期的臺灣，臺灣省編譯館是在一種「再教育」的立場上強調對中國史地知識的補充以及偉大人物的介紹，其所針對的現實問題是殖民文化的清理以及歷史記憶的重新整理，而《臺灣文化》的這一編輯傾向也是沿著這樣的邏輯出發，二者都具有著構建集體記憶的深層動機，即當族群內部的認同出現危機時，以傳統作為資源，重述族群的集體記憶，進而增強族群內部的黏合性。但有所不同的是，《臺灣文化》是在一種更為深刻的社會危機中推出了系列內容，這也是其推出時間較之編譯館策劃更晚並集中於二二八事件之後的原因。

「二二八事件」雖然以查緝私煙為直接的導火索，但事實上在此之前，臺灣人對於國民黨接受政府的不滿與日俱增，而事件發生當天，軍警的出動則觸發了臺灣民眾的激憤情緒。爾後，穿著制服、中山裝以及旗袍等雷同外省人打扮的，不會說閩南話或日語的，一概被激怒的群眾攔下來，成為拳腳交加的對象〔註40〕。這種情況雖然並未持續很久，但仍然加劇了此前暗流湧動的省籍矛盾，並以「本省人」和「外省人」為差別，將現實矛盾與情緒扭結為族群仇恨。另外，由於二二八事件爆發時，距臺灣光復僅僅一年半有餘，一套新的社會價值體系亦即所謂的文化解殖尚處於萌芽階段，加之政府的貪腐、經濟的困頓等社會問題，導致臺灣民眾一方面將接受政府與日本殖民者加以對比，因而有了「狗去豬來」〔註41〕的觀念，而在這種觀念中，狗雖然兇惡，但總有看守家門的作用，而豬則光食而不做事——臺灣民眾對國民黨

〔註39〕 戴國煇在回憶父親對自己談論中原及祖籍問題時，關於山西和河南的纏繞以及不確定性。參見：戴國煇《臺灣史研究：回顧與探索》，臺北：遠流出版事業股份有限公司，2002年，第121頁。

〔註40〕 戴國煇，葉芸芸《愛憎二二八》，戴國煇《戴國煇全集3》，臺北：文訊雜誌社，2011年，第277頁。

〔註41〕 「狗去豬來」是光復初期臺灣民眾間流傳的一種觀念，即將國民黨接收政府（豬）與日本殖民者（狗）對比，認為狗會吠叫咬人，但至少可以維持秩序，而豬則不潔不淨又貪食，幾無好處，這種觀點之中實際上除了對國民黨政府的失望，實際上也波及了外省人。這一表述亦見於《臺灣文化》，參見是非生：《新論理的爭辯》，載《臺灣文化》第2卷第2期，1947年2月。

接收政府的失望情緒由此可見一斑。不僅如此，臺灣民眾對政府的失望情緒實際上不可避免地影響了臺灣民眾的「祖國愛」，如果說此前臺灣的社會矛盾與省籍問題都還是在壓抑或湧動的階段，那麼二二八事件則造成了矛盾與情緒的井噴，臺灣民眾心目中的觀念化的古典中國與現實中國尤其是「政治中國」在此遭遇，在這一過程中，觀念化的「中國」逐漸被現實中國侵蝕並覆蓋，並以國民黨接收政府作為一個明顯的具有負面意義的祖國印象。此時的失望情緒與光復激情形成了強烈的反差，因而光復時刻所爆發的強烈的「祖國愛」也發生了轉變，「祖國政府」在臺灣人眼中與征服者已經毫無差異了〔註42〕。同時，基於這種失望的情緒以及比較的思維，臺灣民眾在事件中的部分表達方式開始趨於極端化：

> 事件爆發後，臺灣人以自己能夠掌握的語言、熟悉的行為模式，表達怒意……於是「日語」成為區別彼此的工具……當事態激化時，穿著日本「國民服」與軍裝足蹬日本木屐或者軍靴，額頭上綁著白布巾，唱著日本軍歌（海軍進行曲）的「若櫻敢死隊」「海南島歸臺者同盟」這樣的隊伍就出現了。〔註43〕

這種類似的情況令省籍問題變得更為突出，外省人成為本省人防範和討厭的對象，而在外省人眼中，本省人的此類行為則加劇了此前的「臺人奴化」認知，這些敵對的意識當然對臺灣整體的華夏認同產生了威脅，並且在情感上也產生了疏離。許壽裳在二二八事件後的系列表述在一定程度上也提示出這種疏離，在其1947年3月致友人的信件中寫到：

> 上月廿八臺北事變……其遠因是受日本五十年侵略教育的遺毒……其近因則為一般流氓浪人戰時被日寇徵用……一旦化為自由民，伺機蠢動，肆無忌憚；又有日寇暗中策動，成為有組織的暴動。此類暴徒本無國家觀念，蓄意作亂，其遇可憫，其悖可誅。此後補救方法，還在教育。〔註44〕

許壽裳提及的流氓浪人正是上文引文中所說的在二二八事件中施暴動

---

〔註42〕戴國煇，葉芸芸《愛憎二二八》，戴國煇《戴國煇全集3》，臺北：文訊雜誌社，2011年，第277頁。

〔註43〕戴國煇，葉芸芸《愛憎二二八》，戴國煇《戴國煇全集3》，臺北：文訊雜誌社，2011年，第287頁。

〔註44〕《許壽裳有關二二八事變的記述》，黃英哲等主編《臺灣省編譯館檔案》，福州：福建教育出版社，2010年，第130頁。

粗的主要群體之一。基於這一認知，許壽裳隨後撰寫了《臺灣需要一個新的五四運動》《中國民族精神的重心》二文，其中都在批判日本國民性的同時，提倡中國的民族精神，從中不難見出其鮮明的現實指向。從後設的眼光來看，二二八事件爆發的原因並不單純在於省籍矛盾、社會弊病抑或所謂的日本遺毒，它實際上是臺灣社會在由殖民地變為中國之一省這一轉型期所面臨的種種壓力的一個偶然但卻集中的爆發。中國雖然在二戰中成為戰勝國，擺脫了近代以來的半殖民地處境，但伴隨著冷戰的前奏，世界範圍內的意識形態對峙正在形成，1945～1949 這一時段內的中國內政也處於動盪之中，因此，處於社會轉型期的臺灣尚未完成文化、政治、經濟各方面的整合就已經捲入到戰後世界秩序重構帶來的漩渦之中。在文化領域，雖然「光復激情」在整體上表現出強烈的祖國認同，但這主要是擺脫殖民地處境後的強烈情感反應，是一種未經整理的樸素的「祖國愛」。換言之，這種激情的認同對象只是一個概念化的祖國，亦即前文提及到的以「明」之正統為代表的古典中國，而以臺灣省行政公署為代表的現實中國，以及國內尚未穩定的「政治中國」則是需要臺灣民眾重新認知並接受的對象。因此，二二八事件發生之際，正是這些不同認知層次的中國相互遭遇並發生衝突的時刻，在此，上述整合不僅沒有完成，以二二八事件為表徵的種種社會問題還亟待重建的社會價值體系產生了混亂。以「狗去豬來」為代表的比較心態實際上潛伏著深刻的社會危機，這意味著殖民政府與國家地方政府這兩個有著本質差異的存在由於種種現實矛盾在臺灣民眾的認知中正在被混同，這種混同帶來的危險之一是無法準確地把握殖民這一歷史現實的真實意義，從而被虛幻的殖民現代性所迷惑，國族認同的心理基礎也可能弱化，「狗去豬來」在此正是一個恰切的比喻寫照，其危險之二則在於當民眾無法區分殖民者的社會資源宰制與民族資產階級政府在轉型期的執政缺陷時，政治認同的基礎將變得岌岌可危，文化認同在這種特殊階段就顯得尤為重要，古典中國在某種意義上其吸引力已經大於「政治中國」。因此，《臺灣文化》集中地推出與中國歷史文化相關的內容既是應對現實的對症下藥，同時也體現出雜誌同仁們懷抱希望地介入現實，希望通過文化的力量對現實的裂隙予以彌合，即借由集體記憶的追溯以實現民族性的黏合。

## 二、以古映今的現實之鏡

　　綜觀《臺灣文化》上關於傳統文化的部分，可以發現其與現實形成了強

烈的對話性。首先，魏晉時代是這一部分內容中所集中關注的一個歷史時段，這一系列的內容主要由許世瑛寫就，且大多為其渡臺已經在大陸期刊上發表過，屬於舊文新刊。許世瑛自身對漢魏六朝的文學與史學頗為關注，這一點曾被認為是受到魯迅的影響〔註 45〕，但從許世瑛去臺灣之前公開發表過的文章來看，《臺灣文化》所刊發的魏晉系列約占四分之一〔註 46〕，因此這一系列文章不能僅僅視為許世瑛的學術興趣，而是一種有意識的組稿。從回溯歷史的眼光來看，魏晉時期既是一個文學自覺的時代，同時也是中國古代玄學興起的重要階段。不僅如此，魏晉玄學的產生與當時的政治環境與士人心態有著密切的關聯，即自東漢後期大一統崩壞始，士人群體在傳統忠君愛國的立場上反對外戚與宦官的專權，但卻屢屢失敗，在這一過程中，士人與政權開始發生疏離，並以批評的態度對待政權，而兩次黨禁則令這種疏離更為徹底，士人開始懷著一種悲哀的心緒從維護大一統的心態中解脫出來，走向自我〔註 47〕，這也是玄學興起的一個重要背景。因此，魏晉的歷史走向與當時的士人心態實際上與光復特別是二二八前後的臺灣社會及在臺知識分子之間形成了相當程度的互相映照。抗戰勝利後，臺灣知識分子曾先後對之寄予厚望的《雙十協定》《和平建國綱領》均未遏止國共兩黨之間的衝突，自 1946 年中起，不僅臺灣島內湧動著光復激情幻滅後的失望，祖國大陸也彌漫著解放戰爭的硝煙，這種雙重的失望焦灼的產生與衍化在《臺灣文化》的編後記以及楊雲萍的《近事雜記》系列中也可窺見一斑。1946 年 12 月的「聽說臺灣是和平之區，我們禱祝長此名副其實」〔註 48〕，1948 年 1 月的「春風萬里！雖是滿地烽煙，到處哀鴻，然而春風是要吹著的」〔註 49〕，以及 1948 年 9 月的「一年容易，又是秋風……」〔註 50〕和 1948 年 10 月的「聽說，本省是唯一的乾淨土！」從禱祝和平之區臺灣長此名副其實，到仍要吹著春風，再到秋風起，臺灣已是唯一的「乾淨土」，其中不難發現《臺灣文化》同仁們由勉力保持樂觀和希望到為現實憂慮唱歎的心態變化，楊雲萍對

〔註45〕 楊煮《文學趣味、史家視野和目錄學根柢：魯迅與許世瑛的學術因緣》《尋幽殊未歇：從古典詩文到現代學人》，浙江古籍出版社，2020 年，第 242 頁。
〔註46〕 數據源自全國報刊索引資料庫中許世瑛赴臺前發表的文章。
〔註47〕 參見：羅宗強《玄學與魏晉人士心態》，天津：南開大學出版社，2003 年。
〔註48〕 《編後記》，載《臺灣文化》第 1 卷第 3 期，1946 年 12 月。
〔註49〕 《編後記》，載《臺灣文化》第 3 卷第 1 期，1948 年 1 月。
〔註50〕 《編後記》，載《臺灣文化》第 3 卷第 7 期，1948 年 9 月。

此的記錄表達則更細緻一些。

《臺灣文化》創刊之初，雖然大陸局勢未明，但島內的楊雲萍對此感覺尚不明顯：

> 伏案靜聽著「刈稻機」軋軋的聲音，彷彿天下似是太平……且聞吟陶淵明先生的詩篇罷，「今日天氣佳……」〔註51〕

但這種閒適的體驗並未持續太久，1947年1月，正值國共對戰膠著，馬歇爾放棄調停離華前夕，外省來臺視察人士盛讚臺灣在各方面都是模範，楊雲萍由此感到國內他省之糟，可以概見，因而長歎：

> 內戰頻仍，是處哀鴻，徒使今日之臺灣成為「模範」，成為「第一」！〔註52〕

同年六月：

> 陰雨連綿，要「晴」的豈天氣而已！〔註53〕

同年九月：

> 想一想到昨今的世界風雲的變幻和險惡，令人憂心如搗，令人懷疑歷史的前進……可是暴雨狂風之後，是要放晴的，奔濤駭浪的上邊還有皎皎的皓月。我們不可失望！〔註54〕

以及1948年九月由此前柏林封鎖事件而產生的對於國際局勢的思考：

> 不過，現在國際局勢的僵局，未必盡是由於所謂的「誤會」造成的，假使盡是由於「誤會」，「誤會」將終有「冰釋」之一日；最可怕，最可憂的是「知之審，籌之熟」的那一些「什麼」。〔註55〕

無論是《編後記》還是《近事雜記》，二者都充滿了對於國內局勢乃至世界秩序的憂慮與思考，這顯然來自於臺灣知識分子對於生活的切身體驗。在光復這一極具代表意義的歷史時刻之後，臺灣社會並未如預期一樣迅速地回到祖國的懷抱並展開新的生活篇章，相反，在二戰—冷戰的世界秩序重構以及受其影響牽制的國內革命整合之雙重壓力之中，臺灣社會的轉型無論在經濟上還是文化上都難以得到有效的推進，臺灣雖未直接地捲入戰爭，但不

〔註51〕楊雲萍《近事雜記（一）》，載《臺灣文化》第1卷第3期，1946年12月。另段內陶淵明「今日天氣佳」係楊雲萍原文，疑為「山氣日夕佳」之誤記。
〔註52〕楊雲萍《近事雜記（二）》，載《臺灣文化》第2卷第1期，1947年1月。
〔註53〕楊雲萍《近事雜記（五）》，載《臺灣文化》第2卷第4期，1947年7月。
〔註54〕楊雲萍《近事雜記七》，載《臺灣文化》第2卷第6期，1947年9月。
〔註55〕楊雲萍《近事雜記十七》，載《臺灣文化》第3卷第7期，1948年9月。

可避免地在經濟上受到波及，「光復激情」也因此而產生了強烈的落差感，這在情感上不僅直接對知識分子產生了震盪，這種影響實際上也滲入了整個臺灣社會之中。不僅如此，日據末期因日本為投入戰爭而在臺遺留的經濟問題與新的世界格局以及國內戰爭語境以及接收政府的貪腐問題遭遇之後，「米荒」「紙荒」等一系列現實困境構成了當時在臺知識分子尤其是島內知識分子體驗更為直接的另一重憤怒與憂慮。在《臺灣文化》第第二卷三期中，蘇新以筆名甦甡發表了《紙荒——文化破壞的先兆》的短評，其中講述了近一個月來經濟界破天荒的變動，歷數了金、木炭等價格的上漲，認為物價的瘋漲「致使一般民眾為著生活將要發狂了」〔註56〕，而紙荒不僅來自於其他印刷成本的增加，同時還因為供應全島的二結製紙廠因零件破損須由美日進口而停工〔註57〕。楊雲萍也時常在《近事雜記》中借古喻今，例如在讀《徐文定公集》時，感慨明朝雖有夕陽銃炮這樣的「神器」卻仍然滅亡，其教訓就在於「假如社會貪腐，經濟崩壞，文化落後，那麼雖有怎麼精巧的「神器」，也是不能期待它的效果的」〔註58〕，以及借孔子「有德者，必有言」之語曲喻現實之「悶」：

> 不消說，現在是「民主時代」，而且報紙等的報導，（至少據本省的報紙等的報導），世上是多麼多的「有德者」，但是，令人「悶」的很，所謂「言」也者，卻似乎未必一定是「有」的。〔註59〕

還有在許壽裳遇害後，楊雲萍有感於北京、臺灣的書之厄運，感歎到：

> 現在天下之遭遇浩劫者，豈止書籍而已。〔註60〕

在上述種種表達中，不難見出當時臺灣知識分子在心態上的轉變，從群體性的光復激情，到「彷彿天下似是太平」的偏安之感，再到不斷反覆期待「天晴」，其失望與無奈的情緒是溢於言表的。從時代氛圍來看，儘管魏晉時期與光復初期所面臨的具體問題不同，但在社會形態與士人（知識分子）心態層面上均有相似之處，即在政治不穩定的環境中不斷走向失落，這似乎

---

〔註56〕甦甡《紙荒——文化破壞的先兆》，載《臺灣文化》第2卷第3期，1947年3月。

〔註57〕甦甡《紙荒——文化破壞的先兆》，載《臺灣文化》第2卷第3期，1947年3月。

〔註58〕楊雲萍《近事雜記（八）》，載《臺灣文化》第2卷第7期，1947年10月。

〔註59〕楊雲萍《近事雜記（九）》，載《臺灣文化》第2卷第8期，1947年11月。

〔註60〕楊雲萍《近事雜記（十三）》，載《臺灣文化》第3卷第3期，1948年4月。

在最基本的層面上解釋了二二八事件之後，《臺灣文化》上較為集中地出現了魏晉相關的文章，但這些文章的目的並不單純地指向懷古，抑或是躲進歷史的故紙堆中聊以自慰，而是在相似的歷史情境中以古為鏡，試圖為當下尋找新的出路。魏晉時期伴隨著大一統崩壞而來的是正統觀念的變化，經學的權威地位開始降低，諸子思想則由是活躍起來，玄學更成為一個時代主流，並由此產生了不同氣質的士人形象，諸如悲劇的典型嵇康、苦悶的象徵阮籍以及入世的談玄名士何晏、山濤〔註61〕等。大一統的崩壞或許映照了 1945 ～1949 之間中國的某種現實，但如果將目光聚焦於在此一時期的臺灣，則可以發現「經學權威的失落」並未發生，民族主義作為一種現代的具有超強黏合力的情感資源已經取代了傳統中國維繫大一統的儒學思想，並繼續發揮著作用。因此，這一時期《臺灣文化》同仁對魏晉時期的偏愛雖然是出於一種心靈的共振，但實際上他們所思考的方式已經以一種現代的姿態對傳統進行了超越，進而以傳統為資源，對現實作出曲折的回應。

　　不同於「越名教而任自然」式的放達，光復初期臺灣的知識分子儘管失望到「懷疑歷史的前進」，仍然在發出「不可失望」的呼喊，他們在這一時期所作出的表達在某種程度上更近於入世的談玄士人。許世瑛在《魏晉風流與老莊思想》一文中，在敘述了魏晉談玄的背景之後，選取了何晏、王弼作為代表進行了介紹，這二人正是魏晉談玄人士中積極入世的典型代表〔註62〕，不僅如此，在論及嵇康阮籍時，還引用了魯迅《魏晉風度及文章與藥及酒之關係》中的片段說明魏晉人士不得不佯狂以沒世，一方面談玄論易，另一方面卻嚴守禮法，以儒家名教為依歸〔註63〕，這固然是解讀嵇康、阮籍等人的補充視角，但許世瑛文中所談種種則有一具體的旨歸，即魏晉人士談玄是因為昏君在位姦臣無道而免禍自保，並非沉溺於避世之中。不僅如此，許世瑛還將老子與莊子區分開來，認為莊子是出世的，消極的，而老子則是入世的，其哲學則較之儒家更深一層：

　　　　　像他所說的「禍兮福之所倚，福兮禍之所伏。」這種物極必反
　　　的至理可以使一般熱中明理的人警惕不再只圖自身利益，而賊害他

---

〔註61〕　參見：羅宗強《玄學與魏晉人士心態》，天津：南開大學出版社，2003 年，第80～131 頁。

〔註62〕　羅宗強《玄學與魏晉人士心態》，天津：南開大學出版社，2003 年，第 126 頁。

〔註63〕　許世瑛《魏晉風流與老莊思想》，載《臺灣文化》第 2 卷第 3 期，1947 年 3 月。

人了。〔註64〕

由此，這篇文章實際上既在時代氛圍上將當時的臺灣與魏晉形成互文，更在一種對老子的引申闡釋中對現實中因逐利而相害的情形作出了隱晦的批評。另外，儘管魏晉亂世與名士談玄為當時臺灣的知識分子提供了一種歷史的參考，即為求自保而寄情玄學與山水，但許世瑛並沒有止步於這種虛幻的安慰，而是以入世型的談玄士人為對象以及對老子的解讀對歷史作出了超越，在不穩定的社會中，仍然提倡一種積極、入世的精神。類似的觀點也見於許世瑛《王羲之父子與天師道的關係》一文，在學術性地爬梳了王羲之父子篤信天師道的旁證之後，仍然談到不要因道教的刻板印象認為王羲之父子應當遁跡世外，遺棄榮名〔註65〕，更強調道家的雜糅性及其與儒家的親緣關係。整體來看，這篇文章雖然旨在梳理王羲之父子的思想資源，但實際上也透露出與前述《魏晉風流與老莊思想》中一脈相承的以入世觀點看待玄學與士人的立場。另外值得一提的是許世瑛所寫的《魏晉人心中傖字的意義》，這篇文章實際上更近於許世瑛自身的學術方向〔註66〕，雖然是對「傖」字的詞義考證，但卻精確地切中了當時臺灣社會顯著的矛盾之一──省籍問題。在許文的敘述中，「傖」字最初用來形容野鄙不文之人，但在中國的歷史發展與文化變遷之中，「傖」不斷地被用來作為文明與蠻夷的區隔，其所指對象的滑動實際上指向的正是中國領土及華夏認同輻射範圍變動的過程：

> 從上面所引各事中可以知道傖字最初只是鄙陋愚蠢的人的稱謂，後來才慢慢地一面由南方人罵北方人為傖，一變為南方人罵初來南方居住的北方人為傖，再變為居住久了的北方人的子孫忘了他祖宗也是北方人，而罵後來的北人為傖。另外一面由吳人罵楚人為傖。變而為罵江淮之間的北人和楚人為傖了。〔註67〕

其中南方人罵初來居住的北方人以及居住久了的北方人子孫忘記了他

〔註64〕許世瑛《魏晉風流與老莊思想》，載《臺灣文化》第 2 卷第 3 期 1947 年 3 月。另，段中「熱中」為原文所用。

〔註65〕許世瑛《王羲之父子與天師道的關係》，載《臺灣文化》第 2 卷第 5 期，1947 年 8 月。

〔註66〕許世瑛曾隨趙元任、陳寅恪研究歷史和語言聲韻學，主要著作有《中國目錄學史》《中國文法講話》以及《論語二十篇句法研究》等。參見：紹興魯迅紀念館編《魯迅與他的鄉人》，杭州：西泠印社出版社，2014 年，第 46 頁。

〔註67〕許世瑛《魏晉人心中傖字的意義》，載《臺灣文化》第 2 卷第 7 期，1947 年 10 月。

祖宗也是北方人這一部分可謂切中了省籍矛盾的一個痛點,臺灣作為一個漢移民為主的社會,所謂「本省與外省」之別的本質實際上是由資源競爭而引起的,這種因競爭而產生的矛盾不是光復後所特有的現象,在臺灣的歷史上,漢移民與當地的原住民之間、漢移民內部的客家人與閩南人都有著長期存在的族群矛盾,前者來自於新移民的到來所產生的對土著人生存資源的搶奪與擠壓,後者則是伴隨著閩粵地區歷來的「土客之分」延續至臺灣〔註68〕,其本質仍在於生存資源問題。值得注意的是,這種族群矛盾並不是固定不變的,隨著歷史的發展,族群間的關係也在不斷整合。例如日本殖民就使得閩客之間的矛盾退居到次要的位置,而「中國人」在此受難時刻則成為一種更具有召喚力與認同感的集體身份。許世瑛所論及的現象實際上揭示了這種族群整合的過程,但對於光復後的臺灣社會中的省籍矛盾來說,除了文化人類學的視角之外,還必須以政治視角作出補充,才能對此作出更為清晰的考察。此時臺灣社會經由被殖民的集體受難經驗已經形成了一種新的族群劃分,「本省人」正是他們自我指認的方式,並且當時「本省人」所指稱的範圍主要還是漢移民後裔,原住民並未獲得足夠的關注〔註69〕,相較於本省人而言,外省人則主要指光復後渡海來臺的政府人員、知識分子以及其他來到臺灣的中國人,這一群體在1949年前後大量增加,省籍矛盾也趨於嚴重。一個需要思考的問題是,在一個擁有強烈的華夏認同的群體中,「省籍」是如何成為一種新且如此鮮明的身份證明呢?這顯然超越了地理空間所能闡釋的範圍,省籍矛盾實際上輻射到了臺灣的文化邏輯問題。如前所述,被殖民的創傷體驗構成了臺灣社會無論是客家人、福建人抑或原住民等各個族群共同的受難記憶,這種集體記憶令他們在一定程度上忽略了原有的族群衝突,並且指向了一種整體性的華夏認同,伴隨著這種華夏認同的,還有對祖國原鄉的想像。而歷史記憶中光復之初國民黨軍隊登陸基隆時的邋遢形象傳言,失望的情感及由此凝結而成的「水龍頭」的故事〔註70〕,或許可以作為理解這一問題的

---

〔註68〕王明珂《華夏邊緣:歷史記憶與族群認同》,臺北:允晨出版社,第337頁。

〔註69〕戴國煇《臺灣史研究:回顧與探索》,臺北:遠流出版事業股份有限公司,2002年,第124頁。

〔註70〕此係流傳於臺灣社會的一個故事,大致敘述了1945年國民黨軍隊來到臺灣,看到水龍頭裏面可以流出水,於是也弄來水龍頭安在牆上,卻奇怪沒有水流出來。參見:鄭鴻生《水龍頭的普世象徵:國民黨是如何失去「現代」光環的?》,思想編委會《思想2:歷史與現實》,臺北:聯經出版事業股份有限公司,2006年,第234頁。

開端，即當臺灣人見到並不如自己期待中的軍隊形象時，在情感上產生了一定的落差，其參照對象正是日本軍隊，在光復激情的昂揚中，這種失望感可能會得到理解的同情，但在後來社會矛盾的發酵之中，失望感就可能轉變為優越感，水龍頭的故事正是其中的典型。究其根本，這種優越感的本質關涉到的正是日本所帶來的殖民現代性問題，日本對臺殖民時已經處於現代化社會，這顯然不同於中國現代化進程中的曲折路徑，因此臺灣社會與大陸社會形態與發展水平的差異是客觀存在的，但在承認這種存在的同時，有必要對殖民現代性作出清理，這也是光復後去殖民進程中的重要一環。如果不對之作出批判性的清理，這種社會差異就會演變為一種直觀的對比，進而聚焦於「先進—落後」的二元框架之中，「先進」背後的殖民性因素則被忽略，所謂的去殖民也難以真正實現。在這一背景之下，與其說「省籍」作為一個身份區隔，不如說是殖民帶來的社會症候。臺灣集體性的受難記憶令華夏認同強化的同時，實際上也成為一道隱形的屏障，令臺灣與祖國在民族主義的支配下各自產生了不同的情感與判斷，以備受詬病的「奴化論」為例，來臺接收的一部分人認為臺灣人是被殖民的對象，而渡海來臺的則是打敗了殖民者的人，因而在這種英雄主義敘事支配下炮製出了一種優越感，而對島內社會而言，這種優越感無疑是一種傷害。另外，臺灣在光復之際終於擺脫了被支配的地位，對祖國的想像與期待趨於理想化，即曾健民所談到的「他們對祖國的期盼是純粹無暇的」〔註71〕，臺灣人期待自己可以當家作主，但現實並不如願，不僅有經濟上的問題，由於語言的障礙以及國民黨內部的派系鬥爭，大量的職位被外省人以及渡海而來的裙帶關係所佔據，這種資源競爭的關係無疑使雙方的關係更為緊張，加之日本殖民所產生的殖民現代性反過來令島內人民對大陸的人有優越感。換言之，這種矛盾的產生是雙方都選擇站在各自的優勢話語上所進行的較量，一種是民族主義的優勢話語，另一種則是現代性的優勢話語，兩種話語並不處於同一層面上，這是雙方難以建立有效對話的原因。這也並不意味著這兩種立場之間的矛盾是無法調和的，只有解殖性的清理與批判才能通向這一可能性。許世瑛在此時由「愴」字延伸開來的討論顯然還不具備這樣的穿透力，但他所總結的移民後裔忘記了自己的祖源這一現象，在當時的臺灣是一個非常普遍的現象，「本省人」在省籍矛盾之中，選擇性地忽略了自己的祖先也曾經是「外省人」。許世瑛雖然間接地以

〔註71〕曾健民《1945破曉時刻的臺灣》，北京：臺海出版社，2007年，第178頁。

略帶諷刺的口吻指出了這一現象，並且體現出一種呼喚集體記憶的傾向，但新的集體記憶已經生成，殖民對社會所造成的割裂卻無法單純依靠情感的認同而彌合。

另外，魏晉系列還有許世瑛《談談曹氏父子的文章》《寫在洛神賦之後》《登樓賦與楚辭的關係》《介紹幾篇值得一讀的小賦》、繆天華《陶淵明的寂寞和飢餓》以及廖蔚卿《曹丕父兄弟的政爭及其左右之文士》幾篇，其中大多仍然與時代互文。例如《寫在洛神賦之後》，這是許世瑛的一篇舊文〔註72〕，在學術性地辨析曹植此文並非為懷念甄后所作之後，認為曹植以屈原宋玉的方式寫就此文，為的正是向文帝剖白自己的忠君愛國之心。該文重新刊登於《臺灣文化》時，許世瑛續寫了與郭沫若商榷的部分，並在文末強調：

> 無論郭先生怎樣說曹子建看不起他的阿哥，他的政治見解不怎麼高明……但是我們沒法說他不是愛國的忠臣。頂多只能說他眼光淺陋罷了……只是他的辦法雖無益於平治天下，但是他總孜孜地在想怎樣才能使他的祖國能夠福祚綿長啊！又怎麼能說他不是大魏的忠臣呢？〔註73〕

這篇文章刊於 1948 年 8 月 1 日，陳儀已於去歲因二二八事件而被撤職調離臺灣，首任臺灣省政府主席魏道明業已赴任。當時的臺灣對陳儀民怨如沸，文末的這番剖白，尤其是「祖國」一詞的使用顯得頗為意味深長。另外，臺灣文化協進會理事長游彌堅雖屬於孔宋集團，但在光復初期臺灣國民黨內部與本土實力皆派系林立的情況下，陳儀對本土「半山派」的游彌堅等人持利用態度，同時排斥、打擊本土的「臺中派」「阿海派」〔註74〕，因此游彌堅在陳儀主臺時期與其處於同一陣營。另外，基於主編楊雲萍與臺灣省編譯館及許壽裳的密切關係，《臺灣文化》從總體的立場上來說，親近陳儀是多於魏道明的。陳儀主持臺灣省行政長官公署期間，《臺灣文化》雖就種種社會問題發出批評或諷刺的聲音，但從未點名批評陳儀，楊雲萍在《近事雜記》中還曾提及自己「每追隨於陳、許二先生左右」〔註75〕。而魏道明上任後，楊雲萍則不止一次

---

〔註72〕原載於《藝文雜誌》第 2 卷第 6 期，1944 年 6 月。
〔註73〕許世瑛《寫在登樓賦之後》，載《臺灣文化》第 3 卷第 6 期，1947 年 8 月。
〔註74〕參見：陳明通《派系政治與臺灣政治變遷》，臺北：月旦出版社，1995 年，第54 頁。
〔註75〕楊雲萍《近事雜記（四）》，載《臺灣文化》第 2 卷第 3 期，1947 年 3 月。

地在《近事雜記》中點評批評或諷刺魏道明〔註76〕。因此，從這一點而言，許世瑛所續寫的結尾除了為曹植鳴不平之外，或許還有一點同情陳儀的弦外之音。此外，《曹丕父兄弟的政爭及其左右之文士》一文寫到亂世中文人對於政治的依附性及命運的不確定性，《陶淵明的寂寞和飢餓》則寫到陶淵明身處亂世，為了不妥協而忍受寂寞與飢餓。《臺灣文化》無論是在有意或無意之間，魏晉系列的論文和散文都在一定程度上隱喻或者說影射著當時知識分子的處境與心態，並且與具體的社會問題形成了對話關係。除了魏晉系列之外，還有其他的文章在與現實保持著共振。二二八事件後，國民黨實行的清鄉、掃紅工作令臺灣的社會氛圍趨於緊張，新聞行業也受到限制，一些報刊雜誌被關停，同時一些傳媒從業者也被調查、逮捕或通緝。在這種氛圍之下，言論的限制反而激發了表達的渴望，刊於1947年8月的《清朝的文字獄》〔註77〕實際上就是一種借古喻今的委婉批評。另外，《臺灣文化》同期還刊載了一篇關於顏元的文章，文中通過對顏元的介紹，鼓勵大家不要流於虛妄，要以戰鬥的精神面對現實，將學問應用於實踐〔註78〕。

從這一系列的文章來看，《臺灣文化》有著強烈的現實關懷精神，並且在壓抑的氛圍中，仍然堅持提出問題、發出批評。但略顯遺憾的是，這個系列似乎僅止於提出當下的問題，卻對問題背後的社會症候缺乏分析，正因如此，也難以對問題的出路作出思考。

# 小 結

古典中國在日據時期的臺灣構成了很多人關於祖國原鄉的想像，這種想像的來源正是源自於歷史中的集體記憶所攜帶的文化認同與族群凝聚功能。對於臺灣而言，產生這種集體記憶主要節點之一在於明清時期，這一階段大量的移民與遺民構成了日後傳播華夏記憶與認同的重要源頭。尤其是在後來

---

〔註76〕參見：楊雲萍《近事雜記（六）》，載《臺灣文化》第2卷第5期，1947年8月。以及《近事雜記（七）》，載《臺灣文化》第2卷第7期，1947年10月。

〔註77〕東方蒙霧《清朝的文字獄》，載《臺灣文化》第2卷第5期，1947年8月。此文係轉載，原載於《大公報（上海）》，1947年6月13日及《大公報（天津）》，1947年6月23日。

〔註78〕黃啟之《顏習齋──走向事物世界的北方之強》，載《臺灣文化》第2卷第5期，1947年8月。

的被殖民的經歷中，日本作為一個外部領有者對臺灣民眾造成創傷體驗，集體記憶與此同時會更為強化，因此，古典中國不僅是一種隔絕時期的祖國想像，同時也是一種具有強大召喚力的情感資源。

　　具有民族主義召喚力的情感資源在光復後文化解殖這一過程中是十分重要的，尤其是當社會矛盾湧現的時刻。這也基本解釋了為什麼《臺灣文化》是在一個特定的時間之後開始較大規模地推出跟傳統文化與文學相關的版面。在光復激情昂揚的 1945 年，尚不需要更多的情感召喚，但在光復激情逐漸被現實矛盾磨損，特別是在「二二八事件」之後，表徵為省籍矛盾的情感裂隙開始明朗化，因此此時《臺灣文化》開始有意識地重拾古典中國這一意象，試圖實現集體記憶的追溯與民族性的黏合。有意味的是，除了回顧文化遺產之外，有相當一部分目光被聚焦於魏晉時期，或隱或顯地與當時的臺灣現實構成了一種隱喻的對話關係。激化的省籍矛盾、日益嚴苛的出版審查以及社會資源分配的不平衡等問題都是這種借古諷今的影射性批判的對象，但這種批判的隱喻究竟能有多少現實的作用是難以斷言的。同時，魏晉亂世中文人命運的飄搖之感也時時滲透在《臺灣文化》的相關內容之中。因此，在光復初期臺灣社會開始出現不穩定的變動時，《臺灣文化》所召喚的古典中國也顯示出一種弔詭之處，即它作為一種集體記憶的載體，一方面在情感上承擔著縫合的作用，而另一方面，在輿論被逐漸收緊的現實環境中，又被作為一個堪堪避世的「桃花源」。

　　古典中國與現代中國之間可能存在的齟齬也是自「五四」以來就存在的問題，這一問題在 1920 年代臺灣新文學肇始之時也曾經出現，並因日本的殖民活動及其東亞內部殖民的特質而變得更為複雜。質言之，在光復初期，現代中國與古典中國作為兩種表徵意象處於一種矛盾但趨於平衡的狀態中，因此當古典中國佔據更主要的位置時，恰恰說明現代中國的建構受到了一定的阻力。

# 第五章　中國意識的匯流與文學想像

## 第一節　《臺灣文化》在文學層面的多樣化追求

　　《臺灣文化》創刊之初的定位雖然是綜合性文化雜誌，但文學作為文化範疇內的重要議題始終處於其關注的焦點之中。自創刊號始至轉型為季刊之前，每一期都設有文學的欄目，刊載的內容包括散文、小說、新詩、劇本、舊體詩、童話以及外國文學的譯介等等，可以說是較為較為全面的，從中也可以看出《臺灣文化》在文學上的追求與野心，其文學方面的表達實際上也是前文多重中國意識凝結的產物。創刊號上刊載了鍾理和的短篇小說《生與死》以及王白淵的新詩《我的詩》〔註1〕，均為光復前的舊作，《生與死》寫於 1944 年 12 月，從時間上來看，鍾理和當時應該還在北平。《我的詩》的寫作時間則是在更早的 1931 年，收入當時王白淵在日本寫成並出版的日文詩文集《棘の道》。舊作新刊的情況在《臺灣文化》上是比較常見的一個情形，這類文章在後來也有很多。原因之一可能在於 1937 年以後，日本總督府下令禁止中文報刊，因此這一時期到光復之前的一些作品未能在臺灣公開發表，同時在這一政策下，一部分成長於皇民化運動時期的作家在光復之初語

---

〔註1〕原詩名為《私の詩は面白くありません》（我的詩並不有趣），光復後王白淵自譯為中文刊於《臺灣文化》創刊號。後來的譯本中此詩被翻譯為《我的詩並不有趣》或《我的詩興味不好》，此處參見：周益忠《王白淵詩中的自我書寫——荊棘的道路試探》，蕭蕭，羅文玲，謝瑞隆主編《踏破荊棘，締造桂冠：王白淵文學研究論集》，臺北：萬卷樓，2016 年，第 12 頁。

言轉換的過渡階段尚需一個適應的過程。其二則是諸如鍾理和、王白淵、張我軍等臺籍作家在日據時期由於各自的旅居經歷導致其創作未發表或發表於臺灣之外的地方，渡海來臺文化人士作品同樣如此。

　　總體而言，《臺灣文化》刊載的小說的數量不算多，均為白話文，大多出自日據時期即已開始寫作的臺灣作家之手，作品較為成熟，並且形成了較為統一的敘事模式，這一部分將在後文展開，此處暫不贅述。另外，呂赫若戰後以中文寫作的四篇小說其中之一的《冬夜》也刊載於此。劇作則有大陸劇作家陳大禹來臺後的創作及杜容之日據時期的舊作等。在詩歌方面，新詩在數量上佔有絕對的優勢，舊詩僅有兩組。新詩則大多是島內詩人的作品，初期以舊作居多，但新作逐漸增多，並且保持著與現實之間的脈動。

　　另外，散文隨筆是文學板塊中數量最多的部分，月刊時期大多情況下都設有隨筆專欄，大部分由渡海來臺的知識分子寫就，包括楊乃藩、繆天華、雷石榆、錢歌川等人，內容主要是生活隨感，此外還有臺灣作家楊雲萍的《近事雜記》系列，內容較為龐雜且持續時間較長，幾乎貫穿了整個《臺灣文化》月刊的刊行。其中既有對時事的評論，也有生活雜感，同時兼有文化評論，從中可以管窺光復初期臺灣知識分子的心理活動與精神狀態，具有較高的史料價值，在既往涉及到《臺灣文化》的研究成果中對此亦有提及。洪炎秋寫作的《國內名士印象記》系列則回憶了其在大陸時期所接觸的沈尹默、周作人等人，以及張我軍對旅居北京生活體驗的回憶等。這一系列的刊載也是《臺灣文化》積極向臺灣讀者介紹大陸文壇以及生活情況的嘗試，同時也是此一時期兩岸文化處於良性交流的體現。較之《臺灣文化》對於小說與詩的重視，散文的刊載相對而言更為隨意。從文體風格而言，島內作家寫作散文式偏於議論或紀事，例如戴炎輝的《啟事看法》〔註2〕，由「啟事」這一說明類型談到社會的制度問題以及道德問題等等。張我軍的《當鋪頌》〔註3〕除了回憶北京的當鋪之外，也由當鋪及客人延伸到了對社會的討論。更為有趣的是洪炎秋的《談貪污》一文，當時社會的貪污問題本身之外，這篇文章的出現還有一段前因，即前一期《編後記》中，《臺灣文化》編輯提到受到讀者對雜誌未能對貪污問題作出反應的批評，對此，雜誌或許是囿於形勢，因而只

〔註2〕戴炎輝《啟示看法》，載《臺灣文化》第2卷第4期，1947年7月。
〔註3〕老童生《當鋪頌》，載《臺灣文化》第3卷第2期，1948年2月。

是委婉地以「區區微衷，敢乞諒察」作為回應〔註4〕。洪炎秋對此頗為不滿，因此寫下了篇幅很長的《談貪污》，但這篇文章並未對貪污持有嚴肅批評的立場，而是以一種詼諧並略顯油滑的筆調認為貪污乃人之本性，並非中華特產，而是「外國也有臭蟲」〔註5〕，並認為當時行政公署提倡的檢舉公務員貪污過於驕縱人民，應對行賄者槍斃示眾等等。儘管洪炎秋文中所提到的貪污與人性的關係不無道理，甚至在一定程度上體現出緩解省籍矛盾及官民衝突的意圖，但由於其事不關己的寫作態度以及嚴懲行賄者的提議顯得過於附和政府而脫離現實。《臺灣文化》同樣對此作出了回應：

> 去年，本志所受的「批評」，最「響亮」的，就是說編者沒有正視現實的勇氣云云……編者也想要一振「衰頹」，以副這些「批評家」之「批評」；可是，略一「正視」，則看見這些「批評家」，原來是「高山看馬相踏」的，又安全，又爽快；果然「批評」是要「客觀」的。〔註6〕

其中的諷刺與揶揄一覽無餘，從中似乎可以發現，在此前提出批評的讀者中，洪炎秋或許正是其中之一。值得注意的是，《臺灣文化》對於《談貪污》顯然持有反對甚至鄙夷的態度，但仍然將之刊載出來，並在《編後記》中附有自己的立場，這樣的互動一方面說明《臺灣文化》是比較關注讀者態度的，因而讀者提出批評時即以真誠的態度作出回應，同時也體現出其立場是較為平等開放的。

除此之外，抒情性的小品文則基本出自於外省作家，內容多生活隨感，錢歌川寫作的《談小品文》中提到的「以自己為中心」「以純文學的立場作生活的記錄」〔註7〕基本上概括了這一類文章的特點。其中文學價值較高的應屬楊乃蕃的《市聲三題》〔註8〕，以生活場景中的「油炸檜」「賣豆腐」以及「按摩的盲者」三種常見事物為觀察對象，同時以自己的大陸經驗和臺灣體驗作為對比，既透出歷史性同時也有清新雋永的況味。從風格特點而言，這一系列抒情性散文（小品文）的刊載或可視為「五四」以來民國散文的影響輸入。

上述這些文學樣式整體上屬於新文學的範疇，值得一提的是，《臺灣文

〔註4〕 參見：《編後記》，載《臺灣文化》第 2 卷第 9 期，1947 年 12 月。
〔註5〕 洪炎秋《談貪污》，載《臺灣文化》第 3 卷第 1 期，1948 年 1 月。
〔註6〕 《編後記》，載《臺灣文化》第 3 卷第 1 期，1948 年 1 月。
〔註7〕 味欖《談小品文》，載《臺灣文化》第 3 卷第 1 期，1948 年 1 月。
〔註8〕 楊乃蕃《市聲三題》，載《臺灣文化》第 1 卷第 2 期，1946 年 11 月。

化》還鼓勵兒童文學的發展以及外國文學的譯介。在兒童文學方面,袁聖時
抵臺後,曾在《臺灣文化》上刊載了一篇名為《葉公見龍》的童話,在當期
編後記中,編輯專門提到此文:

> 本省光復後,在文學界很少看到童話。童話在文學上所佔的地
> 位是非常重要的,因為童話陶冶下一代的小國民,有很大的作用。
> 此期丙生先生惠我們一篇童話《葉公見龍》,很有趣。我們希望本省
> 文學界多產生些童話作品!〔註9〕

在此呼籲下,《臺灣文化》後續還刊登了一部分童話及兒歌作品,楊雲萍
在《近事雜記》系列中也曾談到童書問題:

> 日前,想要買幾冊雜誌或者讀物,給家裏的孩子看,可是跑遍
> 好幾處的大書局,終是找不到一冊可以合用的……我們要知道孩子
> 們,決不是大人們的「縮小版」,他們的身軀雖「小」於大人們,可
> 是他們的精神是比大人們千百倍偉大,純真的……我請求大人們不
> 要小睇他們,例如給他們看的書看,要大些,厚些,重些。〔註10〕

這也揭示了《臺灣文化》關注兒童文學的原因,一方面是將兒童視為「小
國民」,在國民教育的維度上提倡刊載童話,另一方面則是楊雲萍認為兒童
的想像力有時能超越一切時間與空間的限制,其純真的心靈尤其寶貴,應當
編一些適用於他們的書,不僅內容上適合,裝幀也應精美。在此後不久,臺
灣文化協進會就策劃了一本兒童刊物《臺灣兒童》〔註11〕。除了對兒童文學
的提倡與鼓勵之外,外國文學的引入也是《臺灣文化》所注重的部分,這種
文學的世界性追求自創刊之初即有所體現,在魯迅逝世十週年紀念專刊中也
轉載了史沫特萊的回憶文章。在第二卷第四期的編後記中,編輯明確地表示
「此後擬選載國內外名家的力作佳篇,以促進彼此的文化交流」〔註12〕,楊
雲萍在思考中國文藝問題時也認為外國的影響對「國粹」形成的重要性:

> 想一想到我國的藝術,文學的歷史,我們可以明瞭地看到我們

---

〔註9〕《編後記》,載《臺灣文化》第2卷第3期,1947年3月。

〔註10〕楊雲萍《近事雜記(十二)》,載《臺灣文化》第2卷第3期,1947年3月。

〔註11〕《編後記》,載《臺灣文化》第3卷第3期,1948年4月。此處提及的《臺灣
兒童》最初計劃於1948年5月發行,但此後公告推遲到6月,又因暑假的關
係推遲到9月,此時該刊被稱為《新臺灣兒童》,直到1949年3月再次公告,
《臺灣少年》第一期已經刊出,疑為原《臺灣兒童》更名而來。

〔註12〕《編後記》,載《臺灣文化》第2卷第4期,1947年7月。

的「國粹」的終於得為「國粹」者，皆是不是起源於民間就是起源
於「外國」的。〔註13〕

以及第三卷第二期編後記中提到的：

> 有人說本志要注意到歐西文化的介紹和研究，這話我們是同感
> 的。只是因作者等的關係，未得每期有這種的文章。〔註14〕

這基本解釋了為什麼《臺灣文化》雖然在一開始就具有國際視野，但外
國文學的內容卻是在後續的刊行中才逐漸出現。同時，這些外國文學的譯介
作者主要來自編譯館方面，在編譯館籌建之初，陳儀曾經對許壽裳談到自己
「譯名著五百部」的志願〔註15〕，此處的名著正是指西洋名著，因此編譯館
設有名著編譯組，並以李霽野為該組主任，《臺灣文化》後來刊載的外國文學
相關內容有一部分即來自名著編譯組的成果或與之相關，例如《莪默詩選》
〔註16〕就節選自名著編譯組的《莪默詩譯》〔註17〕，以及編譯館計劃翻譯英
國作家哈德森的《鳥與獸》〔註18〕，而《臺灣文化》上則刊載了哈德森的《她
的故村》〔註19〕。大致在二二八事件發生之前，《臺灣文化》翻譯了兩篇蘇聯
作家的評論作品及普希金的相關文章，還介紹了魯迅曾力薦的版畫家凱綏・
珂勒惠支，二二八事件之後，這些內容不再出現於《臺灣文化》。另外，儘管
《臺灣文化》一開始就具有世界文學的視野，但在其發展路徑中並不佔有優

---

〔註13〕楊雲萍《近事雜記（十九）》，載《臺灣文化》第 4 卷第 1 期，1949 年 3 月。

〔註14〕《編後記》，載《臺灣文化》第 3 卷第 2 期，1948 年 2 月。

〔註15〕黃英哲等主編《臺灣省編譯館檔案》，福州：福建教育出版社，2010 年，第 5
頁。

〔註16〕《莪默詩選》，李霽野譯，載《臺灣文化》第 3 卷第 3 期，1948 年 4 月。

〔註17〕《莪默詩譯》的翻譯出版計劃見《臺灣省編譯館工作概況（1947 年 1 月 18
日）》，計劃 1947 年 4 月出版。黃英哲等主編《臺灣省編譯館檔案》，福州：
福建教育出版社，2010 年，第 119 頁。但根據《李霽野譯著年表》，李霽野編
譯館時期只有《四季隨筆》出版，不見《莪默詩譯》，疑為出版計劃為二二八
事件所耽誤，實際未出。李霽野譯著情況參見：張素琴編訂《李霽野譯著年
表》，上海魯迅紀念館編《李霽野紀念集》，上海：上海文藝出版社，2004 年，
第 369～388 頁。

〔註18〕《鳥與獸》的翻譯出版計劃見《臺灣省編譯館工作概況（1947 年 1 月 18 日）》，
計劃 1947 年 4 月出版。黃英哲等主編《臺灣省編譯館檔案》，福州：福建教
育出版社，2010 年，第 119 頁。其計劃出版時間與《莪默詩譯》同為 1947 年
4 月，因此實際上可能並未順利出版。

〔註19〕（英）W.H.Hudson《她的故村》，李霽野譯，載《臺灣文化》第 4 卷第 1 期，
1949 年 3 月。

先的位置，反而是在許壽裳遇害，島內形勢日趨緊張之後，外國文學的數量較之從前才有較為明顯的增加。事實上，臺灣在日據時期曾透過日本接觸世界文學，除了日本的私小說及新感覺派之外，還曾在日本影響下接受法國浪漫主義，在這些影響下臺灣文學中曾出現現代主義萌芽，但是在《臺灣文化》對外國文藝的譯介中，這些都被摒除在外，從中可以看出在去殖民的語境中他們刻意迴避日本影響，唯一譯介的一首日本散文詩是持反戰立場的鹿地亙的作品。從下表也可以看出這一點：

表 5.1 《臺灣文化》月刊中的世界文學目錄

| 篇　名 | 作者（譯者） | 卷期號 |
|---|---|---|
| 《賽珍珠女士的中國觀》 | 林荊南 | 第一卷第一期 |
| 《莎士比亞在蘇聯》 | （蘇聯）茲克金珂（劉世模譯） | 第一卷第三期 |
| 《版畫家：凱綏・珂勒惠支》 | 黃榮燦 | 第二卷第一期 |
| 《普希金小傳》 | 甦牲 | 第二卷第三期 |
| 《論普希金的悲劇〈波里斯・戈杜諾夫〉》 | （蘇聯）G 維諾古爾（吳其人譯） | 第二卷第四期 |
| 《什麼叫做交易》 | （日）鹿地亙（劉源譯） | 第二卷第七期 |
| 《梅里美及其作品（上）》 | 黎烈文 | 第二卷第八期 |
| 《梅里美及其作品（下）》 | 黎烈文 | 第二卷第九期 |
| 由神曲談但丁 | 羅靈智 | 第二卷第九期 |
| 《真文藝和假文藝（上）》 | （法）齊拉・兌・拉揩斯・杜蒂埃（諸侯譯） | 第三卷第二期 |
| 《真文藝和假文藝（中）》 | （法）齊拉・兌・拉揩斯・杜蒂埃（諸侯譯） | 第三卷第三期 |
| 《莪默詩選》 | （波斯）莪默・伽亞謨（李霽野譯） | 第三卷第三期 |
| 《裴多菲・山大》 | 韓罕明 | 第三卷第三期 |
| 《真文藝和假文藝（下）》 | （法）齊拉・兌・拉揩斯・杜蒂埃（諸侯譯） | 第三卷第五期 |
| 《論劇場》 | （俄）史坦尼斯拉夫斯基（韓罕明譯） | 第三卷第五期 |
| 《騎士托根堡》 | （德）弗里德里希・席勒（劉慶瑞譯） | 第三卷第五期 |
| 《抒情文作家的藝術》 | （英）A.C.Benson（李霽野譯）〔註20〕 | 第三卷第七期 |

〔註20〕此文未收入《李霽野譯著年表》，疑為尚未發現或漏記，特此說明。

| 《桑德堡詩鈔》 | （美）卡爾・桑德堡（劉源譯） | 第三卷第八期 |
| 《她的故村》 | （阿根廷）W.H.Hudson（李霽野譯）〔註21〕 | 第四卷第一期 |

　　由此，綜觀《臺灣文化》的外國文學譯介，實際上並沒有形成一個統一的方向，基本上是各位譯（作）者在自己的興趣範圍及工作內容中的節選，並因李霽野、黎烈文的參與而具有了「五四」以來大陸外國文學譯介作品的品格，編譯館策劃的《莪默詩譯》是李霽野1944年在白沙女子師範學院任教時業餘時間的譯作〔註22〕，莪默同時也是五四以來被胡適、林語堂、郭沫若、徐志摩等翻譯、關注的詩人。黎烈文在刊發了梅里美的文章後，還介紹身在大陸的諸侯（即陳瑜清）發表了《真文藝和假文藝》系列譯文〔註23〕。另外，在譯介外國文學時，《臺灣文化》也在兼顧大眾化的追求，在《莎士比亞在蘇聯》發表之後，《臺灣文化》受到讀者批評，認為其「月月唱高調，發表出來的東西與一般大眾多沒有關係」〔註24〕，對此編輯表示虛心接受，蘇新在次月即以筆名甦牲寫作了《普希金小傳》作為補充介紹。總體而言，《臺灣文化》的外國文學譯介不脫於五四以來的介紹、學習外國文藝的路徑，並且因譯者有限而未形成規模，對外國文學的譯介也停留在一個較為簡單的層次，幾乎沒有對當時的文學產生推進性的影響。

## 第二節　現實主義的虛構世界：小說與戲劇創作

### 一、「臺灣的文藝家在哪裏？」

　　《臺灣文化》所刊的文學創作，大多由島內作家寫就。以創刊號上鍾理和寫於1944年的短篇小說《生與死》為開端，此後還有楊守愚的《阿榮》、張冬芳的《阿猜女》、呂赫若的《冬夜》、蘇新的《農村自衛隊》、麥芳嫻的《磁》以及麥筍的《解放了的寶島》，劇本則有杜容之寫於1930年代的獨幕劇《撫恤金》以及陳大禹的《寂寞繞家山》，因劇本與小說共同的敘事性及虛構性，故而放在一起討論。上述諸篇，除了渡海來臺的陳大禹及麥筍之外，

〔註21〕此文未收入《李霽野譯著年表》，疑為尚未發現或漏記，特此說明。
〔註22〕《生平簡表》，上海魯迅紀念館編《李霽野紀念集》，上海：上海文藝出版社，2004年，第363頁。
〔註23〕《編後記》，載《臺灣文化》第3卷第2期，1948年2月。
〔註24〕《編後記》，載《臺灣文化》第2卷第1期，1947年2月。

大多是日據時期即已嶄露頭角的新文學作家。值得注意的是，《臺灣文化》自創刊以來就多有刊登渡海來臺知識分子的文章，並因此被視為兩岸知識分子的交流平臺，當時的臺灣讀者還曾批評「寄稿者外省同胞居多」〔註25〕，對此編輯的回應是：

> 我們素來沒有省界觀念，只希望能在本省文化界開闢一條新路，提高本省文化水準。文化是沒有國境的，何況省界呢？〔註26〕

《臺灣文化》的回應豁達通透，在其刊行中也基本上沒有秉持省籍觀念，刊發或轉載了大量外省來臺知識分子的各類文章，盡可能地拓寬話題與視野，但是在文學方面，《臺灣文化》似乎有意地為本省作家保留表達的空間，除了上述的小說與劇本創作之外，詩歌的發表也大多以本省作家為主。在編後記中，編輯也曾表達「我們很期待本省文人，對於創作方面，更加努力！」〔註27〕以及「臺灣的文藝家在哪裏？」〔註28〕這些都體現出《臺灣文化》對於臺灣作家的期待。但這並不意味著他們是在省籍之別的觀念中去看待文學問題的，在創刊之初，《臺灣文化》就聲明希望將本省過去的文學上的成果得重新刊行，得重新介紹於祖國的文學界〔註29〕，並反覆聲明希望收到高水準的文學創作的投稿〔註30〕，這說明《臺灣文化》是在祖國文學的一部分這一維度上看待臺灣文學的，由於日據時期的皇民化運動及光復後語言轉換的階段性障礙以及國民黨的言論管控，臺灣文學的發展一度進入到了十分緩慢的境地，這意味著臺灣文學的再出發不僅要跨越被殖民經驗的傷痕，還要面臨一些現實的障礙，亦即林荊南所謂「政治的與技術的困難」，《臺灣文化》正是在這種文學荒蕪的焦慮中呼籲臺灣文藝家的出現與成長。

因此，《臺灣文化》上的文學創作的部分以島內作家居多，儘管數量較少，但仍然可以嘗試從中管窺這一變動時期文學發展的軌跡及其中所體現的文學觀念。在創刊號上《賽珍珠女士的中國觀》一文中，林荊南曾批評賽珍珠關於中國作家如何適應美國讀者口味的觀點，並且提到了光復後臺灣文學

〔註25〕《編後記》，載《臺灣文化》第2卷第1期，1947年2月。
〔註26〕《編後記》，載《臺灣文化》第2卷第1期，1947年2月。
〔註27〕《編後記》，載《臺灣文化》第2卷第1期，1947年2月。
〔註28〕《編後記》，載《臺灣文化》第2卷第5期，1947年8月。
〔註29〕《編後記》，載《臺灣文化》第1卷第1期，1946年9月。
〔註30〕《編後記》，載《臺灣文化》第1卷第1期，1946年9月、《編後記》，載《臺灣文化》第2卷第1期，1947年2月、《編後記》，載《臺灣文化》第2卷第5期，1947年8月。

不振的政治、經濟、技術層面的三重原因，認為賽珍珠「別要以美國的富足、自由、快樂的眼光來看錯中國的貧困、束縛、和悲慘」以及「須要以文學家的豐度，更深理解中國處境，寫些「有血、有淚」切實的作品」〔註31〕。其對於賽珍珠的批評實際上也在某種程度上提示出《臺灣文化》此一時期的文學理念，現實主義正是其中的重要標準。如同前文所提到的，日據時期臺灣文壇在現實主義的潮流中，曾與現代主義有過短暫的邂逅，但隨著戰爭愈演愈烈以及光復後的語言轉換障礙，個中代表如楊熾昌、龍瑛宗並未沿著這條道路行進下去〔註32〕。在光復初期這一社會轉型階段，「五四」新文學主流之一的現實主義是這一時期的主要創作方法，一方面，自1920年代臺灣新文學運動受「五四」新文學影響而肇始，這種其發展因皇民化運動而中斷，因此在光復後提倡現實主義創作實際上既是接續了此前的臺灣新文學，同時也是在去殖民的意義上在文學中重新追尋祖國性與現代性。另外，光復後臺灣的社會問題頻生，一種強烈的尋求改變、與現實對話的現實衝動也不可避免地進入文學之中，歷史樂觀主義與進化論史觀使得作家相信，文學可以切近並反映世界的真實，並試圖通過文學的表達參與現實。在此背景下，《臺灣文化》月刊中就呈現出了一個極具現實主義色彩的虛構世界。

## 二、同構異質：受辱的女性與失貞話語

刊於第一卷第二期的《阿榮》〔註33〕是楊守愚寫於1934年12月的舊作，在這篇小說中，獨腳阿榮因搬運甘蔗時被壓斷了腳失去工作能力只能在家照看幼子，維持生計的重任便只能交給在農場工作的妻子鴛鴦。鴛鴦在工作之餘，還要在農場主任妻子住院時，去主任的宿舍幫忙煮飯。一日鴛鴦徹夜未歸，阿榮在一貧如洗的家中一邊照顧飢餓的兒子，一邊在等待中猜忌妻子的行蹤。另一邊，鴛鴦再為幫主任煮好飯後，卻被主任強留在餐桌前灌酒，並在灌醉鴛鴦後對之施以強暴。次日鴛鴦拖著顫抖的身體回到家時，卻遭到阿榮的猜疑和叱罵，阿榮負氣離家後，鴛鴦也傷心地帶著兒子小毛離開了家，隨後，阿榮臥軌自殺，小說就此結束。將這篇小說置入1934年的日據臺灣進行話語分析，則不難發現其中的意味。鴛鴦曾斥對方為「日本流氓」，因此

〔註31〕林荊南《賽珍珠女士的中國觀》，載《臺灣文化》第1卷第1期，1946年9月。
〔註32〕參見：王德威編選、導讀《臺灣：從文學看歷史》，臺北：麥田出版，2014年，第129～132頁。
〔註33〕楊守愚《阿榮》，載《臺灣文化》第1卷第2期，1946年11月。

失貞的鴛鴦可以視為殖民地臺灣的隱喻,日本主任作為私欲膨脹的施暴者所指向的正是日本,有意味的是,鴛鴦被侮辱後,幾次橫著心想趁著主任酣睡把他扎死,然而終究只是無助地歎氣,並在心裏反覆想起兒子小毛與丈夫阿榮。想要復仇卻缺乏勇氣或許正是當時臺灣的寫照,在數次武力抗日遭到嚴厲的鎮壓之後,臺灣的抗日意識逐漸遁入文化的領域。而另一邊,家中的阿榮在鴛鴦未歸的夜裏,並未憂慮鴛鴦的處境,而是疑心鴛鴦嫌棄家庭的困頓而主動投入主任的懷抱,並在身心俱疲的鴛鴦回家後與之大吵一架最後選擇自殺,從這一結局的設置來看,楊守愚對殖民所造成的臺灣與祖國之間的裂痕並不樂觀,鴛鴦夫妻之間的複雜關係不啻為臺灣與祖國的隱喻,不僅如此,楊守愚在書寫中也流露出對於故鄉臺灣的深深同情,鴛鴦離家時曾有這樣的內心活動:

> 不如讓兩人避開了這氣頭上,漸(暫)時分離一下。」她覺得
> 對丈夫很不住;她心上直如針刺般不安。不過為緩和這正面的衝突,
> 恢復夫婦舊日的情義;此舉,卻又是出於萬不得已。〔註34〕

此時鴛鴦尚認為阿榮是負氣出走,因此離家時還懷有「恢復夫婦舊日情義」的期待,殊不知阿榮已無法承受生活一再的打擊選擇棄世。在此,雙方都有各自悲哀的處境,在楊守愚筆下,屢遭生活困厄的阿榮似乎還缺乏一點對鴛鴦的信任,鴛鴦離家時「惶悚而破碎的心」,正是殖民地臺灣遙望祖國而不得親近的寫照。小說到人們發現阿榮臥軌一邊議論紛紛,一邊回去通知鴛鴦即戛然而止。對鴛鴦未來的留白既是對臺灣命運的迷惘,同時也蘊含著深沉的悲哀。

光復後,這種女性失貞的敘事模式仍然在文學中延續,伴隨著局勢的變化,在「日本流氓」退出臺灣後在文學中幻化為遙遠的幽靈,而施暴者的角色則變成「國軍」並逐漸具象化為「浙江人」。張冬芳的《阿猜女》〔註35〕寫於1946年10月,正值光復一週年前後,光復激情逐漸退潮,社會矛盾凸顯。《阿猜女》同樣聚焦於女性的婚姻與家庭,猜女是出身小地主家庭的鄉村女教員,曾有一個心儀的男青年被日本強徵參軍,並死於軍營中的汽車事故,猜女於是決定不再結婚。後來,猜女在學校遇到了來借東西的國軍伍上尉,伍上尉逐漸迷戀並誘姦了猜女,猜女於是被迫和伍上尉結婚。婚後猜女發現

---

〔註34〕楊守愚《阿榮》,載《臺灣文化》第1卷第2期,1946年11月。
〔註35〕張冬芳《阿猜女》,載《臺灣文化》第2卷第1期,1947年1月。

伍上尉總是接到家鄉的來信，但卻支支吾吾。直到有一日，伍上尉去南部駐防後，猜女突然遇到一個外省女人帶著一個七八歲的男孩找上門來，才明白原來伍上尉在抗戰之初曾在家鄉結婚。在小說的結尾，好友清子苦悶地問猜女：

> 那麼！你要怎麼辦？
>
> 姨太太麼？那更不行……我的命運吧。〔註36〕

在這個與《阿榮》相似的話語結構中，猜女與鴛鴦一樣都處於弱勢地位，日據到光復這一現實語境的轉變也映像進文本的權力關係中。在《阿榮》中，鴛鴦是被農場主任強行灌酒後侮辱，而猜女與伍上尉的故事卻增加了一重民族主義的幻象，此時曾經的施暴者日本已經退場，化為奪走猜女心上人的幽靈。小說在猜女對清子的講述中，用了一定的篇幅回憶自己與周圍的人在光復之初如何興奮與歡喜地盼望著國軍的到來。在這種氛圍下出場的伍上尉也與猜女有過一段平易而親切的接觸，直到猜女被伍上尉誘姦，這種幻象才開始產生裂縫。猜女在此後經歷了一段激烈的思想衝突，從痛恨伍上尉到後悔，並想到自殺，但最終安慰自己：

> ……自殺又不能，那件事情又沒有人知道，那麼，何必又像清
> 教徒似的純潔無垢呢，不但這樣想，反而又想跟他結婚，那麼是不
> 是萬事解決呢？〔註37〕

猜女正是懷著這樣的心情跟伍上尉結了婚，婚後也有過一段甜蜜的生活，直到伍上尉開始接到家鄉的來信，以及外省女人帶著兒子來到家中，這一切幻象終於徹底破滅。猜女與伍上尉之間發生的故事在對於戰爭時期的遷徙軍人來說並不陌生，但在更深的話語層次上卻折射出光復一年以來，臺灣人對於國民黨及國軍情感與認知的變化，即由激動的期待轉變為震驚的失望，再次出現的失貞情節暗示出臺灣人在光復後由於物價飆升、省籍矛盾以及「奴化論述」等帶來的壓抑情緒。

此外，臺灣人相較於外省人的優越感在小說中也有所影射，二人相識之初，伍上尉因不會使用收音機而緊張無措的情節設置，令人不由得聯想到光復初期臺灣廣為流傳的「水龍頭」故事。另外，與鴛鴦的失貞不同，猜女雖然想過自殺，但在經歷了內心的矛盾之後決定和伍上尉結婚，造成這種差異

〔註36〕張冬芳《阿猜女》，載《臺灣文化》第2卷第1期，1947年1月。
〔註37〕張冬芳《阿猜女》，載《臺灣文化》第2卷第1期，1947年1月。

的原因正是與民族主義相偕而來的共同體效應。在此,臺灣女子與國軍伍上尉的結合可以視為臺灣光復以及臺灣社會想像中的祖國具象化的象徵,儘管開端並不美好,但猜女仍然選擇接受這段婚姻,而伍上尉妻子的出現則令猜女此前的壓抑和忍受都化為泡影,面對這個外省女人的尖銳提問,猜女只是回答「我是給他燒飯的」,隨後給這苦命的女人倒了杯茶水後,猜女就乘上火車返回了自己的家。「燒飯的」以及「姨太太」的表述提示出猜女對自己在這段關係中處境的認知,由此引出的另一個問題是,猜女從始至終都處於一個被動的位置,並且在發生問題時,想到的解決方式首先是自殺,而平靜下來以後決定接受命運的安排,並在問題發生時自動將自己置於一個卑微的位置,直到小說的結局,猜女仍然是悲哀地以命運作答。猜女的生命軌跡與思考方式都烙印著被殖民者的傷痕,殖民者通過製造一個善惡二元論的世界以束縛被殖民者,並使被殖民者成為一種惡的精髓〔註38〕,猜女所體現出的自毀傾向恰恰是沒有跳脫出這一框架,這實際上也是日後臺灣悲情意識的一個雛形。

　　《阿猜女》之後,呂赫若寫於 1947 年 1 月的《冬夜》〔註39〕延續了這一話語模式。楊彩鳳出身於城市的普通家庭,十八歲時曾結過一次婚,但新婚才過五個月丈夫林木火就被日本強徵為志願兵去往菲律賓前線,不久後又失去了消息,似乎是戰死了,翁姑也不再理會她,於是彩鳳只得回到娘家。後來為了維持生計,彩鳳先是做了肉類小販統治組合店員,組合解散後彩鳳面臨失業,同時光復後物價飛漲,彩鳳的母親嗜賭,父親想做生意卻沒有本錢,於是彩鳳不得不去做酒家女勉力維持一家五口的生計。彩鳳歷來反對母親賭錢,但由於物價上漲,做酒家女的所得已不夠開銷,因此只能縱容母親去賭錢,但總歸輸多贏少。彩鳳在酒家女的生涯裏遇到了浙江人郭欽明,一日郭欽明開著汽車借送下班的彩鳳為由,將她帶到了自己的家中,在彩鳳推拒他的親近時,他卻拿出一隻手槍,說彩鳳如果不接受他的愛,兩個人就一起死。彩鳳在這樣的情境中想起了自己困頓的娘家,於是在不情願中接受了郭欽明。不久後,彩鳳和郭欽明結婚,郭欽明雖然支付了三萬元聘金,但二人並沒有舉行結婚典禮。半年後,彩鳳被郭欽明傳染了梅毒,但對方卻堅持

〔註38〕 （法）弗朗茲・法農《全世界受苦的人》,萬冰譯,南京:譯林出版社,2005年,第 8 頁。
〔註39〕 呂赫若:《冬夜》,載《臺灣文化》第 2 卷第 2 期,1947 年 2 月。

是她不忠，立刻將她送回了娘家並索回聘金。再次回到娘家的彩鳳先是在病癒後回到了酒樓，後來又淪為暗娼。至此，《阿榮》《阿猜女》及《冬夜》中實際上存在著一個共同的話語原型，即失貞女性的故事，彩鳳的遭遇和鴛鴦、猜女十分相似，尤其是後者，在半威脅的情況下失貞，進而選擇接受現實與對方結婚，但彩鳳的命運顯得更為悲慘，她被傳染得病後就被拋棄，不得不重操舊業，並最終墮落下去。如果說鴛鴦、猜女是失去了尊嚴和選擇的自由，那麼彩鳳連健康都失去了。不僅如此，在《阿猜女》中的「國軍伍上尉」到了《冬夜》中則又具體地細化為了「浙江人」，這顯然是對國民黨尤其是陳儀班底裏裙帶關係之下諸多的浙江人指涉。另外，相較於失貞話語存在的，是一種「忠貞」意識，在《冬夜》中，一開始對彩鳳第一任丈夫林木火的交代是語焉不詳的，因此彩鳳當時只是在做店員，當彩鳳開始做酒家女時，文本專門強調了是在得知了木火的死訊之後才去的。這種對於「忠貞」的強調，實際上也在一定程度上反映出被殖民者的焦慮症候。

　　將這三篇小說當作一個序列來探討的話，可以發現作為殖民地臺灣之隱喻的女性角色處境在逐漸變得更糟糕。值得注意的是，鴛鴦被農場主任侮辱是一個直接的情節設置，即不懷好意的日本人對之不加掩飾地施暴。而到了猜女及彩鳳的故事中，則施暴者的真實嘴臉一開始是處於隱蔽狀態的，無論是猜女和伍上尉還是彩鳳和郭欽明，這兩組人物在相識之初都有過一段正常甚至略顯美好的接觸，猜女回憶過伍上尉初見時「好像小孩子在母親面前陪罪的小孩兒那樣的神氣」〔註40〕，而彩鳳記憶中的郭欽明也是「穿著一套很漂亮的西裝，帶著一個笑臉，很愛嬌地講著一口似乎來臺以後才學習的本地話」，甚至在邀請彩鳳坐車時也「鄭重地坐得規規矩矩」〔註41〕。正是在這種具有欺騙性的表象之下，猜女和彩鳳放下了防備，並走入他們的圈套之中。這種「甜蜜的圈套」實際上恰恰對應了臺灣社會從光復激情昂揚到消退的過程。這一點，在三篇小說的敘述方式上也有所體現，《阿榮》的敘述時態是進行時的順敘，即讀者只能跟隨情節的發展而瞭解人物命運的走向。而《阿猜女》與《冬夜》都不約而同地採取了逆時序，即回憶的敘述方式，先是敘述頹敗的此刻，然後以倒敘的方式回溯由美好的幻象至原形畢露的過程，將兩類敘述時態進行對比可以發現其中隱在的意識形態。寫於日據時期的《阿榮》

〔註40〕張冬芳《阿猜女》，載《臺灣文化》第 2 卷第 1 期，1947 年 1 月。
〔註41〕呂赫若《冬夜》，載《臺灣文化》第 2 卷第 2 期，1947 年 2 月。

中所體現的對日本殖民批判是隨著鴛鴦被侮辱而直接展開的,農場主任也是一個偏於臉譜化的扁形人物,這些敘述話語提示出對農場主任(殖民者日本)的譴責是毫無疑問的。但在《阿猜女》與《冬夜》中,倒敘所呈現出的批判意味較之《阿榮》顯得更為曲折,雖然回憶與此刻形成了強烈的對比與諷刺,但是隱含在話語深處的則是一種失望的情緒,這種失望意味著,雖然在文學表達中看似形成了一個「日本人」—「國軍」—「浙江人」的鏈條,但是後二者並不是單純地取代了前者的位置,伍上尉與郭欽明並不與農場主任在同一個層次上存在,其原因在於,他們各自所指涉對象的性質是截然不同的,女性角色們無法對「農場主任」產生親切的好感,因為殖民者正是處於惡的極端,而她們對「伍上尉」抑或「郭欽明」們所產生的信任感,其內核正是民族主義所帶來的族群認同感與國家的召喚性力量。這種召喚性力量雖然隱形於文本中,但卻使《阿猜女》和《冬夜》的文本層次變得更為複雜,從情節層面,因為有信任感,所以失望感會更加強烈,而從話語分析的層面來看,則三篇小說雖然具有相似的敘述模式及批判意味,《阿榮》顯然是一個殖民地文學樣本,而後二者卻指向的是族群內部矛盾。但是或許由於文本內敘述模式的相似性以及文本外現實矛盾的相似性,這些文學表達很容易令人產生一些混同感,進而粗暴地認為「國軍」只是取代了「日本人」的位置,這種含混的並偷換概念的模式實際上與近年來的「再殖民」論述有著相似的邏輯,但只要深入分析,就可以發現其中的本質差異,進而對之加以解構。

## 三、疾病敘事:傳染病與肺病的隱喻

在《臺灣文化》刊載的小說劇作中,除了上述的失貞話語模式之外,疾病也在構成了一個共同的敘事要素,並由疾病指向了不同的問題。在《冬夜》中的疾病是梅毒,並且是由浙江人郭欽明傳染給彩鳳的,這種性傳染病顯然是與失貞話語息息相關的。而在與《冬夜》同期的《農村自衛隊》[註42]中,則有天花和霍亂的流行,在光復節時,身在臺北的「我」收到了叔叔的來信因而回鄉探望,在與叔叔交流的過程中得知已經失去三個家人,兩個死於天花,一個因參軍打中共,也被大家視為死了。在談到防疫的問題時,叔叔回答「天花滿村飛,霍亂遍地起」[註43]。伴隨著天花和霍亂的話題,小說延

---

[註42] 丘平田《農村自衛隊》,載《臺灣文化》第 2 卷第 2 期,1947 年 2 月。
[註43] 丘平田《農村自衛隊》,載《臺灣文化》第 2 卷第 2 期,1947 年 2 月。

伸到了「光復」這一時間節點：

> 什麼防疫不防疫，跟著臺灣的光復什麼都光復了，一切的惡習
> 慣，賊子光棍，法師乩童也都光復了，尤其是「漢醫」光復得特別
> 多。〔註44〕

在此，通過瘟疫、光復等敘述，可以發現實際上隱含著對比的話語及空間，即光復前的西醫、防疫，反對迷信以及光復後對應的漢醫、瘟疫及乩童天兵等，在這組對立的對比中，西醫等現代科學在一定程度上代表了日本為殖民目的而輸入臺灣的現代性，而隨光復而光復的一系列問題則指涉了一種前現代的愚昧。這固然是反映出光復初期這一過渡階段混亂的社會狀況，同時也體現出這一時期十分常見的光復激情破滅後的失望。在這種失望的基礎上所產生的對比心態看似是順理成章的，但實際上卻充滿危機。在這種進化論的眼光中，現代性似乎具有天然的合法性與超越性，儘管這種殖民現代性可能是經過過濾並扭曲的，但畢竟具有現代品格。但如果不對殖民現代性加以清理，則對現代性的癡迷將徹底吞噬國家話語，並由此進入現代與國家的悖論之中。換言之，當曾經被殖民的土地一味以現代這一標準審視自身與祖國的關係時，那麼真正的國家化是很難實現的，由此將會產生文化身份的混亂，同時由於自身所擁有的只是部分殖民現代性，加之文化認同的扭結，最終導向的結果是將自身變為一個無所依託而缺乏主體性的孤島。

因此，社會生活本身可以用對比的眼光加以衡量，但前提是必須對日據時期及光復後的社會性質作出本質的區分，進而在此基礎上進行現實的批判或改造。若非如此，僅沉浸於物質層面的差異對比之中，對從前物質生活的懷想將會不由自主地忽略掉日本的殖民主義本質，而將光復後的社會形態視為更次等的存在。除了疾病之外，《農村自衛隊》中還談到了盜匪猖獗的問題，如果將疾病視為一種隱喻的話，那麼盜匪問題的泛濫也可以視為一種社會瘟疫。在這種情形下，農村的農作物不斷失竊，農民收成減半，警察也無力阻止。對此，區別於前幾篇小說中沒有出路的結局，左傾的蘇新為小說設置了一個具有典型左翼意味的結局，即在認清了環境難以改變之後，村民們決定成立一個農村自衛隊，以「武」的方式保衛自己的生活。另外，《農村自衛隊》中還體現出了強烈的反內戰意識，借叔叔之口評價打中共是「同胞殺同胞」的卑怯行為，這也是《臺灣文化》所秉持的基本立場。

---

〔註44〕丘平田《農村自衛隊》，載《臺灣文化》第 2 卷第 2 期，1947 年 2 月。

關於疾病敘事,在後續刊載的劇作《撫恤金》及《寂寞饒家山》中也都有出現。在獨幕劇《撫恤金》中,機關職員吳敦和一家因薪金的低微和物價的高昂過著飢餓困頓的生活。不僅食不果腹,吳敦和患病兩年也無力醫治。在劇本中,並沒有說明吳敦和得了什麼病,從其劇烈咳嗽及嘔血的症狀來看,應該是肺病,同時一直在幕後房間並未出場的吳母也不時發出痛苦的呻吟。在這樣艱難的處境中,吳敦和的好友蕭維然為了讓吳家嗷嗷待哺的小兒子吃上一口饅頭而當掉了自己的長衫,卻不知另一邊的吳敦和已經打起了機關撫恤金的主意。在吳敦和的絕筆信中寫到了飢餓、疾病與窮困給家庭帶來的重壓,希望以自己的生命換取一筆撫恤金留給家人維持生活。嘔血的身體折射出了家庭生活的千瘡百孔,這個都市家庭也是社會生活的一個小小縮影。有意味的是,《撫恤金》寫於 1939 年 4 月,曾數次被搬上舞臺,劇本中設有吳敦和不肯做漢奸的情節,在皇民化運動高漲的時期,這種抗日的表達尤為可貴。

在內戰頻仍的 1947 年,《撫恤金》在上海被再度想起,於是作者杜容之將劇本中的「受難」時刻由抗戰之初修改到了當下並於蘭心劇院上演,並有感於苦難沒有過去,因此翻出來再次發表在《臺灣文化》上〔註45〕。此外,還有大陸渡臺劇作家陳大禹的連載劇作《寂寞繞家山》(又名《蟄》)。主角吳家聲是曾在大陸工作過的臺灣青年,透過返鄉的吳家聲的眼睛,劇本展開了光復後臺灣家庭生活的一角,由於物價的上漲與生計的艱難,家聲驚訝地發現鄰居許成夫婦的生活已經時常揭不開鍋,以致許成的妻子不得不來吳家借一點點米,而與自己曾有感情牽絆的表妹林玉英也為了支撐家庭生活而做起了酒家女。吳家聲為了謀一份最低微的工作不得不低聲下氣地懇求昔日的內地朋友趙伯韜,但卻意外得知趙伯韜卻正是玉英出賣身體換取生活的對象,但吳家聲為了生存只能忍受。在這樣的苦悶中,吳家聲感到「漸漸認識社會的真面目」〔註46〕,身體也開始變壞,同時染上了酗酒的毛病。不僅如此,家聲還因幫助被單位內材料課屢屢剋扣的司機寫稿子曝光而被抓進了監獄,最後好不容易被放出來卻失去了工作。回家後,家聲的身體狀況愈加惡化,終於在一個雷雨夜死去。劇中同樣沒有點明家聲的病,但症狀卻和《撫恤金》中的吳敦和一樣,都是在反覆劇烈的咳嗽中嘔血,最後死去。該劇係寫於臺灣,不知道是否在臺灣受到當時文學環境的影響,陳大禹此劇的敘事結構與

---

〔註45〕《撫恤金後記》,載《臺灣文化》第 3 卷第 8 期,1948 年 10 月。
〔註46〕陳大禹《寂寞繞家山(中)》,載《臺灣文化》第 3 卷第 6 期,1948 年 8 月。

前文討論過的幾篇島內作家創作的小說頗有幾分相似，劇中也如同前文論及的小說一樣，存在著一個日本的幽靈，在和趙伯韜的寒暄中，家聲提到了自己的哥哥曾是一個文化工作者，並死於日本的監獄中。吳家聲返臺後的生命歷程也和吳敦和一樣，都是經歷了生活連續的壓力後不堪重負，並且由個體的經歷折射了民眾生活的慘淡，但作為胡風崇拜者〔註47〕的陳大禹在《寂寞繞家山》中所呈現的批判意識更為強烈，同時因語境的變化，其所輻射的社會問題更多。其中值得注意的是劇本花了一定的篇幅詳細地敘述了趙伯韜的幾次出場，生動地刻畫了一個虛偽自私、好色冷酷的大陸人形象，並且從「你知道我們是幹什麼的，難道連這幾個老朋友的家也找不出來麼」〔註48〕的臺詞設計以及家聲被捕後玉英懇求趙伯韜的情節來看，趙伯韜的工作很有可能是情報或警察性質的，這無疑是影射了臺灣接收後隨接收政府跨海而來的一部分公職人員的嘴臉。同時，材料課時常在司機加油時有所剋扣、吳家聲因幫司機寫稿尚未發出就被捕這些也反映出當時政府中的腐敗情景以及嚴密的審查制度，不僅如此，家聲關押期間為其聯絡奔走的鄰居許成在事後消失也側面提示出社會環境的高壓。因此，雖然《寂寞繞家山》與當時臺灣作家創作的小說在敘事結構上有著相似之處，但表達的側重點卻有所不同。或許由於陳大禹的外省人身份，其創作中並無諸如失貞話語式的被殖民者的創傷反映，而是傾向於單純的社會批判。

總體而言，伴隨著光復後種種社會問題的湧現，疾病開始成為文學創作中的一個常見因素，一類是具有傳染性的瘟疫，一類則是以咳嗽、嘔血為主要症狀的肺病。前者主要作為一種社會形態或社會氛圍的隱喻，例如梅毒所指涉的「失貞」與「不潔」將光復後的臺灣社會在一定程度上與曾經的殖民地臺灣進行了對比，而天花、霍亂則指向了一種具有籠罩性混亂的社會狀況。雖然這種對比是以具體的社會生活水平為主要基準的，但實際上隱含著對殖民現代性缺乏清晰認知的風險。另一方面，肺病則主要作為個體困境的隱喻和注腳，在難以為繼的生活中，主角往往會由咳嗽到嘔血最後死亡，疾病的發展過程映照出生命在物價飆漲、環境高壓等情景下走投無路的消逝過程，同時個體的命運也被作為民眾群體命運的一個反映。

---

〔註47〕參見：朱雙一《光復初期臺灣文壇的胡風影響——有關耿庸、鄭重、樓憲、王思翔、陳大禹、呂熒、何欣、畢彥與楊逵》，楊彥傑主編《光復初期臺灣的社會與文化》，福州：福建教育出版社，2011年，第396頁。

〔註48〕陳大禹《寂寞繞家山（上）》，載《臺灣文化》第3卷第5期，1948年6月。

## 第三節　構築詩意的世界：美刺觀念與鄉土況味

　　《臺灣文化》在轉型之前，一直在有意識地為文學板塊組稿，詩歌構成了其中的重要部分。在二二八事件發生之前，每一期都有詩作刊登，事件後在整個社會都在不同程度上受到影響的情況下，詩歌開始轉變為間斷性出現。在詩歌的刊載中，主要是以新詩為主，舊體詩幾乎沒有被納入範圍，僅有的四次刊載分別是對魯迅舊詩的輯錄、洪棄生淪陷紀事詩的輯錄，以及臺灣省編譯館編纂繆天華的兩組創作，輯錄主要是在紀念意義上進行的，後者則有文人抒懷偶作的性質。這一方面基本上符合《臺灣文化》一貫的調性，即以新文學為追求方向，舊文學並不在他們的關注範圍之內，另一方面則在於舊文學本身所具有的與同為漢文化圈的日本之間的曖昧性也不合於去殖民的潮流。因《臺灣文化》創刊於光復次年，皇民化運動所造成的文學斷裂，光復後社會環境日趨複雜，新的創作未能及時湧現，因此雜誌所刊載的新詩有一部分是島內作家的舊作，下表輯錄了《臺灣文化》月刊存續時期的新詩刊載情況：

表 5.2　《臺灣文化》月刊的新詩刊載情況

| 篇　名 | 作　者 | 卷期號 |
|---|---|---|
| 《我的詩》 | 王白淵 | 第一卷第一期 |
| 《蝶啊》 | 王白淵 | 第一卷第一期 |
| 《佇立在楊子江邊》〔註49〕（1931） | 王白淵 | 第一卷第二期 |
| 《颱風》（1946） | 吳新榮 | 第一卷第二期 |
| 《故鄉的回憶》（1935） | 吳新榮 | 第一卷第三期 |
| 《夜半歌聲》〔註50〕 | 田漢 | 第二卷第一期 |
| 《青銅器與梅花》（1937） | 楊雲萍 | 第二卷第二期 |
| 《採珠人》 | 沉吟〔註51〕 | 第二卷第三期 |

〔註49〕 「楊子江」係原文，不確定是作者筆誤或編輯筆誤，此處照錄，下同。參見：王白淵《佇立在楊子江邊》，載《臺灣文化》第 1 卷第 2 期，1946 年 11 月。
〔註50〕 《夜半歌聲》是 1937 年新華影業公司出品電影《夜半歌聲》的插曲，田漢作詞、冼星海作曲。此處應為轉載，歌曲《夜半歌聲》曾刊於上海娛樂刊物《咪咪集》第 3 卷第 11 期，1938 年 5 月。
〔註51〕 真實姓名不詳，「沉吟」筆名曾於 1925～1949 年間在大陸多種刊物上發表文章，暫時不能確定是同一人。另外，署名為沉吟的作者曾參與編纂抗戰時期甘肅省外留學生抗戰團出版的刊物《熱血》（甘肅），參見：沉吟《答一位中學生

| 《故地》（1947） | 吳史民（吳新榮） | 第二卷第四期 |
| --- | --- | --- |
| 《開拓者的子孫》（1947） | 張子規 | 第二卷第四期 |
| 《銀白的汽車》（1947） | 祝木華〔註52〕 | 第二卷第七期 |
| 《洪水》 | 蔡江荻 | 第三卷第一期 |
| 《琴聲》（1948） | 吳志良 | 第三卷第五期 |
| 《山城本事》（1948改寫） | 莊麗 | 第三卷第七期 |

　　表中盡可能地標示出了可以考據的寫作時間以及相應的作者情況，但仍有一些無法確定。王白淵的前兩首詩均前文提及的其日據時期出版的詩文集《棘の道》，係由其本人翻譯，較之後來通行的他人翻譯版本部分措辭有所不同，也因此尤為珍貴。三首詩風格各異，《我的詩》在研究中被視為開宗明義式的直抒胸臆，是借由詩來進行內心的告白，並藉此書寫人民的苦痛〔註53〕，這種解讀凸顯了其左傾的一面。但將之置入光復初期的語境來看，尤其是與《蝶啊》《佇立在楊子江邊》並列來看，則該詩的左翼色彩並不明顯，更像是王白淵對自己比較滿意的詩歌的選刊。《我的詩》篇幅不長，以謙遜的自述表達出詩與心靈的關聯，且富於哲理性的雋永之味。《蝶啊》則是在四季輪換中對蝴蝶的詠歎，具有比較明顯的物哀美學特徵。而《佇立在楊子江邊》則寫於1931年的上海，篇幅稍長，蘊含著強烈的「祖國意識」，具有強烈激昂的抒情性，在對揚子江的歌詠中追憶了中原華夏的歷史，其中「清朝的惡政繼之以列強的榨取」「葬了罷！把一切的過去都葬了罷！連同封建的渣滓與殖民地的壓迫」及「青年中國與揚子江同時振羽而醒了！」〔註54〕等句帶有明顯的「五四」的覺醒意味。整體而言，王白淵這三首詩的比較成熟，美學價

　　　　的公開信》，載《熱血》（甘肅）第4～5期，1938年2月。《熱血》（甘肅）與國民黨有著一定關聯，曾連續登載蔣介石於1934年7月對廬山軍官訓練團精神訓話。另外，1938年底～1939年，署名為沉吟的作者進入福建工作，曾發表《入伍壯丁家屬訪問記》，載《福建導報》第1卷第6期，1938年12月，以及《惠安宣工團沿海巡迴紀實》，此文係其抗戰建國工作通訊第一篇，載《福建新聞》，1939年第6期。據此推斷，腳注中提及的三位沉吟應為一人。

〔註52〕臺北人，臺灣省行政公署民政科科員，曾於1949年捲入共產黨員簡國賢的案件，後被無罪釋放。參見：《簡國賢等叛亂案》，國家發展委員會檔案管理局，檔案編號：B3750347701/0043/3132396/396。暫未見其其他社會及文學活動。

〔註53〕參見：周益忠《王白淵詩中的自我書寫──荊棘的道路試探》，蕭蕭，羅文玲，謝瑞隆主編《踏破荊棘，締造桂冠：王白淵文學研究論集》，臺北：萬卷樓，2016年，第12～13頁。

〔註54〕王白淵《佇立在楊子江邊》，載《臺灣文化》第1卷第2期，1946年11月。

值亦高,其豐富的人生經歷及青年期地理空間的頻繁變換顯然令他的詩作吸收了多種風格的影響。這三首詩也幾乎是《臺灣文化》上刊載的詩作中水平最高的一組。另外,吳新榮也先後發表過三首詩,並且風格較為統一,具有比較明顯的自然鄉土意味以及現實指向性。《颱風》以當時吳新榮親歷的颱風為書寫對象〔註55〕,並以颱風的無情隱喻了社會的動盪,同時颱風又被作為造物掃除貪污的一種期待,「昨夜遍地散盡黃金,今朝滿城到處餓民」〔註56〕基本上是這首詩表達的核心,該句脫胎於其寫作該詩前一日日記中的「秋風吹來了,遍野黃金。但是萬愁交到,餓民滿城」〔註57〕。從寫作詩歌當日的日記可以直觀地體會到吳新榮在《颱風》背後所產生的對生活困頓的無奈、批判乃至迷茫:

> 自昨晚大起風臺,早起一見,芎蕉十叢到(倒)九叢,未知園面的損失如何?有風而無雨,未免太惱農民了,而且黃塵萬丈,使人如行地獄之道。如此光景,米價一定高騰,而治安為難回復,如臺南市日日都有強盜。事到至此,臺灣人經濟上不但要破產,政治上也要破產了。我若失了經濟上的安全感,政治上的期待性,我們何能建設文化、科學?

> 風臺至下午卻換方字(向)(由東北轉西北)而加速度,樹枝折到(倒)不勝其數,毀瓦飛破又是可驚。甚至海水變雨水傷害生物。終日閒在家內只待天意之左右。唉!人間之弱哉,若用政治上的鬥爭來對自然鬥爭,人類何其幸福乎。

> 自光復以來未如此雨三日之閒餘,已無書可讀,也無字可寫,電火也不來,糧食也有限,不如早食以渡饑,早眠以過時。趁這尚有光陰之間,記念我此一生的此一日!寫這幾句。〔註58〕

在日記中,吳新榮對於生活的悲觀與迷茫是十分顯而易見的,但《颱風》卻以對背信者的詛咒和對謳歌者的祝福作結,可以看出其儘管內心對現實並不樂觀,但仍然希望以文學的方式給予讀者以力量,也因此《颱風》比吳新榮當日的日記更具有批判意味,同時迷茫感也幾乎隱匿不見。與之有著相似

---

〔註55〕據吳新榮日記,寫此詩的當日及次日天氣均記為「風臺」,參見:《吳新榮日記》1946年9月25日、26日。臺灣日記知識庫。
〔註56〕吳新榮《颱風》,載《臺灣文化》第1卷第2期,1946年11月。
〔註57〕《吳新榮日記》,1946年9月24日。臺灣日記知識庫。
〔註58〕《吳新榮日記》,1946年9月24日。臺灣日記知識庫。

品格的還有後來刊載的蔡江荻之《洪水》，同樣以一個自然現象作為隱喻，兇惡的洪水使村民遭了殃，但漁夫們卻興奮不已地在洪水中四處捕魚，而平時潛伏於靜水底下的魚則「躍躍的出水了」〔註59〕，並在洪水中與漁夫鬥著氣。在此，洪水與颱風一樣，大致指涉了社會環境的混亂，村民和漁夫則構成了環境中的兩種群體——前者是難以安身立命的普通民眾，後者則可能是趁亂攫取利益的人。自臺灣接收之初，即有部分接收官員在此過程中中飽私囊，後來貪污更成為光復初期的一個普遍問題。但「魚」似乎又為漁夫所指代的群體拓寬了闡釋空間，詩中的魚並不單純地意味著利益，「不怕上網後有俎刑的殘酷」〔註60〕提示出魚是具有反抗精神的群體，漁夫和魚可能還分別指向了光復初期臺灣因「防共」等而產生的嚴密審查機制以及具有自由、抗爭精神的人們。由此，《洪水》在整體上構成了一種對社會現象的隱晦批判，其對象既可能包括貪污，同時也包括國民黨對思想、言論的控制。

　　《故鄉的回憶》則是吳新榮寫於 1935 年的舊作，通過對舊日村落的懷想，聯繫到槍樓、崩壞的銃眼從而抵達了祖先曾死守抗爭的精神，而這種精神並未遠去，「現在也還在我的身內循環」〔註61〕，並由搖籃中所聽得的愛歌引申向了不為求榮華富貴而只祈願「氣豪與義高」，這顯然是在日據時期寫就的具有反抗意識及鬥爭心態的作品，更為難得的是，其以「故鄉」作為起興，整首詩意象的選取與遣詞造句都行雲流水，在自然的況味中抒發情感，並未因其抗爭意識的強烈而掩蓋其審美價值。與之較為相似的是張子規寫於1947 年的《開拓者的子孫》，關於張子規其人，目前尚缺乏進一步的瞭解，但是從詩中所表達的內容來看，其應為臺灣漢移民的後代。如果說吳新榮在詩中關於祖先的回憶部分側重的是他們的抗日經驗，那麼張子規的重心則在於祖先赤手空拳渡海而來後開墾並打拼出自己生活的經歷。該詩篇幅相對較長，具有敘事詩的品格，在重章疊句的體式下追憶了祖先如何以辛勤而無畏的態度建造屬於自己的生活。在詩的末尾則表現出一種近似於《故鄉的回憶》中的承繼感，強調自己也如同祖先一樣只靠雙手生活，「不阿權勢無欺弱小」〔註62〕。另外，該詩寫於二二八事件之後，因此不同於《故鄉的回憶》中繼承而來的是反抗意識，在《開拓者的子孫》中，這種繼承可能還隱含著一種

---

〔註59〕蔡江荻《洪水》，載《臺灣文化》第 3 卷第 1 期，1948 年 1 月。
〔註60〕蔡江荻《洪水》，載《臺灣文化》第 3 卷第 1 期，1948 年 1 月。
〔註61〕吳新榮《故鄉的回憶》，載《臺灣文化》第 1 卷第 3 期，1946 年 12 月。
〔註62〕張子規《開拓者的子孫》，載《臺灣文化》第 2 卷第 4 期，1947 年 7 月。

對比，即祖輩以勤懇的方式可以掙得生活並生下子孫，而今開拓者的子孫們仍然以這樣的方式生活著，結尾強調自己並不拜高踩低暗示出社會環境已經有所不同，因此開拓者子孫們的命運似乎也趨於未知。而較之於《故鄉的回憶》所表達的抗爭意識以及《颱風》所表現出的批判意識，吳新榮寫於1947年的《故地》則陷入了一種深深的迷茫之中。開篇「大地翻了一切」〔註63〕帶來一種物是人非的哀愁，尤其是將之與同題材的《故鄉的回憶》對比，歌詠的內容轉變為青春的悲歌，並由對昔日戀人的慨歎也具有一些隱喻的意味：

　　　她身邊已經繞著三個的孩子，我也已成為七兒的父親，別找那

　永久的仇怨，別再提起那傷心的事情！〔註64〕

詩句中所使用的「繞著」，令人不由得聯想到金門群島、馬祖列島以及澎湖列島對臺灣本島所形成的環抱之勢，而「七兒」的父親則令人想起聞一多寫於1925年的組詩《七子之歌》，同時「永久的仇怨」這一表述似乎也超越了日常生活的範疇。這樣來看，詩中似乎隱含著臺灣與祖國之間未來命運的一種並不樂觀的預期。但一方面聞一多《七子之歌》中的七子本身即包含臺灣，因此如果這一隱喻成立則存在互相包含的問題，另一方面此詩寫於1947年2月14日，當時兩黨和談剛剛破裂，局勢尚不明朗。另外，吳新榮一生共有六子二女，最小的孩子吳夏平生於1948年6月30日〔註65〕，從時間來看，寫作此詩時吳新榮的確是七個孩子的父親，而且此詩確實寫於因參加其妻妹婚禮的當日〔註66〕，因此更大的可能性應當是在紀事基礎之上的感慨，關於詩中隱喻的問題在此僅作為一個假設性參考。詩末尾的「人已去了，夢已殘了；偉大的時代，有限的人生，呵，何處是我的前程？」〔註67〕卻真實地表達出了複雜的社會情景中個人的迷惘。如果將《臺灣文化》上刊載的吳新榮的三首詩整體來看的話，則可以發現一個激情逐漸減退的過程，即使這種激情是以抗爭和批判的形式體現的，但到後來卻化為一個不知所措的追問。

〔註63〕吳史民《故地》，載《臺灣文化》第2卷第4期，1947年7月。
〔註64〕吳史民《故地》，載《臺灣文化》第2卷第4期，1947年7月。
〔註65〕吳新榮《吳新榮日記》，1948年7月1日，臺灣日記知識庫。
〔註66〕據吳新榮當日日記：「今日是碧霞義妹和涂氏的結婚式，我們藉此機會做重訪故地（錄詩五首）。」參見《吳新榮日記》，1947年2月14日，臺灣日記知識庫。
〔註67〕吳史民《故地》，載《臺灣文化》第2卷第4期，1947年7月。

　　此外，在島內詩人的作品中還有楊雲萍寫於 1937 年 1 月的舊作《青銅器與梅花》〔註68〕，主要是在生活斷片中抒情，以青銅器與新生兒作為過去與未來的象徵，而產婦則是連通二者的橋樑，這首詩結構並不複雜，語言亦洗練，並且具有因生命降生而帶來的輕快與希望。值得注意的是，在楊雲萍年表中並未見其子女的記載〔註69〕，因而這一生活斷片很有可能是出於創作的虛構。另外，詩中所選用的「青銅器」與「梅花」的意象都產自中國，以「青銅器」作為過去的象徵實際上通向了對祖國的懷想，而將梅花插進青銅器中則在某種意義上連通了作為原鄉的祖國與當下，在這樣的當下中又有新生兒帶來的希望，在盧溝橋事變尚未爆發的 1937 年 1 月，這首詩在一定程度上體現出祖國意識以及相對樂觀的期待。另外，還有祝木華的《銀白的汽車》，該詩寫於 1947 年 8 月，大致由「銀白的汽車」這一意象傳達了一種時移勢易的感歎，詩中的數字「五八一三一」應為某一車輛的車牌號，詩中正是通過這輛車駛過時發現其中的人已非故人而進行抒情的。由於詩的篇幅很短，並且祝木華本人的材料太少，因此未能作出更詳盡的解讀。最後是吳志良寫於 1948 年 4 月的《琴聲》〔註70〕，吳志良本人的身份與信息暫未得以進一步的考證，但從詩的風格來看，與島內詩人十分相似。全詩呈迴環往復式的詠歎，以樹林中的琴聲為引，在琴聲的吸引下，爬得累了的「我」依然沒有放棄求索，終於爬得到了，聽得樵夫說彈琴的是山上的美人，於是在詩的結尾「我」走近又走近。有意味的是，直到最後，「我」也只是走近那清脆的聲音，這一留白的處理方式既使詩本身增加了朦朧的美感，同時也製造了一個未知的結果，即「我」不斷攀爬，是否能真的得以一睹彈琴人的真容？或許「琴聲」與「山上的美人」都只是幻象而已。

　　上述討論的詩作構成了《臺灣文化》上所刊載新詩的絕大部分，從中可以發現，這些詩大部分具有強烈的現實參與感與批判精神，並常常以自然作為喻體或詠誦的對象。同時這些詩中也富於鄉土意識及歷史意識，尤其是其中的歷史意識常常內嵌於祖國意識之中。此外，還有疑為外省來臺人士沉吟的《採珠人》以及莊麗的《山城本事》，這兩首詩具有明顯的異質性品格，偏於個人化的抒情。整體來看，這一時期《臺灣文化》對詩歌的選取顯然側

〔註68〕 此詩尚未收入至《楊雲萍著作目錄》及《楊雲萍年表》。
〔註69〕 此處參考的依據是《楊雲萍年表》，參見：林春蘭《楊雲萍的文化活動及其精神歷程》，臺南：臺南市立圖書館，2002 年，第 202～255 頁。
〔註70〕 吳志良《琴聲》，載《臺灣文化》第 3 卷第 5 期，1948 年 6 月。

重於現實主義類型的作品，其詩歌觀念近於中國古已有之的「美刺」傳統。不僅如此，在現實主義與鄉土意味的結合中，形成了一種關於新詩的獨特況味，並因此具有審美價值。

## 小　結

在文化解殖議題中，文學的走向與發展是其中不可忽視的一個重要部分，因此，《臺灣文化》在文學創作方面的探索被作為一個獨立的單元加以審視和討論。同時，這一探索也內在於前文所論及的中國意識的脈絡之中。

首先，白話文是《臺灣文化》所選擇的一個重要甚至唯一的文學形式，這既是追尋現代中國的內在規定，同時也在語言轉換之際，為臺灣島內的作家帶來了一定的挑戰。儘管如此，還是有相當一部分的臺籍作家在積極地創作，即使沒有新作，也都將昔日舊作發表出來，抑或將從前的日文創作翻譯成國語發表。其次，就文學觀念及其所體現出的審美傾向而言，主要體現為寫實主義與鄉土特徵，這一點在前述章節中也有所體現。在此，寫實主義觀念實際上也關涉到解殖追求，一方面臺灣新文學自誕生之時就具有強烈的寫實主義傾向及鄉土意味，另一方面，日據時期的唯美主義乃至現代主義式的文學創作在光復後已經被視為一種空洞甚至具有殖民者情調的樣式。

因此，《臺灣文化》在這一問題上似乎沒有經過太多的探索或思考就已經將寫實主義作為其文學取向。同時，相較於借由古典中國所進行的隱晦表達，寫實主義創作特別是小說的批判性顯得更為直接和尖銳，而且成為了這一時期重要的社會普遍心理的考察樣本。「失貞」敘事在美學上的價值可能是有限的，但通過臺籍作家的反覆言說則不難發現，一種「被侮辱的與被損害」的情感體驗始終沉澱在臺灣民眾的內心深處，並因此直接指向了創傷體驗的本質，這實際上也是光復乃至文化解殖都不可迴避的一個重要問題。

除了小說與新詩之外，白話散文和外國文學譯介也佔有相當的篇幅，這也體現出《臺灣文化》在文學道路上的多重追求，散文在此並未像小說一樣承載太多的現實功能，通常是文人化的小品文點綴其間，這也提示出雜誌的綜合特質。另外，《臺灣文化》自創刊時也一直試圖關注世界文學，希望能夠引進優秀的外國文學，並將臺灣文學作為祖國文學的優秀文學之一推向世界，就這一點而言，《臺灣文化》具有相當的前瞻性，但隨著社會環境的急遽變化以及臺灣省編譯館的突然撤廢，這一部分工作也未能如願地展開下去。

# 結　語

　　從長時段的歷史眼光來看，整個光復初期包括《臺灣文化》的存續時間都顯得有些太短，但也正是這短短的四年多時間構成了兩岸關係史中的一個極為重要並且不可替代的階段，許多當下所面臨的現實問題也都與此遙遙相映。因此，對光復初期臺灣的研究並不完全是對過去的梳理或回望，同時也是理解此刻並與之對話的一種嘗試。這種嘗試裏既包括盡可能地返回歷史現場，也攜帶著現實語境所賦予的省思。在這一歷史的橫截面之中，從殖民地臺灣到中國之一省，「光復」作為一個轉折性時刻不僅意味著臺灣身份的轉變，同時這種轉變也輻射向社會生活的各個方面，而文化解殖則構成了其中的一個重要面相。在政治意義上的光復之後，如何實現文化層面的光復是其間的要義。它所指向的具體問題正是面對被殖民歷史，通過文化邏輯的轉軌，從而尋求文化意識形態的轉變，進而落實到群體身份的認同之中。

　　文化解殖一方面是國民黨接收政府在官方層面的統治需求，同時也是臺灣省內外知識分子共同探索的目標。相較於前者的刻板與強制，後者所進行的思考與實踐實際上為之賦予了更多的意義，他們在民族主義的旗幟下迅速集結，以融合交流的方式消弭文化隔閡，並試圖通過對文化解殖的構想通達現代中國，儘管後者在當時尚處於雛形之中。值得注意的是，在此過程中，自明清以來臺灣的移民、遺民群體及其後代的文化活動構成了中原原鄉與祖國意識的雛形，但它所指向的卻是歷史與文化意義上的「古典中國」，而光復時刻兩岸知識分子所面臨的問題則是如何追尋「現代中國」，這意味著在解殖民、召喚認同的同時，他們還必須面臨如何處理現代性的問題，因而，解殖並不僅僅意味著某種簡單的恢復或接續。具體而言，在文化的承續層面來說，在通過集

體記憶召喚並強化中華認同之外,也要處理如何由傳統邁向現代的問題,而且這一問題很難以祖國大陸「五四」以來的經驗作為借鏡。與此同時,由於被殖民經驗,殖民現代性的清理則是這一過程中的另一挑戰。因此,此一時期臺灣的文化解殖實際上是一個包含了去殖民、現代性與身份重塑的複雜議題。

《臺灣文化》之所以可以被作為觀照光復初期臺灣的切口,原因乃在於其自誕生之日起就具有的超越性立場以及在刊行過程中不斷與現實對話的努力。《臺灣文化》及其背後的文化團體臺灣文化協進會因成員身份的殊異,反而在立場與表達層面都很大程度地超越了左、右之分,這也使《臺灣文化》在相當長的一段時間內顯得「面目模糊」。然而剝開「半官半民」的表象,民族主義雖然是他們跨越階級、立場與身份進行親密合作的內核,但他們也並沒有囿於狹隘的民族主義立場。更為重要的是,超越了左右的立場使得他們在光復初期這一歷史時段具有了獨特的生命力,相較於左翼的激進及不穩定性,《臺灣文化》提供了更為溫和折衷的文化建設路徑,也在現實的意義上存續最久,相較於右翼,則具有一種雖不銳利但足夠堅持的現實批判精神。換言之,《臺灣文化》是光復初期臺灣的一個獨特樣本,較之同時期的報刊雜誌,它在當時搭建了一個更為全面、包容的交流與表達平臺,其中所呈現出的關於文化建構的構想是不可替代的,同時,也為當下提供了一個重返歷史的恰當切口。

本書由《臺灣文化》切入考察,同時也嘗試以區域性視野作出突破。既有研究中,對於光復初期的研究及至文化解殖議題的關注不在少數,大多以自身或對象的立場為出發點,由此形成的理論框架及其闡釋力仍有推進的空間。同時,在此背景下,《臺灣文化》作為一個立場不夠鮮明的對象也通常被有意無意地忽略,每每作為佐證性的文獻出現。另外,「去日本化與再中國化」作為清理國民黨文化解殖路徑的思考曾為文化解殖議題提供了較為成熟的闡釋模型,但正因其廣泛的說服力,更多細節的部分仍然有待發掘,同時脫離官方立場之外,其有效性也需要新的框架來延伸與填充。事實上,《臺灣文化》所進行的文化探索及其呈現出的「重層的中國意識」或許可以為理解這一時期文化建構的細部問題及應對方式提供參考。

正如政治光復並不能直接地等同於文化光復,文化解殖也關涉到群體心理、思維方式乃至生活方式種種方面。光復之一瞬所帶來的巨大激情很大程度上源自於民族主義情感的爆發,但其所指向的對象卻並不處於穩定的狀態。換

言之，在經歷了五十年的隔絕之後，臺灣人對祖國的瞭解並不確切，此時他們所擁抱的更加傾向於一個原鄉式的祖國想像。而在接收政府出現之後，撲面而來的則是尚在建構中的現實中國，二者之間的落差如何被協調，也成為了文化解殖的題中之義，但卻在官方實踐中被或多或少地忽略了。

　　對此，《臺灣文化》首先錨定了現代中國這一目標，既通過提倡白話文以恢復曾經被中斷的新文學傳統，從而實現對經由文學與社會雙重革命而走入現代的祖國路徑的匯流，這之中一方面包含著對於 1920 年代臺灣新文學傳統中反殖民力量與現實主義精神的召喚，另一方面也體現出他們試圖通過言文一致尋求現代性轉換的嘗試。因此，彙集了民族性、地方性與大眾化追求的鄉土中國成為召喚現代國民的一個重要載體。與此同時，在現實情況的不斷變化中，最接近原鄉式想像的古典中國被召喚出來，以應對現實中國與現代中國之間的齟齬，《臺灣文化》試圖以集體記憶的強化來黏合現實矛盾造成的民族性之裂痕，同時也以曲折的批判性因應被壓抑的聲音。在具體的文學表達上，《臺灣文化》總體上呈現出堅守現實主義的立場，並且是始終帶有批判與反思的現實主義，這種現實主義又與強烈的地方性自覺意識相互勾連，最終形成了在美學上並不成熟但具有特殊歷史價值的文學樣本，同時也是現代中國、古典中國與現實中國在短時間內碰撞、遭遇之後最直接也最真實的呈現。

　　「重層的中國意識」是光復初期這一歷史階段的特殊產物，同時也深深地沉澱於臺灣社會之中。它的動態性常常與現實發生著共振，當現代中國退居於古典中國身後之時，恰恰說明文化解殖正處於遲滯乃至於退行的階段。當 1950 年代的反共文藝與戰鬥文藝出現，層疊的中國意識被壓縮為一個扁平化的政治符號，又伴隨著 1980 末期的解嚴而迅速解壓膨脹，並在新的語境中被塑造成不同的形狀。如何與對之進行認知、分辨乃至應對，是一個持續未盡的話題。本書從一個細微、具體的對象切入思考，試圖建構一種透視文化解殖的路徑，並希望與當下進行嘗試性的對話。這種努力是非常有限的，其有限之處不僅在於研究對象自身，同時也更多地存在於處理這一對象的過程之中，在諸多不足之中，一個始終難以準確回答的問題是，《臺灣文化》對於文化解殖的介入究竟產生了多少效果？以及顯得過於駁雜和倉促的光復初期這一共時性的歷史時刻，究竟對此後的臺灣社會及兩岸關係產生了怎樣的影響？凡此種種，在這些問題面前，總是力有不逮。但是，仍然希望能夠

藉此微薄的努力與嘗試為光復初期臺灣的文化解殖這一議題帶來一點思考或延伸，從而為未來對這一話題的繼續思考與補正開啟更多的可能性。

# 參考文獻

## 一、著作

1.（德）Reinhart Koselleck: Futures Past On The Semantics Of Historical Time. Translated by Keith Tribe, New York, Columbia University Press, 2004.

2.（法）弗朗茲·法農《全世界受苦的人》，萬冰譯，南京：譯林出版社，2005 年，第 10 頁。

3.（法）路易·皮埃爾·阿爾都塞《意識形態與國家機器（研究筆記)》，陳越編：《哲學與政治：阿爾都塞讀本》，長春：吉林人民出版社，2003 年。

4.（美）周策縱《五四運動：現代中國的思想革命》，周子平等譯，南京：江蘇人民出版社，2005 年。

5.（日）川村湊《「大東亜民俗學」の虛実》，講談社，1996 年。

6.（日）中島利郎編《魯迅與臺灣新文學》，臺北：前衛出版社，2000 年。

7.（日）中島利郎編《一九三〇年代臺灣鄉土文學論戰資料彙編》，高雄：春暉出版社，2003 年。

8.（日）木山英雄著，趙京華編譯《「文學復古」與「文學革命」：木山英雄中國現代文學思想論集》，北京：北京大學出版社，2004 年。

9.（日）子安宣邦《東亞論：日本現代思想批判》，趙京華編譯，長春：吉林人民出版社，2010 年。

10.（日）橫地剛《南天之虹：把「二二八」事件刻在版畫上的人》，陸平舟譯，北京：商務印書館，2016 年。

11. （日）駒込武《殖民地帝國日本的文化統合》，吳密察等譯，臺北：臺灣大學出版中心，2021 年。

12. （英）埃里克‧霍布斯鮑姆《民族與民族主義》，李金梅譯，上海：上海人民出版社，2006 年。

13. 安然《臺灣民眾抗日史》，臺北：海峽學術出版社，2005 年。

14. 北京魯迅博物館魯迅研究室編《魯迅研究資料 6》，天津：天津人民出版社，1980 年。

15. 北京魯迅博物館魯迅研究室編《魯迅研究資料 14》，天津：天津人民出版社，1984 年。

16. 陳洪主編《南開學人自述》第一卷，天津：南開大學出版社，2016 年。

17. 陳明通《派系政治與臺灣政治變遷》，臺北：月旦出版社股份有限公司，1995 年。

18. 陳芳明《臺灣新文學史》，臺北：聯經出版事業股份有限公司，2011 年。

19. 陳鳴鐘，陳興唐主編《臺灣光復及光復後五年省情（上）》南京：南京出版社，1989 年。

20. 陳奇祿口述，陳怡真撰《澄懷觀道：陳奇祿先生訪談錄》，臺北：國史館，2004 年。

21. 陳占彪編《甲午五十年 1895～1945 媾和‧書憤‧明恥》，北京：三聯書店，2019 年。

22. 程美寶《地域文化與國家認同：晚清以來「廣東文化」觀的形成》，北京：三聯書店，2006 年。

23. 戴國煇《戴國煇全集 3》，臺北：文訊雜誌社出版，2011 年。

24. 戴國煇《臺灣史研究：回顧與探索》，臺北：遠流出版事業股份有限公司，2002 年。

25. 何凝（瞿秋白）《魯迅雜感集》，上海，青光書局，1933 年。

26. 賀桂梅《書寫「中國氣派」：當代文學與民族形式建構》，北京：北京大學出版社，2020 年。

27. 黃俊傑編《光復初期的臺灣：思想與文化的轉型》，臺北：臺灣大學出版中心，2005 年。

28. 黃英哲《「去日本化」與「再中國化」——戰後臺灣文化解殖（1945～1947）》，臺北：麥田出版。

29. 黃英哲等編校整理《許壽裳日記：1940～1948》，福州：福建教育出版社，2008年。

30. 黃英哲等主編《臺灣省編譯館檔案》，福州：福建教育出版社，2010年。

31. 黃英哲編《許壽裳臺灣時代文集》，臺北：臺大出版重心，2010年。

32. 黃英哲等主編《許壽裳遺稿》，福州：福建教育出版社，2011年。

33. 黃景春主編，王麗娜、丁佳蒙編選《大陸學者論臺灣鄉土文學》，上海：上海大學出版社，2012年。

34. 計璧瑞《被殖民者的精神印記——殖民時期臺灣新文學論》，廈門：廈門大學出版社，2010年。

35. 姜飛《國民黨文藝思想研究》，廣州：花城出版社，2014年。

36. 康詠秋《黎烈文評傳》，長沙：湖南人民出版社，1985年。

37. 藍博洲主編《未歸的臺共鬥魂：蘇新自傳與文集》，臺北：時報文化出版有限公司，1993年。

38. 連橫《臺灣通史》，北京：九州出版社，2008年。

39. 李東華《羅宗洛校長與臺大相關史料集》，臺北：國立臺灣大學出版中心，2007年。

40. 李震明《臺灣史》，各埠中華書局，1948年。

41. 林辰編《許壽裳文錄》，長沙：湖南人民出版社，1986年。

42. 林春蘭《楊雲萍的文化活動及其精神歷程》，臺南：臺南市立圖書館，2002年。

43. 林瑞明，許雪姬主編《楊雲萍全集2 文學之部（二）》，臺南：國立臺灣文學館，2011年。

44. 魯迅《魯迅全集》，北京：人民出版社，2005年。

45. 魯迅先生紀念委員會印編《魯迅全集》第七卷（第3版），1948年。

46. 羅宗強《玄學與魏晉人士心態》，天津：南開大學出版社，2003年。

47. 馬洪武等主編《中國近現代史名人辭典》，北京：檔案出版社，1993年。

48. 倪墨炎《魯迅舊詩探解》，上海：上海書店出版社，2009年。

49. 彭小妍等編校《許壽裳書簡集上》，臺北：中央研究院中國文哲研究所，2011年。

50. 《十三經注疏》第一冊，臺北：藝文印書館，2007年。

51. 上海魯迅紀念館編《李霽野紀念集》，上海：上海文藝出版社，2004年。

52. 紹興文理學院暨北京、上海、紹興魯迅紀念館主編《魯迅：跨文化對話——紀念魯迅逝世 70 週年國際學術研討會》，鄭州：大象出版社，2006年。

53. 紹興魯迅紀念館編《魯迅與他的鄉人》，杭州：西泠印社出版社，2014年。

54. 思想編委會《思想 2：歷史與現實》，臺北：聯經出版事業股份有限公司，2006年。

55. 施淑《兩岸：現代當文學論集》，北京：清華大學出版社，2014年。

56. 世續編纂《大清德宗景皇帝實錄》卷三六六，光緒二十一年四月下。

57. 孫中山《建國方略》，上海：民治書局，1922年。

58. 臺灣教育會編《臺灣教育沿革志》，臺北：臺灣教育會，1939年。

59. 臺灣省行政長官公署宣傳委員會編《陳長官治臺言論集》，臺灣省行政長官公署宣傳委員會，1946年。

60. 王德威編選、導讀《臺灣：從文學看歷史》，臺北：麥田出版，2014年。

61. 王富仁《中國魯迅研究的歷史與現狀》，福州：福建教育出版社，2006年。

62. 王明珂《華夏邊緣：歷史記憶與族群認同》，臺北：允晨出版社，2006年。

63. 王文寶《中國民俗研究史》，哈爾濱：黑龍江人民出版社，2003年。

64. 王冶秋《民元前的魯迅先生》，上海：峨眉出版社，1947年。

65. 王炳南主編《陳大禹劇作選》，香港：中國經濟出版社，1992年。

66. 吳密察策劃、柳書琴等編《帝國裏的「地方文化」》，臺北：播種者出版有限公司，2008年。

67. 吳濁流《無花果》，臺北：前衛出版社，1988年。

68. 吳濁流《臺灣連翹》，臺北：前衛出版社，1989年。

69. 蕭蕭，羅文玲，謝瑞隆主編《踏破荊棘，締造桂冠：王白淵文學研究論集》，臺北：萬卷樓，2016年。

70. 謝華編著《中國報紙創刊號圖史》第八卷，哈爾濱：哈爾濱出版社，2013年。

71. 徐秀慧《光復變奏——戰後初期臺灣文學思潮的轉折期（1945～1949）》，臺南：國立臺灣文學館，2013年。

72. 徐秀慧《戰後初期（1945～1949）臺灣的文化場域與文學思潮》，臺北：稻香出版社，2007年。

73. 許壽裳《魯迅的思想與生活》，臺北：臺灣文化協進會，1947年。

74. 許壽裳《亡友魯迅印象記》，上海：峨眉出版社，1947 年。

75. 許壽裳《我所認識的魯迅》，北京：人民文學出版社，1952 年。

76. 薛月順主編《陳誠先生回憶錄：建設臺灣上》，臺北：國史館，2005 年。

77. 楊焄《尋幽殊未歇：從古典詩文到現代學人》，浙江古籍出版社，2020 年。

78. 楊彥傑主編《光復初期臺灣的社會與文化》，福州：福建教育出版社，2011 年。

79. 葉石濤《臺灣文學史綱》，高雄：春暉出版社，2010 年。

80. 葉明生《中國傀儡戲史 古代、近現代卷》，北京：中國戲劇出版社，2017 年。

81. 袁義達，邱家儒《中國姓氏大辭典》，江西人民出版社，2010 年。

82. 曾健民編《1945 光復新聲：臺灣光復詩文集》，臺北：印刻出版有限公司，2005 年。

83. 曾健民《1945 破曉時刻的臺灣》，北京：臺海出版社，2007 年。

84. 曾健民《臺灣一九四六‧動盪的曙光》，臺北：人間出版社，2007 年。

85. 曾健民《1949 國共內戰與臺灣——臺灣戰後體制的起源》，臺北：聯經出版事業股份有限公司，2009 年。

86. 曾建民《臺灣光復史春秋：去殖民、祖國化和民主化的大合唱》，臺北：海峽學術出版社，2010 年。

87. 張海鵬，陶文釗《臺灣史稿（上）》，南京：鳳凰出版社，2012 年。

88. 張傑《魯迅：域外的接近與接受》，福州：福建教育出版社，2001 年。

89. 張錫勤《中國倫理道德道德變遷史稿》上卷，北京：人民出版社，2008 年。

90. 張子文等撰《臺灣歷史人物小傳：日據時期》，臺北：國家圖書館，2002 年。

91. 張向天《魯迅舊詩箋注》，廣州：廣東人民出版社，1959 年。

92. 張向華編《田漢年譜》，北京：中國戲劇出版社，1992 年。

93. 趙汝适《諸藩志》卷上，光緒七年本。

94. 趙稀方《後殖民理論與臺灣文學》，臺北：人間出版社，2009 年。

95. 中國共產黨晉察冀中央局《毛澤東選集：中國共產黨在民族戰爭中的地位》，新華書店晉察冀分店，1938 年。

96. 中華書局編輯部點校《全唐詩》第八冊，北京：中華書局，2013 年，第 5634 頁。

97. 周川主編《中國近現代高等教育人物辭典》，福州：福建教育出版社，2018年。

98. 周婉窈《海行兮的年代：日本殖民統治末期臺灣史論集》，臺北：允晨文化出版，2003年。

99. 朱雙一，張羽《海峽兩岸新文學思潮的淵源和比較》，廈門：廈門大學出版社，2006年。

## 二、報刊、檔案文獻

1. 《大公報（上海）》，1947年6月13日。

2. 《大公報（天津）》，1947年6月23日。

3. 《大公報》（上海）1947年6月13日。

4. 《斗下光》第1卷第2期，1946年10月。

5. 《福建導報》第1卷第6期，1938年12月。

6. 《福建新聞》，1939年第6期。

7. 《河南》第4期，1908年4月。

8. 《咪咪集》第3卷第11期，1938年5月。

9. 《前鋒》光復紀念號，1945年10月。

10. 《熱血》（甘肅）第4～5期，1938年2月。

11. 《時與文》第2卷第21期，1948年3月20日。

12. 《臺灣文化》第1卷～第5卷，1946年～1949年。

13. 《臺灣民報》1924年～1929年。

14. 《臺灣省行政公署公報》第1卷第1期，1945年12月1日。

15. 《臺灣省訓練團團刊》第2卷第4期，1946年10月。

16. 《臺灣新民報》，1930年4月5日、12日及19日。

17. 《文萃》第5期，1945年11月。

18. 《文藝春秋（上海1944）》第5卷第3期、第5期，1947年9月、1947年11月。

19. 《文藝春秋副刊》第1卷第2期，1947年2月。

20. 《新青年》第5卷第4號、5號，1918年10月、11月。

21. 《新苗（北平）》第11期、第17期，1937年5月、11月。

22. 《希望》（上海1945），第2卷第4期，1946年10月。

23. 《藝文雜誌》第 2 卷第 6 期，1944 年 6 月。

24. 《浙江潮（東京）》第 1 期、第 5 期、第 6 期，1903 年 2 月、5 月、6 月。

25. 《中國藝術報》，2020 年 12 月 7 日。

26. 《簡國賢等叛亂案》，國家發展委員會檔案管理局，檔案編號：B3750347 701/0043/3132396/396。

27. 《臺灣文化協進會成立核准案》，《臺灣省行政長官公署》，國史館臺灣文獻館，典藏號：00312310002001。

28. 《臺灣文化月刊飭令停刊並更換發行人重新登記案》，臺灣省行政長官公署，國史館臺灣文獻館，典藏號：00313710003020。

29. 《吳新榮日記》，臺灣日記知識庫。

## 三、期刊論文

1. （日）北岡正子《もう一つの國民性論議——魯迅・許壽裳の國民性論議への波動》，《關西大學中國文學會紀要》第 10 號，1989 年 3 月。

2. （日）北岡正子，李冬木譯《另一種國民性的討論：魯迅、許壽裳國民性討論之引發》，《吉林大學社會科學學報》1998 年第 1 期。

3. 蔡盛琦《戰後初期臺灣的出版業》，《國史館學術集刊》2005 年第 9 期。

4. 陳偉智《知識的接收——國分直一與戰後初期的臺灣研究》，《臺大歷史學報》第 61 期，2018 年 6 月。

5. 陳豔紅《臺灣文學史上における〈民俗臺灣〉》，《東吳日語教育學報》第 32 期，2009 年 1 月。

6. 崔末順《「重建臺灣、建設新中國」之路：戰後初期刊物中「文化」和「交流」的意義》，《臺灣文學研究學報》2015 年第 21 期。

7. 何卓恩《光復初期「臺灣文化協進會」宗旨與始末初探》，《蘭州學刊》2016 年第 1 期。

8. 何卓恩《光復初期〈臺灣文化〉與魯迅影像三題》，《華中師範大學學報（人文社會科學版）》2018 年第 2 期。

9. 黃美娥《聲音・文體・國體——戰後初期國語運動與臺灣文學（1945～1949）》，《東亞觀念史集刊》2012 年第 3 期。

10. 黃英哲《論戰後初期「五四」在臺灣的實踐——許壽裳與魏建功的角色》，《新文學史料》2010 年第 2 期。

11. 黃英哲《戰後初期臺灣之臺灣研究的展開——一個歷史斷裂中的延續》，《臺灣文學研究集刊》2006 年第 2 期。

12. 蔣永國《增田涉的魯迅譯介和〈魯迅傳〉的相關問題》，《關東學刊》2021年第 1 期。

13. 雷石榆《舊夢依稀話寶島——寄情臺灣》，《新文學史料》1993 年第 4 期。

14. 黎湘萍《臺灣光復初期公共領域的建立與文學的位置：1945～1949》，《華文文學》2013 年第 1 期。

15. 李竹筠《日據時期臺灣傳統詩文中的「同文同種」認識（1895～1930）》，《臺灣研究集刊》2018 年第 2 期。

16. 廖振富《百年風騷，誰主浮沉？——二十世紀臺灣兩大傳統詩社：櫟社、瀛社之對照觀察》，《臺灣文學研究學報》2009 年第 9 期。

17. 林明理《美的使徒——西川滿》，《臺灣文學評論》第 12 卷第 4 期，2012年冬。

18. 劉斌雄《日本學人之高山族研究》，《中央研究院民族學研究所集刊》第40 期，1975 年秋季。

19. 劉小新，隋欣卉《光復初期臺灣左翼文藝思潮述論》，《東南學術》2018年第 5 期。

20. 路丹妮《臺灣戰後初期文學場域重建——數位人文方法的運用與實例分析》，《臺灣文學學報》2015 年第 27 期。

21. 路丹妮《臺灣戰後初期文學場域重建——數位人文方法的運用與實例分析》，《臺灣文學學報》2015 年第 27 期。

22. 倪思然《略論臺灣光復初期〈臺灣文化〉月刊的歷史風貌》，《戲劇之家》2020 年第 3 期。

23. 歐陽月姣《「東洋文明」之現代性及其抵抗——再談臺灣新舊文學之爭的文學史意義》，《文學評論》2020 年第 3 期。

24. 歐陽月姣《「國語運動」中的臺灣話文論爭——1930 年代臺灣文學的語言問題與「民族形式」之難》，《中國現代文學研究叢刊》2020 年第 1 期。

25. 邱健《啟蒙與革命：四次歌謠運動的事件化闡釋》，《中國現代文學論叢》2020 年第 2 期。

26. 桑兵《甲午戰後臺灣內渡官紳與庚子勤王運動》，《歷史研究》1996 年第6 期。

27. 雙文《略論光復初期臺中〈和平日報〉副刊——兼及〈新知識〉月刊和〈文化交流〉輯刊》,《新文學史料》2001 年第 1 期。

28. 湯熙勇《臺灣光復初期的公教人員人用方法——留用臺籍、羅致外省籍及徵用日本人（1945.10～1947.5)》,《人文及社會科學集刊》第 4 卷第 1 期,1991 年 11 月。

29. 王韶君《「民俗」作為「民族」共榮的途徑——以〈民俗臺灣〉為中心（1941～1945)》,《古典文獻與民俗藝術集刊》,2012 年第 1 期

30. 文學武《臺灣戰後光復初期對魯迅的傳播和研究——以〈臺灣文化〉為例》,《魯迅研究月刊》2013 年第 4 期。

31. 肖魁偉《日本近代臺灣人類學調查的殖民意義》,《西南石油大學學報（社會科學版)》第 21 卷第 4 期,2019 年 7 月。

32. 謝禾生《光復初期臺灣文化解殖的分歧與門爭（1945～1949 年)》,《滄桑》,2014 年第 4 期。

33. 徐紀陽《臺灣新文學發生期的魯迅影響》,《華文文學》2012 年第 3 期。

34. 徐紀陽,朱雙一《魯迅臺灣接受史論綱》,《廈門大學學報（哲學社會科學版)》2013 年第 4 期。

35. 徐亞湘《戰後初期中國劇作在臺演出實踐探析》,《戲劇研究》2013 年第 12 期。

36. 許俊雅《呂赫若戰後四篇中文小說所透露的文學借鑒關係》,《東吳中文學報》2017 年第 33 期。

37. 張文薰《帝國邊界的民俗書寫：戰爭期在臺日人的主體性危機》,《臺灣文學研究集刊》第 20 期,2017 年 2 月。

38. 張羽《光復初期臺灣與東北地區的文藝重建研究 以〈臺灣文化〉與〈東北文藝〉為中心》,《臺灣研究集刊》,2015 年第 6 期。

39. 張羽《光復初期臺灣知識分子文化認同問題研究——以雜誌〈臺灣文化〉為中心》,《臺灣研究》2011 年第 1 期。

40. 趙立彬《禮敬五四：〈臺灣文化〉與臺灣光復初期的文化生態》,《社會科學輯刊》2020 年第 3 期。

41. 朱雙一《光復初期臺灣文壇的「魯迅風潮」——以〈前鋒〉、〈和平日報〉、〈臺灣文化〉等為例》,《臺灣研究集刊》1999 年第 2 期。

## 四、學位論文

1. （日）增田高志：《想像「臺灣」社會、歷史及「臺灣人」：以〈民俗臺灣〉（1941～1945）為中心》，臺灣成功大學碩士論文，2016 年 8 月。

2. 陳羿安《摸索「臺灣文化」的一個嘗試：楊雲萍的文學、民俗學與歷史學（1920～1970）》，臺灣交通大學，碩士學位論文，2013 年。

3. 馬曦《光復初期臺籍文人有關臺灣文化解殖的思考與實踐——以楊雲萍為中心》，碩士學位論文，廈門大學，2018 年。

4. 李詮林《臺灣現代文學史稿（1923～1949）》，博士學位論文，福建師範大學，2006 年。

5. 王小平《跨海知識分子個案研究——以許壽裳、黎烈文、臺靜農為中心的考察》，博士學位論文，復旦大學，2007 年。

6. 余巧英《語言轉換、文化解殖與兩岸文學匯流——光復初期臺灣文學研究（1945～1949）》，博士學位論文，廈門大學，2018 年。

# 附錄 《臺灣文化》目錄

| 卷期號（時間） | 作　者 | 備　註 |
|---|---|---|
| 1946 年第 1 卷第 1 期（1946 年 9 月） | | |
| 臺灣新文學運動的回顧 | 楊雲萍 | |
| 抗戰期中我國文學 | 杜容之 | |
| 本會記錄：臺灣文化協進會章程 | | |
| 本省教育事業的現狀及今後的趨向（附表） | 范壽康 | |
| 重建臺灣文化 | 林紫貴 | |
| 「談夜間大學」 | 吳克剛 | |
| 鐵道工人：木刻 | | |
| 最新手巾歌（臺灣民歌） | | |
| 本會記錄：臺灣文化協進會成立大會宣言 | | |
| 生與死（小說） | 江流（鍾理和） | |
| 文化在農村 | 吳新榮 | |
| 文化動態：中宣部中央第二電影裂片廠 | | |
| 賽珍珠女士的中國觀 | 林荊南 | |
| 我的詩：蝶啊！（詩歌） | 王白淵 | |
| 寒酸與囤積（木刻） | 荒煙 | |
| 文協的使命 | 游彌堅 | |
| 後記 | | |
| 新興木刻藝術在中國 | 黃榮燦 | |

| 1946 年第 1 卷第 2 期（1946 年 11 月） | | 紀念魯迅逝世十週年專刊 |
|---|---|---|
| 魯迅舊詩錄 | 謝似顏 | |
| 在臺灣首次紀念魯迅先生感言 | 雷石榆 | |
| 佇立在楊子江邊 | 王白淵 | |
| 斯茉特萊記魯迅 | 萬歌譯 | |
| 颱風 | 吳新榮 | |
| 魯迅先生簽字式（簽名） | | |
| 市聲三題：按摩的盲者 | 楊乃藩 | |
| 音樂與美術：本會主辦：光復週年紀念音樂演奏會、第一屆美術展覽會特選及入賞者 | | |
| 漫憶魯迅先生 | 田漢 | |
| 合唱團混聲合唱（照片） | | |
| 市聲三題：賣豆腐 | 楊乃藩 | |
| 文化動態：在滬之一部分歌曲歌詞作者發起籌組之詞曲作者協會 | | |
| 一九三六年十月八日上海第二次全國木刻展覽會中魯迅先生對青年木刻家談木刻之最後一次攝影（照片） | | |
| 魯迅先生與中國新興木刻藝術 | 陳煙橋 | |
| 阿榮 | 楊守愚 | |
| 魯迅先生所用之寫字臺（照片） | | |
| 市聲三題：油炸檜 | 楊乃藩 | |
| 魯迅像：（照片） | | |
| 1946 年第 1 卷第 3 期（1946 年 12 月） | | |
| 本省文化消息 | | |
| 鴨母王革命史略考 | 林荊南 | |
| 文化動態 | | |
| 故鄉的回憶 | 吳新榮 | |
| 美術座議會（民國三十五年九月十七日） | 游彌堅等 | |
| 中國文字問題淺說 | 陳文彬 | |
| 臺省高等教育的前瞻 | 楊乃藩 | |
| 霧社出草歌（山歌調、臺灣語音） | 吳新榮 | |

| 近事雜記（一） | 楊雲萍 | |
|---|---|---|
| 作者，學者，讀者 | 翟川 | |
| 論「教育平等」 | 周再來（蘇新） | |
| 臺灣傀儡戲和它的「祭煞」 | 呂訴上 | |
| 史料：「華夷變態」 | （日）岩生成一 | |
| 市場口（照片） | 李石樵 | |
| 音樂座談會記錄（民國三十五年十月二十日） | 游彌堅等 | |
| 服裝文化 | 藍蔭鼎 | |
| 蘇聯：紀念魯迅 | | |
| 編輯後記 | | |
| 我所認識的夏丏尊先生 | 謝似顏 | |
| 臺北之秋 | 天華 | |
| **1947 年第 2 卷第 1 期（1947 年 1 月）** | | |
| 魯迅的人格和思想 | 許壽裳 | |
| 讀郭沫若注屈原研究管見 | 天華（繆天華） | |
| 教育的使命 | 黃啟瑞 | |
| 夜半歌聲 | 田漢 | |
| 版畫家：綏凱‧珂勒惠支 | 黃榮燦 | |
| 編輯後記 | | |
| 也漫談臺灣藝文壇 | 甦牲（蘇新） | |
| 本會日誌 | | |
| 近事雜記（二） | 楊雲萍 | |
| 人是吃米的，兔子是吃草的！ | 王博遠 | |
| 你的瓶自己碰壞了你的壺 | BC | |
| 生的探索 | 丙生（袁聖時） | |
| 隨想 | 雷石榆 | |
| 關於「烏合之眾」 | 洪炎秋 | |
| 暮雨 | 天華 | |
| 阿猜女（短篇小說） | 張冬芳 | |
| 文化動態 | | |
| 本省文化消息 | | |

| 1947 年第 2 卷第 2 期（1947 年 2 月） | | |
| --- | --- | --- |
| 困知漫筆（一） | 天華 | |
| 本會日誌 | | |
| 隨想：七、作了階下囚的李後主 | 雷石榆 | |
| 青銅器與梅花 | 楊雲萍 | |
| 本省文化消息 | | |
| 莎士比亞在蘇聯 | （蘇）茲克金柯 | 劉世模 |
| 困知漫筆（一）：雙鯉魚 | 天華 | |
| 讀「魯迅書簡」 | 李何林 | |
| 近事雜記（三） | 楊雲萍 | |
| 藝術主義的體育思潮 | 謝似顏 | |
| 臺灣演劇改革論（一） | 呂訴上 | |
| 中國新文化運動的發展（上） | 杜容之 | |
| 農村自衛隊 | 丘平田（蘇新） | |
| 周作人在獄裏 | 毓文（廖毓文） | |
| 冬夜 | 呂赫若 | |
| 社中消息：C・B 先生的回信 | B・C | |
| 關於報告文學 | 劉捷 | |
| 新論理：找我五十塊！ | 令艮 | |
| 新論理：新論理的爭辯 | 是非生 | |
| 1947 年第 2 卷第 3 期（1947 年 3 月） | | |
| 臺灣演劇之過去與現在 | 王白淵 | |
| 臺灣演劇改革論 | 呂訴上 | |
| 土人的希望 | 土人 | |
| 中國新文化運動的發展（中） | 杜容之 | |
| 紙荒——文化破壞的前兆 | 甦牲 | |
| 魏晉風流與老莊思想 | 許世瑛 | |
| 新現實的美術在中國 | 黃榮燦 | |
| 困之漫筆（二） | 天華 | |
| 近事雜記（四） | 楊雲萍 | |
| 五分五分 | 差不多 | |
| 隨想 | 雷石榆 | |

| | | |
|---|---|---|
| 普希金小傳 | 甦甡 | |
| 採珠人 | 沉吟 | |
| 文人的貪污 | 丙生 | |
| 本會日誌 | | |
| 編輯後記 | | |
| **1947 年第 2 卷第 4 期（1947 年 7 月）** | | |
| 本會日誌 | | |
| 本省文化消息 | | |
| 臺灣演劇改革論（續完） | 呂訴上 | |
| 論普希金的悲劇「波里斯·戈杜諾夫」 | （蘇聯）G·維諾古爾 吳其人譯 | |
| 隨筆：啟事看法 | 載炎輝 | |
| 小螞蟻 | 黃鷗波 | |
| 中國社會問題的體系 | 傅尚霖 | |
| 故地 | 吳史民 | |
| 開拓者的子孫 | 張子規 | |
| 文化動態 | | |
| 編後記 | | |
| 臺灣新文化運動的意義 | 游彌堅 | |
| 近事雜記（五） | 楊雲萍 | |
| 中國新文化運動的發展（下） | 杜容之 | |
| 俞曲園先生的思想 | 許壽裳 | |
| **1947 年第 2 卷第 5 期（1947 年 8 月）** | | |
| 王羲之父子與天師道之關係 | 許世瑛 | |
| 清朝的文字獄 | 東方蒙霧 | |
| 顏習齊——走向事物世界的北方之強 | 黃啟之 | |
| 舊詩兩首 | 天華 | |
| 魯迅和我的交誼 | 許壽裳 | |
| 杜甫的詩與生活 | 天華 | |
| 文化動態 | | |
| 美術教育與社會生活 | 黃榮燦 | |
| 編後記 | | |

| 近事雜記（六） | 楊雲萍 | |
|---|---|---|
| 鄉村 | 憾生 | |
| 小蜘蛛 | 黃鷗波 | |
| 臺灣死亡現象之社會學的考察（一） | 陳紹馨 | |
| 讀《中國文學史綱》——譚丕謨著 | 李竹年 | |
| 本會日誌 | | |
| **1947 年第 2 卷第 6 期（1947 年 9 月）** | | |
| 近事雜記（七） | 楊雲萍 | |
| 上海的報紙和雜誌 | 林任民 | |
| 臺灣死亡現象之社會學的考察（二） | 陳紹馨 | |
| 屈原天問篇體制別解 | 臺靜農 | |
| 郁達夫先生評傳（一） | 黃得時 | |
| 編後記 | | |
| 童話：雲雀的頌歌 | 丙生 | |
| **1947 年第 2 卷第 7 期（1947 年 10 月）** | | |
| 白居易的諷諭詩 | 天華 | |
| 記省編譯館二三事 | 耐煩（楊乃藩） | |
| 摹擬與創作 | 許壽裳 | |
| 什麼叫做交易 | （日）鹿地亙，劉源譯 | |
| 臺灣死亡現象之社會學的考察（三） | 陳紹馨 | |
| 工藝・生活・社會・科學的基礎 | 黃榮燦 | |
| 銀白的汽車 | 祝木華 | |
| 郁達夫先生評傳（二） | 黃得時 | |
| 文化動態 | | |
| 臺灣的國語運動 | 味橄（錢歌川） | |
| 近事雜記（八） | 楊雲萍 | |
| 編後記 | | |
| 魏晉人心目中傖字的意義 | 許世瑛 | |
| 本會日誌 | | |
| **1947 年第 2 卷第 8 期（1947 年 11 月）** | | |
| 本會日誌 | | |
| 談酒 | 靜農 | |

| | | |
|---|---|---|
| 魯迅的遊戲文章 | 許壽裳 | |
| 梅里美及其作品（上） | 黎烈文 | |
| 近事雜記（九） | 楊雲萍 | |
| 臺灣死亡現象之社會學的考察（四） | 陳紹馨 | |
| 編後記 | | |
| 民謠座談會 | | |
| 國內名士印象記 | 洪炎秋 | |
| 人嘴兩層皮集 | 張不貴 | |
| 郁達夫先生評傳（完） | 黃得時 | |
| **1947 年第 2 卷第 9 期（1947 年 12 月）** | | |
| 本會日誌（十一月八日至十一月廿九日）：下午七時假臺北市中山堂舉行全省音樂比賽大會 | | |
| 近事雜記（十） | 楊雲萍 | |
| 磁（上） | 麥芳嫻 | |
| 國內名士印象記（其二） | 洪炎秋 | |
| 由神曲談但丁 | 羅靈智 | |
| 趙甌北與臺灣 | 黃得時 | |
| 編後記：說的好，年光易逝 | | |
| 戰都零憶 | 味橄 | |
| 臺灣死亡現象之社會學的考察（五）（附表） | 陳紹馨 | |
| 王導政績和晉元帝中興 | 許世瑛 | |
| 梅里美及其作品（下） | 黎烈文 | |
| **1948 年第 3 卷第 1 期（1948 年 1 月）** | | |
| 文化動態 | | |
| 磁（中） | 麥芳嫻 | |
| 談貪污 | 洪炎秋 | |
| 古小說鉤沉解題 | 臺靜農 | |
| 中國現代文學講座 | | |
| 陶淵明的寂寞和飢餓 | 天華 | |
| 編後記 | | |
| 恭賀新禧 | 游彌堅 | |
| 《西遊記》研究（上） | 袁聖時 | |

| 本會日誌 | | |
|---|---|---|
| 鄭成功小論 | 楊雲萍 | |
| 洪水：（詩歌） | 蔡江荻 | |
| 臺灣死亡現象之社會學的考察（完） | 陳紹馨 | |
| 王通和韓愈 | 許壽裳 | |
| 談小品文 | 味橄 | |
| 近事雜記（十一） | 楊雲萍 | |
| **1948 年第 3 卷第 2 期（1948 年 2 月）** | | |
| 當鋪頌：北平生活回想隨筆之一 | 老童生（張我軍） | |
| 本會日誌 | | |
| 臺灣腹話術的偶人戲 | 呂訴上 | |
| 國內名士印象記（其三） | 洪炎秋 | |
| 「西遊記」研究（下） | 袁聖時 | |
| 編後記 | | |
| 近事雜記（十二） | 楊雲萍 | |
| 釋身（上） | 許世瑛 | |
| 文化動態 | | |
| 磁（下） | 麥芳嫻 | |
| 真文藝和假文藝（上） | （法）齋拉·兌·拉揩斯·杜蒂埃，諸侯譯 | |
| 臺灣與近代中國 | 郭延以 | |
| **1948 年第 3 卷第 3 期（1948 年 4 月）** | | 三四月合併號 |
| 釋身（下） | 許世瑛 | |
| 真文藝和假文藝（中） | 諸侯譯 | |
| 曹丕兄弟的政爭及其左右之文士 | 廖蔚卿 | |
| 澳門研究裏一件咄咄怪事 | 鋤非 | |
| 「閒人閒話」小引 | 洪炎秋 | |
| 莪默詩選 | 李霽野譯 | |
| 編後記 | | |
| 裴多非·山大 | 韓罕明 | |
| 文化動態 | | |
| 近事雜記（十三） | 楊雲萍 | |
| 臺灣民間歌謠 | 林清月 | |
| 本會日記 | | |

| 1948 年第 3 卷第 4 期（1948 年 5 月） | | 悼念許壽裳專號 |
|---|---|---|
| 追悼：悼許季茀先生 | 洪橢 | |
| 編後記：許壽裳先生的「追悼號」 | | |
| 追悼：悼念許季茀先生 | 謝康 | |
| 關於許壽裳先生 | 景宋 | |
| 祭文 | | |
| 許先生最後的背影 | 黃得時 | |
| 挽章續志 | | |
| 挽章匯錄 | | |
| 我們永遠不能忘記的許老師 | 葉慶炳、陳詩禮 | |
| 記父親 | 許世瑮 | |
| 追悼：我所知道的許季茀先生 | 雨佳 | |
| 悼憶許壽裳師 | 袁聖時 | |
| 追悼：許季茀先生紀念 | 李霽野 | |
| 挽章匯錄：聯：耆賢遽隕，蔣主席 | | |
| 先考日記摘錄 | 許世瑛 | |
| 許壽裳先生傳初稿 | 李季谷 | |
| 近事雜記（十四）：自司徒大使的一「告」以後，我國的「知識分子」的身價 | 楊雲萍 | |
| 追悼：紀念許先生 | 戴君仁 | |
| 許壽裳先生誄詞 | 陸志鴻 | |
| 追思 | 臺靜農 | |
| 本會日誌 | | |
| 李慈銘秋夢樂府本事考 | 許壽裳 | |
| 案情經過 | | |
| 追悼：白頭猶是一嬰兒 | 謝似顏 | |
| 追悼：追念許季茀先生 | 楊乃藩 | |
| 1948 年第 3 卷第 5 期（1948 年 6 月） | | |
| 蓮藕 | 心平 | |
| 近事雜記 | 楊雲萍 | |
| 本會日誌 | | |
| 論劇場 | 史坦尼斯拉夫斯基，韓罕明譯 | |

| 編後記 | | |
|---|---|---|
| 國名印象記（其四） | 洪炎秋 | |
| 寂寞繞家山（上） | 陳大禹 | |
| 順化城研究旅行雜記 | 陳荊和 | |
| 琴聲 | 吳志良 | |
| 真文藝和假文藝（下） | （法）齋拉·兌·拉揩斯·杜蒂埃，諸侯譯 | |
| 騎士托根堡（詩歌） | （德)Friedrich Schiller，劉慶瑞譯 | |
| 廈門方言之羅馬字拼音法（附圖） | 胡莫 | |
| 談談曹氏父子的文章 | 許世瑛 | |
| **1948 年第 3 卷第 6 期（1948 年 8 月）** | | 七八月合併號 |
| 近事雜記（十六） | 楊雲萍 | |
| 本會日誌 | | |
| 寫在洛神賦之後 | 許世瑛 | |
| 清代臺灣族長的選充 | 戴炎輝 | |
| 由唐代壁畫說起 | 李浴 | |
| 先父棄生先生的幾首淪陷紀事詩 | 洪炎秋 | |
| 皮猴戲在臺灣（附圖） | 呂訴上 | |
| 民間歌謠（上） | 林清月 | |
| 談談民歌的搜集 | 廖漢臣 | |
| 編後記 | | |
| 寂寞繞家山（中） | 陳大禹 | |
| 神話和中國神話 | 袁聖時 | |
| **1948 年第 3 卷第 7 期（1948 年 9 月）** | | |
| 寂寞繞家山（下） | 陳大禹 | |
| 近事雜記（十七） | 楊雲萍 | |
| 皮猴戲的沿革與臺灣 | 呂訴上 | |
| 登樓賦與楚辭的關係 | 許世瑛 | |
| 編後記 | | |
| 文化時言：臺灣史料的整理 | 陳紹馨 | |
| 文化時言：「婦女」與「婦女」 | 楊雲萍 | |
| 抒情文作家的藝術 | A.C.Benson，李霽野譯 | |

| | | |
|---|---|---|
| 山城本事 | 莊麗 | |
| 文化時言：入學試驗 | 洪炎秋 | |
| 廈語方言羅馬字草案 | 朱兆祥 | |
| **1948 年第 3 卷第 8 期（1948 年 10 月）** | | |
| 解放了的寶島（一） | 麥笛 | |
| 桑德堡詩鈔 | 劉源 | |
| 修志在臺灣 | 林曙光 | |
| 臺灣民間歌謠（中） | 林清月 | |
| 文化時言：攻訐，頌德，慶賀的廣告 | 許秀湖（許乃昌） | |
| 近事雜記（十八） | 楊雲萍 | |
| 文化時言：「劉銘傳紀念館」那裏去？ | 楊雲萍 | |
| 中國文學與山嶽 | 蘇維熊 | |
| 撫恤金 | 杜容之 | |
| 山海經裏的諸神（上） | 袁聖時 | |
| 本會日誌 | | |
| 文化時言：學童的結核症 | 陳紹馨 | |
| 編後記 | | |
| 全省第二屆音樂比賽大會 | | |
| **1949 年第 4 卷第 1 期（1949 年 3 月）** | | |
| 談談聲調問題及其他：答覆兆祥先生 | 胡莫 | |
| 國內名士印象記（其五） | 洪炎秋 | |
| 她的故村 | W.H.Hudson，李霽野譯 | |
| 介紹幾篇值得一讀的小賦 | 許世瑛 | |
| 郊野 | 天華 | |
| 山海經裏的諸神（中） | 袁聖時 | |
| 本會日誌 | | |
| 臺灣歌謠（下） | 林清月 | |
| 近事雜記（十九） | 楊雲萍 | |
| 解放了的寶島（二） | 麥笛 | |
| 編後記 | | |
| **1949 年第 5 卷第 1 期（1949 年 7 月）** | | 轉型為學術月刊 |
| 五十年來的臺灣法制 | 戴炎輝 | |

| | | |
|---|---|---|
| 鄭成功之歿 | 楊雲萍 | |
| 臺中縣營埔遺跡調查豫報 | （日）金關丈夫、（日）國分直一 | |
| 關於最近踏查之新竹縣及臺北縣之海邊遺跡 | （日）國分直一、陳奇祿等 | |
| 關於臺灣先史遺址散佈圖 | （日）國分直一 | |
| 排灣族的占卜道具箱 | （日）國分直一、陳奇祿 | |
| 關於紅頭嶼的埋葬樣式 | （日）國分直一 | |
| 1949 年第 5 卷第 2 期（1949 年 10 月） | | |
| 臺灣方志中的利瑪竇 | 方豪 | |
| 臺灣初期抗日運動紀實 | 陳菊仙 | |
| 從諺語看人的一生 | 陳紹馨 | |
| 泰耶魯諺語初輯 | 顏晴雲 | |
| 泰耶魯族的陷機 | 陳奇祿等 | |
| 1950 年第 6 卷第 1 期（1950 年 1 月） | | |
| 瑞岩泰耶魯族的親子聯名製與俫儸麼些的父子聯名製 | 芮逸夫 | |
| 臺灣考古學研究史 | （日）金關丈夫、（日）國分直一 | |
| 日人著作中臺灣漢文文獻糾謬述例 | 方豪 | |
| 恒春縣志的發現 | 方豪 | |
| 臺中縣大村鄉調查報告 | 戴炎輝 | |
| 臺中縣大村鄉的家庭制度報告 | 陳棋炎 | |
| 1950 年第 6 卷第 2 期（1950 年 5 月） | | |
| 臺灣文獻的散佚與今日的迫切工作 | 方傑人 | |
| 臺灣有肩石斧與有段石斧的經濟階段 | 石璋如 | |
| 臺中縣草屯鎮調查報告書 | 戴炎輝 | |
| 從諺語看中國人的天命思想 | 陳紹馨 | |
| 略論顏晴雲的《泰耶魯諺語初輯》 | 朱介凡 | |
| 臺灣通史藝文志訂誤述例 | 方豪 | |
| 有關臺灣基督教兩件資料 | 戴炎輝等 | |

| 1950 年第 6 卷第 3、4 期合期（1950 年 12 月） | | |
|---|---|---|
| 瑞岩泰耶魯的親屬制初探 | 芮逸夫 | |
| 阿里山曹族的部落組織及年齡分級制度 | 衛惠林 | |
| 阿里山曹族的部落風俗之革除 | 林衡立 | |
| 關於臺灣歌謠的搜集 | 黃得時 | |
| 鶯歌的陶瓷業 | 石璋如 | |